Y. 5545
7.0.a.14.

Ⓒ

Y.f 469

ating
THÉÂTRE COMPLET

DE M.

EUGÈNE SCRIBE.

IMPRIMERIE DE H. FOURNIER,
RUE DE SEINE, N. 14.

THÉATRE COMPLET

DE M.

EUGÈNE SCRIBE,

MEMBRE DE L'ACADÉMIE FRANÇAISE.

Seconde Édition,

ORNÉE

D'UNE VIGNETTE POUR CHAQUE PIÈCE.

TOME QUATORZIÈME.

PARIS,
AIMÉ ANDRÉ, LIBRAIRE-ÉDITEUR,
RUE CHRISTINE, N. 1.

M DCCC XXXV.

LA MUETTE DE PORTICI,

OPÉRA EN CINQ ACTES,

Représenté, pour la première fois, sur le théâtre de l'Académie royale de musique, le 29 février 1828.

EN SOCIÉTÉ AVEC M. G. DELAVIGNE.

MUSIQUE DE M. AUBER.

PERSONNAGES.

MASANIELLO, pêcheur napolitain.
FENELLA, sa sœur.
ALPHONSE, fils du comte d'Arcos, vice-roi de Naples.
ELVIRE, fiancée d'Alphonse.
PIÉTRO,
BORELLA, } compagnons de Masaniello.
MORENO,
LORENZO, confident d'Alphonse.
SELVA, officier du vice-roi.
Une dame de la suite d'Elvire.

La scène se passe au premier acte à Naples, dans les jardins du vice-roi; au deuxième, à Portici, au bord de la mer entre Naples et le mont Vésuve; au troisième, dans la place publique de Naples; au quatrième, à Portici, dans la cabane de Masaniello; au cinquième, dans le palais du vice-roi.

MASANIELLO.

SOIS AVEC NOUS, PROTÉGE-NOUS!

La Muette de Portici. Acte III.

LA MUETTE DE PORTICI.

ACTE PREMIER.

Le théâtre représente les jardins du palais du duc d'Arcos. Au fond, une colonnade ; à gauche, l'entrée d'une chapelle ; à droite, un trône préparé pour la fête. Au lever du rideau, des soldats espagnols, conduits par Selva, traversent la colonnade.

SCÈNE PREMIÈRE.

ALPHONSE, CHOEUR DE PEUPLE, EN DEHORS.

INTRODUCTION.

LE CHOEUR.

Du prince, objet de notre amour,
Chantons l'heureuse destinée :
  Les flambeaux d'hyménée
Pour lui vont briller en ce jour.

ALPHONSE.

Ah ! ces cris d'allégresse et ces chants d'hyménée
  Jettent le trouble dans mon cœur !
Elvire, que j'adore, en vain m'est destinée :
Le remords malgré moi se mêle à mon bonheur.

O toi ! jeune victime
Dont j'ai trahi la foi,
Je vois avec effroi
Le malheur qui t'opprime.
Fenella, cache-moi
Ton courroux légitime ;
Pour expier mon crime,
Je veillerai sur toi.

Ah ! ces cris d'allégresse et ces chants d'hyménée
   Jettent le trouble dans mon cœur !
Elvire, que j'adore, en vain m'est destinée :
Le remords malgré moi se mêle à mon bonheur.

LE CHOEUR, en dehors.

Du prince, objet de notre amour,
Chantons l'heureuse destinée :
   Les flambeaux d'hyménée
Pour lui vont briller en ce jour.

SCÈNE II.

ALPHONSE, LORENZO.

ALPHONSE.

Lorenzo, je te vois, réponds, ami fidèle,
De Fenella sais-tu quel est le sort ?

LORENZO.

Seigneur, je l'ignore ; et mon zèle,
Pour découvrir sa trace, a fait un vain effort.

ALPHONSE.

De mes coupables feux, ô suite trop cruelle !
Hélas ! son malheur est certain.

ACTE I, SCÈNE II.

LORENZO.

Quand Naples retentit du bruit de votre hymen,
Quand la jeune et charmante Elvire
Consent à vous donner sa main,
Quel intérêt en ce jour vous inspire
La fille d'un pêcheur et son obscur destin?

ALPHONSE.

Quel intérêt?... le remords qui m'accable.
J'ai su m'en faire aimer en lui cachant mon nom;
Et je suis d'autant plus coupable,
Que son destin étrange et misérable
Rend plus facile encor ma lâche trahison.

LORENZO.

Qu'entends-je?

ALPHONSE.

La parole à ses lèvres ravie
Par un horrible évènement,
La livrait sans défense à l'infidèle amant
Dont l'abandon empoisonna sa vie.
Aimable fille, alors je t'ai chérie.
Dans ces entretiens pleins d'attraits,
Où nos cœurs semblaient se confondre,
Muette, hélas! tu m'entendais:
Tes yeux seuls pouvaient me répondre.

LORENZO.

De cet indigne amour vous avez triomphé?

ALPHONSE.

Ce n'est pas ma raison qui l'a seule étouffé:
J'oubliai ma victime en adorant Elvire:
Elle prit sur mes sens un souverain empire.
Mais ne sois pas surpris qu'en ce jour fortuné,

Où l'amour va m'unir à celle que j'adore,
    Ami, la pitié parle encore
    Pour celle que j'abandonnai.
Depuis un mois elle a fui ma présence,
Et sa mort...

LORENZO.

            Écartez un présage odieux :
Peut-être votre père a voulu, par prudence,
        La soustraire à vos yeux.
Vous connaissez son humeur inflexible,
    A ses sujets comme à son fils terrible.
    Vous le savez ; on craint que sa rigueur
De ce peuple opprimé ne lasse la douleur.

ALPHONSE.

    Mais du cortége qui s'avance
    J'entends déjà les accens solennels.
        Cher Lorenzo, de la prudence !
Viens rejoindre mon père et nous suivre aux autels.

SCÈNE III.

ELVIRE, LE CHOEUR.

Marche et cortége ; Elvire paraît entourée des jeunes filles espagnoles ses compagnes, de seigneurs napolitains ; des danses précèdent son arrivée : de jeunes Napolitaines lui présentent des fleurs.

LE CHOEUR.

Alphonse épouse la plus belle ;
  Et quand le ciel forme leurs nœuds,
  Que Naples soumise et fidèle
  Redouble ses chants et ses jeux !
  Rendons hommage à la plus belle !

ACTE I, SCÈNE III.

ELVIRE.

Plaisir du rang suprême, éclat de la grandeur,
  Vous n'êtes rien auprès de mon bonheur.

AIR.

A celui que j'aimais c'est l'hymen qui m'engage :
Dans mon ame ravie où règne son image,
Est-il un seul désir qui puisse être formé,
  S'il m'aime autant qu'il est aimé ?
    O moment enchanteur !
    Je sens battre mon cœur !
    Pour ma fidèle ardeur,
      Quel jour prospère !
      Plus de mystère :
      Heureuse et fière,
Je puis parler de mon bonheur.

(Aux jeunes filles qui l'entourent.)

  O mes jeunes amies,
  Mes compagnes jolies,
  Loin de notre patrie,
  Vous qui m'avez suivie,
  Partagez mon bonheur !

  O moment enchanteur ! etc.

Et vous que sur mes pas, pour ce lointain rivage,
    L'Espagne vit partir,
Par vos chants, par vos jeux, des bords heureux du Tage
    Rappelez-moi le souvenir.

(Elvire s'assied entourée de sa cour.)

BALLET.

L'on exécute plusieurs danses espagnoles et napolitaines. A la fin du ballet, on entend un grand bruit.

ELVIRE, se levant

Dans ces jardins quel bruit se fait entendre ?

UNE DAME D'HONNEUR.

C'est une jeune fille : elle fuit des soldats,
Accourt en ce palais et tend vers vous les bras.

SCÈNE IV.

LES PRÉCÉDENS ; FENELLA, POURSUIVIE PAR SELVA ET PAR DES GARDES.

(Fenella entre avec effroi; elle aperçoit la princesse et court se jeter à ses genoux.)

ELVIRE.

Que voulez-vous ? parlez.

FENELLA.

Elle fait signe à la princesse qu'elle ne peut parler, mais que rien n'égalera sa reconnaissance, et par ses gestes supplians elle la conjure de la dérober aux poursuites de Selva.

ELVIRE, la relevant.

Je saurai te défendre.
Quand mon bonheur est si grand aujourd'hui,
Pourrais-je aux malheureux refuser mon appui ?

(A Selva.)

Quelle est donc cette infortunée ?

ACTE I, SCÈNE IV.

SELVA.

La fille d'un pêcheur. L'ordre du vice-roi
    Depuis un mois la tient emprisonnée;
Mais ce matin, bravant une sévère loi,
Elle a brisé ses fers.

ELVIRE.

    Quel peut être ton crime?

FENELLA.

Elle répond qu'elle n'est point coupable; elle en atteste le ciel.

ELVIRE.

Qui troubla ton repos?

FENELLA.

Elle fait signe que l'amour s'empara de son cœur, et qu'il a causé tous ses maux.

ELVIRE.

    Hélas! pauvre victime!
Je te comprends : l'amour a su toucher ton cœur.
    Mais de tes maux quel est l'auteur?

FENELLA.

Elle fait signe qu'elle l'ignore; mais il jurait qu'il l'aimait, il la pressait contre son cœur; puis montrant l'écharpe qui l'entoure, elle fait entendre qu'elle l'a reçue de lui.

ELVIRE.

    Cette écharpe, il te l'a donnée!

FENELLA.

Elle soupire et fait signe que oui.

ELVIRE.

Mais dans ces lieux qui t'a donc entraînée?

FENELLA.

Elle désigne Selva : il est venu l'arrêter, malgré ses larmes et ses prières. Faisant le geste de tourner une clé et de fermer des verroux, elle exprime qu'on la plongea dans un cachot. Là elle priait, triste, pensive, plongée dans la douleur, quand tout à coup l'idée lui vint de se soustraire à l'esclavage. Montrant la fenêtre, elle fait signe qu'elle a attaché des draps, qu'elle s'est laissé glisser jusqu'à terre, qu'elle a remercié le ciel. Mais elle a entendu le *qui vive* de la sentinelle ; on l'a mise en joue ; elle s'est sauvée à travers le jardin, a aperçu la princesse, et est venue se jeter à ses pieds.

ELVIRE.

Que ses gestes parlans ont de grâce et de charmes !
 Jeune fille ! sèche tes larmes,
Je veux te protéger auprès de mon époux ;
 De ta douleur je serai l'interprète.

FENELLA.

Elle lui témoigne sa reconnaissance.

LORENZO, sortant de la chapelle.

Voici de votre hymen la pompe qui s'apprête,
Princesse, et dans le temple on n'attend plus que vous.

(La marche commence ; Elvire et tout le cortège entrent dans la chapelle. Selva place différens postes de soldats qui empêchent le peuple d'avancer.)

LE CHOEUR.

 O Dieu puissant ! Dieu tutélaire !
  Du haut des cieux
  Entends nos vœux !

(Le peuple se presse à l'entrée du péristyle, et regarde dans l'intérieur du temple la cérémonie qui est censée commencée. Fenella se lève sur la pointe des pieds, et fait aussi ses efforts pour voir, mais la foule l'en empêche.)

 Dieu puissant ! Dieu tutélaire !
 Nous t'implorons à genoux.

(Tout le monde se met à genoux et Fenella aussi.)

ACTE I, SCÈNE IV.

Daigne exaucer notre prière,
Et bénis ces heureux époux !
Dieu tutélaire !

SELVA, regardant.

O quel spectacle auguste et solennel !
Ce couple heureux s'avance vers l'autel.
Dans leurs regards quelle tendresse brille !

FENELLA.

Elle regarde pendant que tout le monde est à genoux, et ses gestes expriment la surprise et la douleur ; elle ne peut en croire ses yeux ; et s'élance vers le péristyle.

LE CHOEUR DE SOLDATS.

Mais que veut cette jeune fille ?
Loin du temple retirez-vous :
Du vice-roi redoutez le courroux.

FENELLA.

Elle les supplie de la laisser passer : il y va de son repos, de son bonheur. Elle se désespère de ne pouvoir parler, de ne pouvoir expliquer ce qui l'intéresse si vivement.

ENSEMBLE.

LE CHOEUR DE SOLDATS.

Jeune fille, n'approchez pas !
Loin de ces lieux portez vos pas.

LE CHOEUR DU PEUPLE, bas à Fenella.

Jeune fille, n'approchez pas !
Craignez ces farouches soldats.

FENELLA.

Elle redouble ses instances, se tord les mains de désespoir. Il faut absolument qu'elle voie le prince : c'est elle qui est son épouse ; c'est à elle qu'il a donné sa foi. Elle veut pénétrer dans le temple pour interrompre la cérémonie.

SELVA.

Pour prix de tant d'audace,
Craignez qu'on ne vous chasse.
De ces lieux révérés, au profane interdits !

FENELLA.

Elle les supplie encore.

CHOEUR DU PEUPLE, regardant dans la chapelle.

Ils sont unis !

FENELLA.

Elle pousse un cri, et tombe sur un siége, dans le plus grand désespoir.

SCÈNE V.

LES PRÉCÉDENS ; ALPHONSE, DONNANT LA MAIN A ELVIRE, ET ENTOURÉE DE TOUS LES SEIGNEURS DE LA COUR.

LE CHOEUR.

Quel bonheur ! quelle ivresse !
Par nos chants d'allégresse
Célébrons en ce jour
Et l'hymen et l'amour.

ELVIRE, à Alphonse.

Je veux que cette journée
Commence par des bienfaits ;
Et je vois une infortunée
Qui près de vous demande accès.

(Allant à Fenella qu'elle prend par la main.)

Approchez-vous. Sa main est tremblante et glacée.

ACTE I, SCÈNE V.

(A Alphonse.)

Par un perfide amant elle fut offensée,
Et contre un séducteur et parjure et cruel,
Elle vient implorer votre justice.

ALPHONSE, la regardant.

O ciel !

ENSEMBLE.

ALPHONSE.

O funeste mystère !
C'est elle que je vois !
Pour finir ma misère,
O terre, entr'ouvre-toi.

ELVIRE.

Quel est donc ce mystère ?
Parlez, répondez-moi.
Dieu ! quel soupçon m'éclaire
Et me glace d'effroi !

LE CHOEUR.

Quelle est cette étrangère
Qu'en ces lieux j'aperçoi ?
Quel est donc ce mystère
Qui les glace d'effroi ?

ELVIRE, allant à Fenella.

Rendez le calme à mon cœur éperdu ;
Alphonse vous est-il connu ?

FENELLA.

Elle répond oui.

ALPHONSE.

Le regret me déchire et le remords m'accable.

ELVIRE.

Achevez... j'ai frémi !

FENELLA.

Elle continue, et dit par ses gestes : Celui qui m'a trompée, celui qui m'a donné cette écharpe, celui qui m'a trahie...

ELVIRE.

Eh bien ! ce coupable !

FENELLA.

Elle montre Alphonse de la main.

ELVIRE.

C'est lui ?

ENSEMBLE.

ALPHONSE.

Oui, tel est ce mystère ;
Oui, j'ai trahi ma foi.
Pour finir ma misère,
O terre, entr'ouvre-toi !

ELVIRE.

Voilà donc ce mystère
Qui me glace d'effroi.
Un jour affreux m'éclaire !
Tout est fini pour moi !

LE CHOEUR.

O funeste mystère
Qui les glace d'effroi !
C'est pour cette étrangère
Qu'il a trahi sa foi.

LE CHOEUR DE SOLDATS, montrant Fenella.

Amis, punissons cette audace,
Et que ses pleurs ne nous désarment pas !

ELVIRE.

Qu'on l'épargne, je lui fais grâce !

ACTE I, SCÈNE V.

Non, non, n'arrêtez point ses pas.

(Fenella regarde avec égarement Alphonse et Elvire, et s'enfuit au milieu du peuple qui lui ouvre un passage. On la voit disparaître à travers la colonnade du fond.)

ENSEMBLE.

LE CHOEUR DE SOLDATS.

Partons, courons, suivons ses pas,
Amis, punissons cette audace.

ELVIRE ET LE PEUPLE.

Non, non, n'arrêtez point ses pas,
Qu'on l'épargne, je lui fais grâce.

ALPHONSE.

Terre, entr'ouvre-toi sous mes pas !
Je ne mérite point de grâce.

FIN DU PREMIER ACTE.

ACTE DEUXIÈME.

Le théâtre représente un site pittoresque aux environs de Naples. Dans le fond, la mer. Des pêcheurs sont occupés à préparer leurs filets et leurs nacelles; d'autres se livrent à différens jeux.

SCÈNE PREMIÈRE.

MASANIELLO, BORELLA, pêcheurs.

LE CHOEUR.
Amis, le soleil va paraître,
Livrons-nous à des soins nouveaux;
Employons bien le jour qui va renaître,
Et par les jeux égayons nos travaux.

UN PÊCHEUR.
Masaniello paraît: quel air sombre et sauvage;
Qui l'afflige ?

BORELLA.
Notre esclavage.

(A Masaniello.)
Salut à notre chef !

MASANIELLO.
Salut, chers compagnons!

BORELLA.
Viens animer nos jeux par tes chansons.

MASANIELLO, à part.
Piétro ne revient pas.

ACTE II, SCÈNE I.

BORELLA.

Plus de sombre nuage !
Tes refrains nous donnent du cœur ;
Et, tu le sais, il nous faut du courage.

MASANIELLO.

Hé bien ! répétez donc le refrain du pêcheur,
Et comprenez bien son langage.

LE CHOEUR.

Écoutons bien le refrain du pêcheur.

MASANIELLO.

COUPLETS.

PREMIER COUPLET.

Amis, la matinée est belle,
Sur le rivage assemblez-vous ;
Montez gaîment votre nacelle,
Et des vents bravez le courroux.
Conduis ta barque avec prudence,
Parle bas, pêcheur, parle bas ;
Jette tes filets en silence ;
La proie au-devant d'eux s'élance.
Parle bas, pêcheur, parle bas ;
Le roi des mers ne t'échappera pas.

LE CHOEUR.

Conduis ta barque avec prudence,
Le roi des mers ne t'échappera pas.

MASANIELLO.

DEUXIÈME COUPLET.

L'heure viendra, sachons l'attendre,
Plus tard nous saurons la saisir.

Le courage fait entreprendre,
Mais l'adresse fait réussir.
Conduis ta barque avec prudence.
Parle bas, pêcheur, parle bas,
Jette tes filets en silence :
La proie au-devant d'eux s'élance ;
Parle bas, pêcheur, parle bas,
Le roi des mers ne t'échappera pas.

LE CHOEUR.

Conduis ta barque avec prudence,
Le roi des mers ne t'échappera pas.

SCÈNE II.

LES PRÉCÉDENS ; PIÉTRO.

MASANIELLO.

Mais j'aperçois Piétro ; ciel ! que va-t-il m'apprendre ?

(Le prenant à part, et l'amenant au bord du théâtre, pendant que les pêcheurs s'éloignent et retournent à leurs travaux.)

Personne ici ne connaît mon malheur :
Je ne l'ai confié qu'à l'ami le plus tendre.
Parle, as-tu découvert le destin de ma sœur ?

PIÉTRO.

De Fenella le sort est encore un mystère ;
Vainement j'ai cherché la trace de ses pas ;
Sans doute un ravisseur...

MASANIELLO.

O rage ! et moi son frère,
Je n'ai pu la sauver ! mais de tels attentats
Recevront à la fin leur juste récompense.

ACTE II, SCÈNE II.

PIÉTRO.

Que te reste-il?

MASANIELLO.

La vengeance!

DUO.

MASANIELLO ET PIÉTRO.

Pour un esclave est-il quelque danger?
Mieux vaut mourir que rester misérable!
Tombe le joug qui nous accable,
Et sous nos coups périsse l'étranger!
Amour sacré de la patrie,
Rends-nous l'audace et la fierté;
A mon pays je dois la vie;
Il me devra sa liberté.

MASANIELLO.

Me suivras-tu?

PIÉTRO.

Je m'attache à tes pas,
Je veux te suivre à la mort...

MASANIELLO.

A la gloire!

PIÉTRO.

Soyons unis par le même trépas.

MASANIELLO.

Ou couronnés par la même victoire.

ENSEMBLE.

Pour un esclave est-il quelque danger?
Mieux vaut mourir que rester misérable!
Tombe le joug qui nous accable,
Et sous nos coups périsse l'étranger!

MASANIELLO.

Songe au pouvoir dont l'abus nous opprime,
Songe à ma sœur arrachée à mes bras !

PIÉTRO.

D'un séducteur peut-être elle est victime ?

MASANIELLO.

Ah ! quel qu'il soit, je jure son trépas !

MASANIELLO ET PIÉTRO.

Mieux vaut mourir que rester misérable !
Pour un esclave est-il quelque danger ?
Tombe le joug qui nous accable,
Que sous nos coups périsse l'étranger !
Amour sacré de la patrie, etc.

(En ce moment Fenella paraît sur le haut du rocher ; elle regarde la mer, en mesure la profondeur, et semble prête à s'y précipiter.)

SCÈNE III.

Les précédens ; FENELLA.

MASANIELLO.

Que vois-je ? Fenella ! quoi ! ma sœur en ces lieux !

(A ce cri, Fenella tourne la tête, aperçoit son frère, et descend vivement les rochers.)

MASANIELLO, à Piétro.

Le ciel nous entendait, il exauce nos vœux !

(Fenella est descendue et a été se jeter dans les bras de son frère.)

Je n'ose encore en croire ma tendresse !
Est-ce bien toi que dans mes bras je presse ?
Quel motif inconnu te sépara de moi ?

FENELLA.

Elle lui fait signe qu'elle le lui dira, mais à lui seul.

(Piétro s'éloigne.)

SCÈNE IV.

MASANIELLO, FENELLA.

MASANIELLO.

Eh bien! nous voilà seuls.

FENELLA.

Elle lui exprime son désespoir, et lui avoue que sa première intention était de se précipiter dans la mer et d'y finir son existence.

MASANIELLO.

Attenter à ta vie!
Grand Dieu!

FENELLA.

Mais elle n'a pas voulu mourir avant de le revoir, de l'embrasser, de recevoir son pardon.

MASANIELLO.

Ton pardon! et pourquoi?

FENELLA.

Elle lui fait entendre qu'elle ne mérite plus sa tendresse : elle lui peint ses remords... Elle s'est donnée à un perfide.

MASANIELLO.

O ciel! un séducteur!... qu'il craigne ma furie!
Rien ne peut le soustraire à mon ressentiment!

FENELLA.

Elle lui fait signe qu'il devait être son époux, qu'il le lui avait juré à la face du ciel, qu'elle a cru son serment.

MASANIELLO.

Ce lâche, quel est-il? un Espagnol, peut-être?

####### FENELLA.

Elle répond oui ; mais elle ne veut pas le faire connaître ; malgré son crime elle l'aime encore, et pour l'épouser il est d'un rang trop élevé.

####### MASANIELLO.

Qu'importe, il tiendra son serment ;
Fenella, je veux le connaître.

####### FENELLA.

Elle lui répond que c'est inutile, qu'il n'est plus d'espérance, qu'il s'est uni à une autre.

####### MASANIELLO.

Eh bien donc ! malgré toi, je punirai le traître !
Oui, que ce jour me soit ou non fatal,
Il faut armer le peuple et donner le signal.
En vain tu veux calmer le courroux qui me guide,
Je saurai malgré toi découvrir le perfide.

####### FENELLA.

Elle cherche inutilement à calmer son frère, et s'attache à lui au moment où il court appeler ses compagnons.

SCÈNE V.

MASANIELLO, BORELLA, FENELLA, pêcheurs.

####### MASANIELLO, appelant les pêcheurs.

Venez, amis, venez partager mes transports :
Contre nos ennemis unissons nos efforts.
Le vice-roi, doublant notre misère,
Lève un nouvel impôt sur ces fruits de la terre,
Ce prix de nos sueurs qu'il aime à voir couler !

ACTE II, SCÈNE V.

BORELLA.

Et le peuple se tait?

MASANIELLO.

Il est las de se plaindre!

BORELLA.

S'armera-t-il, lui qui n'ose parler?

MASANIELLO.

Il ose tout quand il a tout à craindre;
Et c'est à nos tyrans aujourd'hui de trembler!
Chacun à ces cruels doit compte d'une offense;
Et moi plus que vous tous! Courons à la vengeance!

LE CHOEUR.

Nous partageons ton fier ressentiment;
De t'obéir nous faisons le serment!

MASANIELLO.

Du silence, de la prudence,
Et le ciel nous protégera.
Toi, mon cher Borella,
Observe bien ces rives.

(Les femmes et les enfans entrent en scène; sur un geste de Masaniello,
Fenella va rejoindre ses compagnes.

Que ces enfans, que ces femmes craintives
Ne sachent rien de nos secrets,
Et, pour mieux cacher nos projets,
Chantons gaîment la barcarole,
Charmons ainsi nos courts loisirs.
L'amour s'enfuit, le temps s'envole;
Le temps emporte nos loisirs
Comme les flots notre gondole.

LE CHOEUR.

Chantons gaîment la barcarole,
Charmons ainsi nos courts loisirs.

SCÈNE VI.

Les précédens; PIETRO.

MASANIELLO.

Que veux-tu?

PIÉTRO, à voix basse.

De soldats un corps nombreux s'avance,
Et de Naple à nos pas ils ferment le chemin.

BORELLA.

Oui, des tambours annonçant leur présence,
J'entends le roulement lointain.

MASANIELLO.

Ne craignez point, trompons leur surveillance
En répétant notre refrain.

LE CHOEUR.

Chantons gaîment la barcarole, etc.

MASANIELLO, à voix basse à Borella.

Pour cacher des poignards disposez vos filets.

PIÉTRO, de même à quelques autres.

Parmi ses fruits que chacun cache une arme.

MASANIELLO, de même.

Soulevez-vous au premier cri d'alarme,
Au premier signal soyez prêts.

ACTE II, SCÈNE VI.

LE CHOEUR, à voix basse.

A Naple! à Naple! au premier cri d'alarme,
Pour combattre nous serons prêts.

(Tout cela se dit à voix basse, tandis que les jeunes filles reprennent en chœur.)

CHOEUR DE JEUNES FILLES.

Chantons gaîment la barcarole,
Charmons ainsi nos courts loisirs;
L'amour s'enfuit, le temps s'envole;
Le temps emporte nos plaisirs
Comme les flots notre gondole.

(Les uns reprennent leurs filets, et les autres montent sur les nacelles; les femmes placent des paniers de fruits sur leur tête; tous s'éloignent et disparaissent en répétant le refrain.)

FIN DU SECOND ACTE.

ACTE TROISIÈME.

Le théâtre représente un appartement du palais.

SCÈNE PREMIÈRE.

ALPHONSE, ELVIRE.

ALPHONSE.
N'espérez pas me fuir, je ne vous quitte pas.
ELVIRE.
Non, laissez-moi, n'arrêtez point mes pas.

DUO.

ALPHONSE.
Écoutez, je vous en supplie :
Que le nœud qui nous lie
M'obtienne au moins cette faveur !
ELVIRE.
Non, jamais ! vous m'avez trahie,
Et votre perfidie
A porté la mort dans mon cœur.
ALPHONSE.
Quelques torts dont je sois coupable,
Je fléchirais votre rigueur,
Si du désespoir qui m'accable
Vous pouviez connaître l'horreur.

ELVIRE.

Épargnez-vous un tel parjure :
De moi vous n'entendrez, hélas !
Aucun reproche, aucun murmure ;
Je pars... n'arrêtez point mes pas !

ENSEMBLE.

ELVIRE.

Ah ! je n'accuse que moi-même ;
De mon amour je dois rougir.
Pour toujours, hélas ! je vous aime !
Et pour toujours je dois vous fuir.

ALPHONSE.

En horreur à vous, à moi-même,
J'ai fait, et je dois m'en punir,
Le malheur de tout ce que j'aime.
Il ne me reste qu'à mourir.

ALPHONSE.

Elvire, si je fus coupable,
Du moins ce n'est pas envers toi.

ENSEMBLE.

ELVIRE.

Fuyez, Alphonse, épargnez-moi ;
Cessez un entretien coupable.

ALPHONSE.

Vois le désespoir qui m'accable :
Ah ! jette un seul regard sur moi.

ELVIRE.

Non, vous avez brisé nos chaînes.

ALPHONSE.

Vois ton amant, vois ton époux.

ELVIRE.

Lui seul cause toutes mes peines.

ALPHONSE.

Il va mourir à tes genoux.

ELVIRE.

Alphonse!

ALPHONSE.

Elvire!

ELVIRE.

Je pardonne.
Mon faible cœur parle pour toi.

ALPHONSE.

Au bonheur mon cœur s'abandonne.

ELVIRE.

Et je m'abandonne à ta foi.

ENSEMBLE.

O moment plein de charmes!
Tous nos maux sont finis;
Je sens couler des larmes
De mes yeux attendris.

ELVIRE.

Mais cette jeune infortunée,
Je dois veiller sur son destin.
Alphonse, ordonnez que soudain
Près de sa souveraine elle soit amenée.

ALPHONSE.

Vos désirs seront satisfaits.

(A Selva, qui entre.)

Courez, Selva, cherchez la fugitive
Qui fut votre captive,
Et qu'elle soit par vous conduite en ce palais.

(Ils sortent.)

SCÈNE II.

Le théâtre change, et représente la grande place du marché de Naples. On voit arriver, en dansant, des jeunes filles portant sur leurs têtes des corbeilles de fleurs ou de fruits ; des pêcheurs et des paysans arrivent apportant leurs denrées. Le marché s'ouvre : les fleurs et les fruits s'élèvent en étage de chaque côté.

FENELLA, JEUNES FILLES, PÊCHEURS, VILLAGEOIS, HABITANS DE NAPLES.

(Pendant que des jeunes filles et des jeunes garçons se livrent à la danse, des habitans de Naples, suivis de leurs intendans ou de leurs porteurs (*facchini*) passent dans les allées du marché, marchandent, achètent. Plusieurs lazaronnis, à qui ils donnent des pièces de monnaie ou des paniers de fruits, témoignent leur joie et se joignent aux danseurs. Pendant ce temps, Fenella est entrée avec celles de ses compagnes qu'on a vues au second acte ; elles se placent sur le devant du théâtre, et ont devant elles des paniers de fruits. Fenella, triste, pensive, ne prend aucune part à ce qui se passe autour d'elle ; de temps en temps seulement elle se lève et regarde si elle ne verra pas paraître son frère ou quelqu'un de la cour.)

LE CHOEUR.

Au marché qui vient de s'ouvrir,
Venez, hâtez-vous d'accourir :
Voilà des fleurs, voilà des fruits,
Raisins vermeils, limons exquis,
Oranges fines de Méta,
Rosolio, vin de Somma,
C'est moi qui veux vous les offrir :
Venez, hâtez-vous d'accourir !

UN PÊCHEUR.

Venez, adressez-vous au pêcheur de Mysène.

UN MARCHAND.

Macaroni parfait; venez, prenez chez moi.

UNE MARCHANDE DE FRUITS.

Je vends des fruits au vice-roi.

UNE MARCHANDE DE FLEURS.

Je vends des bouquets à la reine.

LE CHOEUR.

Au marché qui vient de s'ouvrir.
Venez, etc.

SCÈNE III.

Les précédens; SELVA, plusieurs soldats qui se répandent dans le marché.

(Fenella aperçoit Selva. Trompée par son uniforme, elle le regarde d'abord avec curiosité; mais elle le reconnaît, fait un geste d'effroi, se rassied et tâche de lui cacher sa figure.)

SELVA.

(Pendant que la danse continue, il parcourt les différens groupes des jeunes filles et les regarde attentivement; arrivé près de Fenella, il fait un geste de surprise.)

Non, je ne me trompe pas,
C'est bien elle!... A moi, soldats!
Qu'à l'instant même on me suive !

FENELLA.

Elle se lève épouvantée et court se réfugier au milieu de ses compagnes; par ses gestes elle les supplie de la protéger.

LE CHOEUR DE FEMMES.

Ciel! on veut l'emmener captive!
Qu'a-t-elle fait ?

ACTE III, SCÈNE IV.

SELVA ET LES SOLDATS.

Qu'à l'instant on nous suive !

(On entraîne Fenella.)

ENSEMBLE.

LE CHOEUR DE FEMMES.

Ah ! contre l'étranger n'est-il point de recours ?
Qui viendra donc à son secours ?

SELVA ET LES SOLDATS.

Point de murmure, il y va de vos jours !

(Selva et les soldats sont au moment d'emmener Fenella, quand au milieu du marché paraissent Masaniello, Piétro et quelques pêcheurs.)

SCÈNE IV.

Les précédens ; MASANIELLO, PIÉTRO, pêcheurs.

MASANIELLO.

Où la conduisez-vous ?

SELVA.

Quel es-tu ? que t'importe ?

MASANIELLO.

Sais-tu qu'elle est ma sœur ?

SELVA.

Rebelle, éloigne-toi ;
Obéis sans murmure aux ordres de ton roi.

MASANIELLO, tirant son poignard.

Crains la fureur qui me transporte !

SELVA, faisant signe à un soldat.

Arrachez-lui ce fer dont il ose s'armer !

MASANIELLO, *poignardant le soldat.*

Levez-vous, compagnons! on veut nous opprimer!
    Un lâche, un mercenaire
Osa porter sur moi son insolente main;
    Il n'est plus, et le téméraire
De la tombe aux tyrans vient d'ouvrir le chemin!

SELVA.

Tremblez! je punirai des traîtres.

MASANIELLO.

Va dire aux étrangers que tu nommes tes maîtres,
Que nous foulons aux pieds leur pouvoir inhumain.
    N'insulte plus, toi qui nous braves,
    A des maux trop long-temps soufferts.
    Tu crois parler à des esclaves,
    Et nous avons brisé nos fers.

LE CHOEUR.

Non, plus d'oppresseurs, plus d'esclaves,
Combattons pour briser nos fers.

(*Tous les paysans, qui étaient restés assis, se lèvent en tirant leurs armes, et en un instant Selva et ses soldats sont entourés et désarmés.*)

LE CHOEUR.

    Courons à la vengeance!
    Des armes, des flambeaux!
    Et que notre vaillance
    Mette un terme à nos maux!

(*Ils agitent leurs armes, et vont pour sortir.*)

MASANIELLO, *les arrêtant.*

Invoquons du Très-Haut la faveur tutélaire:
    A genoux, guerriers, à genoux!

ACTE III, SCÈNE IV.

Dieu nous juge : que sa colère
Aux combats marche devant nous !

(Le peuple se prosterne.)

MASANIELLO ET LE CHOEUR.

Saint bienheureux, dont la divine image
De nos enfans protége les berceaux,
Toi qui nous rends la force et le courage,
Toi qui soutiens le pauvre en ses travaux,
   Tu nous vois tous
   A tes genoux !
   Sois avec nous,
   Protége-nous !
Saint bienheureux, dont la divine image
De nos enfans protége les berceaux,
Toi qui nous rends la force et le courage,
Fais aujourd'hui pour nous des miracles nouveaux !

(On entend le roulement du tambour et le bruit du tocsin.)

MASANIELLO.

L'airain s'agite et vos armes sont prêtes ;
Assurons donc par nos sanglans travaux,
Ou des vainqueurs les lauriers à nos têtes,
Ou des martyrs la palme à nos tombeaux !

CHOEUR GÉNÉRAL.

Marchons ! des armes ! des flambeaux !

PIÉTRO.

Le temple ne pourra défendre
Le sang impur de nos bourreaux ;
Par torrens il faut le répandre !

CHOEUR GÉNÉRAL.

Marchons ! des armes ! des flambeaux !

PIÉTRO.

Ils n'auront dans leur ville en cendre
D'autre asile que leurs tombeaux.

CHOEUR GÉNÉRAL.

Marchons! des armes! des flambeaux!

(Ils se partagent des armes ; ils courent des torches à la main, les femmes les excitent à la lueur de l'incendie.)

FIN DE TROISIÈME ACTE.

ACTE QUATRIEME.

Le théâtre représente l'intérieur de la cabane de Masaniello. Le fond en est fermé par une voile de vaisseau ; à droite, une chaise et une table ; à gauche, une natte qui sert de lit à Masaniello.

SCÈNE PREMIÈRE [1].

MASANIELLO, assis, LE MARQUIS DE COLONNE, ET LES PRINCIPAUX HABITANS DE NAPLES, DEBOUT ET GROUPÉS AUTOUR DE MASANIELLO.

LE CHOEUR.

Écoute nos voix suppliantes !
Laisse-toi fléchir par nos pleurs,
Et désarme les mains sanglantes
Des ministres de tes fureurs.

UN MAGISTRAT.

Seigneur !

MASANIELLO.

Ce titre est une offense.

LE MARQUIS.

Chef du peuple !

[1] Cette scène est supprimée à la représentation.

MASANIELLO.

Oui, cruels! oui, son chef, son vengeur!
Mon règne doit durer autant que sa vengeance.
Vous vivans, je suis roi ; vous morts, simple pêcheur :
Mon règne sera court.

LE CHEF DE LA JUSTICE.

Grâce! que la clémence
Touche un peuple inhumain et sourd à nos accens!

MASANIELLO.

Entendiez-vous ses cris quand vous étiez puissans?
Vous l'écrasiez sous votre tyrannie :
De la sienne à mes pieds subissez donc la loi.

LE MARQUIS.

Nous t'offrons nos trésors, accorde-nous la vie!

MASANIELLO.

Que pouvez-vous m'offrir qui ne soit pas à moi?
Ces trésors, je le sais, sont le fruit de nos peines :
Il n'importe, reprenez-les.
Si je me suis armé, c'est pour briser nos chaînes,
Et non pour piller vos palais.

LE CHOEUR.

Écoute nos voix suppliantes,
Laisse-toi fléchir par nos pleurs

MASANIELLO.

Non.

LE CHOEUR.

Désarme les mains sanglantes
Des ministres de tes fureurs!

MASANIELLO.

Non, non.

ACTE IV, SCÈNE II.

LE CHOEUR.
Que la pitié retienne
Ton glaive suspendu sur nous.
Épargne notre tête.

MASANIELLO.
Écoutez : à vos coups,
Si j'eusse été vaincu, j'aurais offert la mienne...
Mais vous m'implorez à genoux,
Vous demandez la vie, allons, je vous la donne.
Pontifes, magistrats, princes, relevez-vous !
Masaniello, le pêcheur, vous pardonne.
Laissez-moi.

(Ils sortent.)

SCÈNE II.

MASANIELLO, SEUL.

N'écoutant que ma juste fureur,
J'aurais peut-être dû les punir de leurs crimes;
Mais ce meurtre sans fruit eût souillé leur vainqueur !
Nos soldats furieux ont fait trop de victimes...
Je ne sais quel dégoût s'empare de mon cœur.
Les lâches ! ils dormaient courbés sous leurs entraves;
J'ai dit : réveillez-vous ! je les ai délivrés,
Et de sang aussitôt ils se sont enivrés :
Ma victoire en tyrans a changé ces esclaves !

AIR.

O Dieu ! toi qui m'as destiné
A remplir ce sanglant office,

Pour achever le sacrifice,
Grand Dieu! que ne m'as-tu donné
Leur inexorable justice?
N'adouciras-tu point tes arrêts rigoureux?
Ne pourrai-je fléchir ces tigres inflexibles?
Rends-moi, pour t'obéir, rends-moi cruel comme eux;
Dieu puissant! ou rends-les sensibles!

Et cependant pour eux mon cœur est alarmé.
Le vice-roi, que poursuivait leur rage,
Aux murs de Châteauneuf est encore enfermé.
Il faut par un assaut consommer notre ouvrage.

SCÈNE III.

MASANIELLO, FENELLA, ABATTUE ET CHANCELANTE.

MASANIELLO.

Que vois-je? Fenella! quelle horrible pâleur!
Nous venons, ô ma sœur! de venger ton outrage.
Qui peut encore exciter ta douleur?

FENELLA.

Elle lui peint le désordre de Naples.

MASANIELLO.

J'ai voulu, mais en vain, mettre un terme au carnage.

FENELLA.

Elle lui représente, par ses gestes, les horreurs auxquelles la ville est livrée, le pillage, le meurtre, l'incendie.

MASANIELLO.

Oui, des torches en feu dévorant les palais,

ACTE IV, SCÈNE IV.

Des enfans étouffés sur le sein de leurs mères,
Des frères frappés par leurs frères,
Oui, des forfaits ont puni des forfaits ;
Mais, tu le sais, je n'en suis pas coupable.
Viens dans mes bras, dissipe ton effroi.

FENELLA.

Elle lui fait entendre qu'elle ne peut résister à la fatigue.

MASANIELLO.

La fatigue t'accable :
Repose en paix, je veillerai sur toi.
Du pauvre seul ami fidèle,
Descends à ma voix qui t'appelle,
Sommeil, descends du haut des cieux !
De son cœur bannis les alarmes ;
Qu'un songe heureux sèche les larmes
Qui tombent encor de ses yeux.

(Fenella s'endort sur le lit à gauche.)

Un doux sommeil apaise sa souffrance ;
Mais on vient.

SCÈNE IV.

Les précédens ; PIÉTRO, pêcheurs.

MASANIELLO.

C'est Piétro... que voulez-vous de moi ?

PIÉTRO.

Nos compagnons nous députent vers toi.

MASANIELLO.

Eh bien ! que veut mon peuple ?

PIÉTRO.

     Il demande vengeance,

LE CHOEUR.

A nos sermens
L'honneur t'engage;
Plus d'esclavage,
Plus de tyrans!

(Pendant ce chœur, Fenella s'éveille et écoute.)

MASANIELLO.

Calmez-vous, amis : quel délire
A des meurtres nouveaux semble pousser vos bras?

PIÉTRO.

Le fils du vice-roi se dérobe au trépas :
Notre salut commun exige qu'il expire!
Il a près de ces lieux porté ses pas errans.

(Fenella exprime les craintes les plus vives.)

MASANIELLO.

Eh! n'est-ce pas assez de chasser nos tyrans?
Faut-il les immoler?

PIÉTRO.

    Oui, nous voulons sa tête!

MASANIELLO.

Ah! que la pitié vous arrête!

PIÉTRO ET LE CHOEUR.

A nos sermens, etc.

MASANIELLO.

Silence! écoutez-moi! trop de sang, de carnage,
  Ont signalé votre fureur :
Je saurai mettre un terme à cette aveugle rage.

PIÉTRO.

Tu voudrais vainement enchaîner notre ardeur.
Tu nous trahis !...

MASANIELLO.

Parlez plus bas... Ma sœur...

(Fenella a pris part à la scène, et au moment où Masaniello parle d'elle, elle affecte de dormir profondément.)

PIÉTRO.

Elle repose.

MASANIELLO.

Elle peut nous entendre.

PIÉTRO.

Eh bien ! entrons, suis-nous sans plus attendre.

LE CHOEUR.

A nos sermens
L'honneur t'engage ;
Plus d'esclavage,
Plus de tyrans !

(Ils entrent dans l'intérieur de la chaumière.)

SCÈNE V.

FENELLA, SEULE.

Elle a tout entendu, elle frémit : mille sentimens confus l'agitent ; le danger d'Alphonse, le souvenir de sa trahison. On frappe à la porte de la chaumière : Fenella s'effraie, elle hésite ; on frappe de nouveau : elle se décide à ouvrir, reconnait Alphonse et cache sa figure dans ses mains.

SCÈNE VI.

FENELLA, ALPHONSE, ELVIRE, ENVELOPPÉE DANS UN MANTEAU, LA TÊTE COUVERTE D'UN VOILE NOIR.

ALPHONSE.

Ah! qui que vous soyez, accueillez ma prière,
Et dérobez-nous à la mort.
Ciel! que vois-je? c'est elle! ô justice sévère!
Elle est maîtresse de mon sort!

FENELLA.

Elle recule avec effroi, lui fait entendre que jamais un crime ne reste impuni, lui reproche sa trahison.

ALPHONSE.

Oui, j'ai mérité ta colère.
Sois juste, abandonne à leurs bras
Le perfide qui t'a trahie!
Les meurtriers sont sur mes pas,
Venge-toi, tu le peux.

FENELLA.

En mettant le doigt sur sa bouche, elle lui fait signe qu'on peut les entendre, et l'entraîne rapidement de l'autre côté du théâtre, en lui montrant la porte par laquelle les pêcheurs viennent de sortir.

ALPHONSE.

Ah! que par mon trépas
Ta vengeance soit assouvie!
Mais le destin d'une autre à mon sort est lié;
Pour une autre que moi j'implore ta pitié!
Prends mes jours, épargne sa vie!

ACTE IV, SCÈNE VI.

FENELLA.

Elle jette un regard sur Elvire, court vers elle, entr'ouvre son manteau, lui arrache le voile qui couvre son visage, s'éloigne d'elle avec colère, et semble dire : Voilà donc celle que tu m'as préférée, et tu veux que je l'épargne !

ELVIRE.

Fenella, sauvez mon époux !

FENELLA.

Elle n'est plus maîtresse d'elle-même et n'écoute que sa jalousie. Elle aurait sauvé Alphonse, mais elle veut perdre sa rivale. Déjà elle a fait un pas vers la porte de la cabane où les pêcheurs sont rassemblés.

ELVIRE, l'arrêtant par la main.

Vous, nous trahir ! quel transport vous entraîne ?
Ne nous repoussez pas, c'est votre souveraine
Qui vous demande asile et tremble devant vous.

FENELLA.

Son cœur passe tour à tour de la vengeance à la pitié : elle s'arrête entre Alphonse et Elvire.

ELVIRE.

Arbitre d'une vie
Qui va m'être ravie,
A ma voix qui supplie
Laissez-vous attendrir.

ALPHONSE.

Du sort qui nous opprime
Que je sois seul victime !
Seul j'ai commis le crime
Dont tu veux la punir.

FENELLA.

Elle s'est laissé toucher à la voix d'Elvire ; et comme frappée de la voix si belle, elle retire brusquement sa main, que la princesse tenait dans les siennes.

ELVIRE.

Dans vos maux, fille infortunée,
Ma bonté fut votre recours;
Et moi, dans la même journée,
Je viens implorer vos secours.
Je pris pitié de vos alarmes
Lorsque je vis couler vos larmes;
Mes larmes coulent devant vous;
Je vous vis, pour fuir votre chaîne,
Tomber aux pieds de votre reine,
Votre reine est à vos genoux!

FENELLA.

Elle ne peut vaincre son émotion; elle les repousse encore, mais faiblement, et se détourne pour cacher ses pleurs qu'elle veut étouffer.

(Alphonse et Elvire, qui s'aperçoivent de l'impression qu'elle éprouve, se rapprochent d'elle et redoublent leurs instances avec un accent plus touchant.)

ENSEMBLE.

ALPHONSE.

Du sort qui nous opprime
Que je sois seul victime!
Seul j'ai commis le crime
Dont tu veux la punir.

ELVIRE.

Arbitre d'une vie
Qui va m'être ravie,
A ma voix qui supplie
Laissez-vous attendrir.

FENELLA.

Elle ne peut résister à leurs prières; elle fait un violent effort sur elle-même, saisit leurs mains, et jure de les sauver ou de mourir avec eux.

(On entend du bruit; Masaniello sort de la porte à droite; Alphonse saisit son épée.)

SCÈNE VII.

Les précédens ; MASANIELLO.

MASANIELLO.

Des étrangers dans ma chaumière !
Que cherchez-vous ?

FENELLA.

Elle fait signe à son frère qu'ils sont proscrits, qu'ils cherchent un asile, qu'elle leur a promis son appui.

ALPHONSE.

Errans dans l'ombre de la nuit,
Nous n'avons plus d'espoir, le peuple nous poursuit,
Et nous fuyons leur fureur meurtrière.

MASANIELLO.

A cette porte hospitalière
Jamais un malheureux n'a frappé vainement.
Oui, quel que soit le sang dont cette arme est trempée,
Entrez, je vous reçois ; et, mieux que votre épée,
L'hospitalité vous défend.

FENELLA.

Elle exprime sa joie, et par ses gestes semble dire : Ne craignez rien, vous voilà sauvés ; mon frère répond de votre vie.

SCÈNE VIII.

Les précédens ; PIÉTRO, BORELLA, quelques conjurés.

PIÉTRO.

Par le peuple conduits, marchant d'un pas docile,
Les magistrats napolitains
Viennent déposer dans tes mains
Les clés des portes de la ville.

(Apercevant Alphonse.)

Que vois-je ? juste ciel ! le fils du vice-roi !

MASANIELLO.

Que me dis-tu, Piétro ?

PIÉTRO.

Lui-même est devant toi !

ENSEMBLE.

PIÉTRO.

Du transport qui m'anime
Il sera la victime :
Qu'il craigne mon courroux.
Un hasard favorable
Permet que le coupable
Tombe enfin sous nos coups.

MASANIELLO.

Je sens qu'en sa présence
Les torts de sa naissance
Réveillent mon courroux.
Mais plus fort que la haine,
Le serment qui m'enchaîne
Le dérobe à leurs coups.

ACTE IV, SCÈNE VIII.

ALPHONSE.

Funeste destinée !
Ah ! qu'une infortunée
Échappe à leur courroux !
S'ils épargnent sa vie,
Je brave leur furie ;
Mon sort me sera doux.

ELVIRE.

J'attends avec constance
L'arrêt de leur vengeance
Qui doit me joindre à vous.
Le péril nous rassemble :
Si nous mourons ensemble,
Mon sort me sera doux.

PIÉTRO ET LE CHOEUR.

Oui, c'est lui que le ciel livre à notre courroux.
Oui, tu nous l'as promis ; qu'il tombe sous nos coups.

ALPHONSE, à Piétro.

Farouche meurtrier, je brave ton courroux ;
Viens me donner la mort ou tomber sous mes coups.

(Ils lèvent tous sur Alphonse leurs poignards. Fenella se jette entre eux et Alphonse.)

FENELLA.

Elle court à son frère, et par ses gestes elle lui dit : Il était sans asile, sans défense, il est venu en suppliant vous demander un asile ; vous le lui avez accordé, vous l'avez reçu sous votre toit, vous lui avez juré protection, et vous le laisseriez immoler ! ces murs seraient teints de son sang !

MASANIELLO, à Fenella.

Sa confiance en moi ne sera pas trompée !
Je me rappelle mon serment ;

(A Alphonse.)

Et mieux que ton épée,
L'hospitalité te défend,
Qu'on respecte ses jours !

PIÉTRO ET LE CHOEUR.

Nous avons ton serment,
Et sa vie est à nous.

MASANIELLO

D'où vous vient tant d'audace?
Qu'on se taise!

PIÉTRO ET LE CHOEUR.

Tyran, crains mon juste transport!

MASANIELLO.

Je suis tyran pour faire grâce
Comme toi pour donner la mort.

(à Elvire et à Alphonse.)

Partez, ne craignez rien.

(à Borella.)

Monte sur ma nacelle :
Aux murs de Châteauneuf conduis-les, sois fidèle :
Cours, Borella, tu réponds de leur sort.

PIÉTRO ET LE CHOEUR.

Tyran, crains mon juste transport!

MASANIELLO, saisissant une hache.

Pour marcher sur leur trace
Si de franchir le seuil un de vous a l'audace,
Il tombe sous ce bras vengeur.

PIÉTRO ET LE CHOEUR, à voix basse.

N'avons-nous fait que changer d'oppresseur?

(Tous ouvrent un passage à Alphonse et à Elvire, qui s'éloignent en regardant Fenella.)

SCÈNE IX.

FENELLA, MASANIELLO, PIÉTRO.

Le fond de la cabane, qui était fermé par une voile de navire, se relève en ce moment. On aperçoit les principaux habitans de la ville apportant à Masaniello les clés de Naples. Le cortège porte des palmes et des couronnes.

ENSEMBLE.

NAPOLITAINS, NAPOLITAINES, PÊCHEURS.

Honneur, honneur et gloire !
Célébrons ce héros !
On lui doit la victoire,
La paix et le repos.

PIÉTRO ET LES CONJURÉS.

De le frapper j'aurai la gloire :
Il ne mérite plus de marcher dans nos rangs ;
Du haut de son char de victoire
Qu'il tombe comme nos tyrans !

(On présente à Masaniello les clés de la ville, on le revêt d'un manteau magnifique, et on lui amène un cheval, sur lequel on l'invite à monter.)

MASANIELLO.

Adieu donc, ma chaumière ! adieu, séjour tranquille !
Je t'abandonne pour jamais.
Bonheur que j'ai goûté dans ce modeste asile,
Me suivras-tu dans un palais ?

ENSEMBLE.

NAPOLITAINS.

Honneur, honneur et gloire !
Célébrons ce héros !

On lui doit la victoire,
La paix et le repos.

PIÉTRO ET LES CONJURÉS.

De le frapper j'aurai la gloire :
Il ne mérite plus de marcher dans nos rangs :
Au milieu des chants de victoire
Qu'il tombe comme nos tyrans !

(Masaniello est monté sur son cheval au milieu du peuple qui se presse autour de lui, et environné de danses. Pendant ce temps, Piétro et les conjurés le menacent de leurs poignards. Fenella, qui est près de Piétro, l'examine avec crainte, et pendant que le cortége s'empresse autour de son frère, ses regards inquiets s'élèvent vers le ciel, et semblent prier pour lui.)

FIN DU QUATRIÈME ACTE.

ACTE CINQUIÈME.

Le théâtre représente le vestibule du palais du vice-roi ; à gauche un large escalier en pierre conduisant à une terrasse. Au fond, dans le lointain, le sommet du Vésuve.

SCÈNE PREMIÈRE.

PIÉTRO, PÊCHEURS, JEUNES FILLES DU PEUPLE.

(Ils sortent de l'appartement à gauche, qui est celui du festin. C'est la fin d'une orgie : ils tiennent à la main des coupes, des vases remplis de vin ; d'autres tiennent des guitares.)

COUPLETS.

PIÉTRO, une guitare à la main.

PREMIER COUPLET.

Voyez du haut de ces rivages
Ce frêle esquif voguer sur la mer en fureur !
Les vents, les flots et les orages
Menacent d'engloutir le malheureux pêcheur.
Mais la madone sainte a guidé l'équipage :
Par elle protégés nous revoyons le bord.
Plus de crainte, plus d'orage !
Notre barque a touché le port.

LE CHOEUR.

Buvons ! la barque est dans le port.

UN PÊCHEUR, bas à Piétro.

De ce nouveau tyran as-tu brisé les chaînes?

PIÉTRO, de même.

Oui j'ai de notre chef puni la trahison.

(Montrant à gauche la salle du festin.)

Et par mes soins, un rapide poison.
Déjà circule dans ses veines.

DEUXIÈME COUPLET.

Parfois, le soir sur cette plage.
Des pirates cruels, la terreur de ces mers,
Ivres de sang et de pillage,
Attendent le pêcheur pour lui donner des fers.
Mais la madone sainte a guidé l'équipage,
Par elle protégés, nous revoyons le bord.
Plus de crainte, plus d'orage!
Notre barque a touché le port.

LE CHOEUR.

Buvons! la barque est dans le port.

PIÉTRO.

On vient! silence, amis!

SCÈNE II.

Les précédens, BORELLA, sortant de l'appartement a gauche.

PIÉTRO.

Quelle frayeur t'agite, Borella?

ACTE V, SCÈNE II.

BORELLA.

Compagnons, armez-vous, ou tremblez!
De nombreux bataillons qu'Alphonse a rassemblés
Marchent vers ce palais, ils s'avancent...

PIÉTRO.

O rage!

BORELLA.

Le ciel même paraît combattre contre nous.
De quelques grands malheurs trop sinistre présage,
Les sourds mugissemens du Vésuve en courroux
De ce peuple crédule ont glacé le courage.

LE CHOEUR DE PÊCHEURS.

D'un juste châtiment qui peut nous préserver?

LE CHOEUR DE FEMMES.

Masaniello peut seul arrêter leur furie.

LE CHOEUR DES HOMMES.

Masaniello peut encor nous sauver.

BORELLA, *montrant la porte à gauche.*

N'y comptez plus!

LE CHOEUR.

O ciel! il a perdu la vie!

BORELLA.

Non, il respire encor; mais, sourd à nos accens,
Je ne sais quel délire a maîtrisé ses sens.

PIÉTRO.

C'est Dieu qui l'a frappé.

BORELLA.

Tantôt, sombre et farouche,
Il se croit entouré de mourans et de morts;

Tantôt, le sourire à la bouche,
Il chante et croit guider sa barque sur nos bords.

LE CHOEUR.

Misérable Piétro, tu mourras s'il expire!

PIÉTRO.

Non, sa raison sur lui reprendra son empire.
Il vient! il vient!

SCÈNE III.

Les précédens; MASANIELLO. Le désordre de ses vêtemens annonce le trouble de ses esprits.

MASANIELLO.

Courons, punissons nos bourreaux!
Voilà le sang qu'il faut répandre;
Réduisons leurs palais en cendre;
Courons! des armes, des flambeaux!

PIÉTRO.

Reviens à toi!

MASANIELLO, *lui prenant la main.*

Parle bas, pêcheur, parle bas :
Jette tes filets en silence.

LE CHOEUR.

Viens, marchons, viens, guide nos pas.

MASANIELLO.

La proie au-devant d'eux s'élance.
Parle bas, pêcheur, parle bas;
Le roi des mers ne t'échappera pas.

ACTE V, SCÈNE III.

PIÉTRO.

Sais-tu quel péril nous menace?
Voici nos ennemis, mais guide notre audace,
Sois notre chef! Parais, ils fuiront devant toi.
Partons!

MASANIELLO.

Oui, oui, partons!

PIÉTRO ET LE CHOEUR.

C'est l'honneur qui t'appelle.

MASANIELLO, *d'un air riant.*

Partons, la matinée est belle;
Venez, amis, venez tous avec moi!...

(En ce moment le ciel s'obscurcit, et le Vésuve, qu'on aperçoit de loin, commence à jeter quelques flammes.)

Chantons gaîment la barcarole,
Charmons ainsi nos courts loisirs.

LE CHOEUR.

Mortels délais! vains souvenirs!

MASANIELLO.

L'amour s'enfuit, le temps s'envole.

LE CHOEUR.

Si vous tardez on nous immole!

MASANIELLO.

Le temps emporte nos plaisirs.
Comme les flots notre gondole.

SCÈNE IV.

Les précédens ; FENELLA.

FENELLA.

Elle court à Masaniello. Elle lui explique que les soldats du vice-roi s'avancent en bon ordre, enseignes déployées, et que les tambours battent aux champs. Devant eux les lazzaronis se sont enfuis effrayés ; les uns ont jeté leurs armes, les autres, à genoux, ont demandé la vie. Elle entraîne Masaniello vers la fenêtre du palais... Les voilà, ils avancent ; ils ont juré qu'aucun de vous n'échapperait.

PIÉTRO, à Masaniello.

Tu le vois, leur fureur nous dévoue au trépas?

MASANIELLO, revenant un peu à lui, et serrant Fenella contre son cœur.

Ma Fenella! ma sœur! qui cause tes alarmes?

PIÉTRO.

Nos tyrans!... que ce mot te rappelle aux combats!

MASANIELLO.

Qu'entends-je?

PIÉTRO.

Ce sont eux.

MASANIELLO.

Eh! qui donc?

PIÉTRO.

Leurs soldats!

LE CHOEUR.

Nos tyrans!

MASANIELLO.

Se peut-il?

ACTE V, SCÈNE VI.

LE CHOEUR.

Oui, nos tyrans!

MASANIELLO, revenant à lui.

Mes armes!

LE CHOEUR, l'entraînant.

Victoire! il va guider nos pas;
Plus de discordes, plus d'alarmes!
Victoire! il va guider nos pas?

(Ils sortent tous l'épée à la main en entraînant Masaniello, qui recommande à Borella de rester près de sa sœur et de veiller sur elle)

SCÈNE V.

FENELLA, SEULE.

Quelque temps elle suit son frère des yeux. Elle revient sur le bord du théâtre, et prie pour que le ciel le protége. C'est tout ce qu'elle demande, car pour elle il n'y a plus d'espoir de bonheur... Elle regarde encore cette écharpe qu'Alphonse lui a donnée; elle veut s'en détacher, elle ne peut s'y résoudre; elle la regarde, la couvre de baisers; elle entend marcher et la cache... C'est Elvire, c'est sa rivale qui entre pâle et en désordre; Fenella court à elle : Comment vous trouvez-vous seule en ces lieux? d'où venez-vous?

SCÈNE VI.

FENELLA, ELVIRE, BORELLA.

ELVIRE.

N'approchez pas! le meurtre et l'incendie
Dévastent ce palais; venez, fuyons ces lieux.

FENELLA.

Elle n'a rien à craindre; elle veut rester.

ELVIRE.

Entendez-vous les cris dont ils frappent les cieux ?
Je vois le fer sanglant qui menaçait ma vie,
J'allais périr !... un mortel généreux,
Votre frère lui-même a trompé leur furie.

BORELLA.

Masaniello ! grands dieux !
Il a donc triomphé ? Le destin se prononce !
Écoutez... il revient... qu'ai-je vu ? c'est Alphonse !

SCÈNE VII.

Les précédens, ALPHONSE, suite.

FENELLA.

Elle court à lui, et lui demande où est Masaniello.

ALPHONSE.

Votre frère !... ô douleur ! ô regrets éternels !
Il combattait encore... Hélas ! à ces cruels
    Il voulut épargner un crime.
Prête à périr, Elvire embrassait ses genoux...
Il a sauvé ses jours, et le peuple en couroux...

BORELLA.

Il en était l'idole.

ALPHONSE.

    Il en est la victime.

(Fenella, qui écoutait ce récit en tremblant, tombe à moitié évanouie entre les bras de Borella, qui la soutient.)

Et je n'ai pu le secourir !
Je l'ai vengé du moins : nos bataillons fidèles

ACTE V, SCÈNE VII.

Ont au loin dispersé ses hordes de rebelles.
Masaniello n'est plus... ils ne savent que fuir.

FENELLA.

Elle sort peu à peu de son évanouissement. Elle aperçoit Alphonse auprès d'Elvire, elle se relève, jette sur Alphonse un dernier regard de regret et de tendresse ; elle unit sa main à celle d'Elvire, et s'élance rapidement vers l'escalier qui est au fond du théâtre. Surpris de ce brusque départ, Alphonse et Elvire se retournent pour lui adresser un dernier adieu. En ce moment le Vésuve commence à jeter des tourbillons de flamme et de fumée, et Fenella parvenue au haut de la terrasse, comtemple cet effrayant spectacle. Elle s'arrête, et détache son écharpe, la jette du côté d'Alphonse, lève les yeux au ciel et se précipite dans l'abime.

(Alphonse et Elvire poussent un cri d'effroi. Mais au même instant, le Vésuve mugit avec plus de fureur ; du cratère du volcan la lave enflammée se précipite. Le peuple épouvanté se prosterne.)

LE CHOEUR.

Grâce pour notre crime !
Grand Dieu ! protége-nous !
Et que cette victime
Suffise à ton courroux !

FIN DE LA MUETTE DE PORTICI.

LE COMTE ORY,

OPÉRA EN DEUX ACTES,

Représenté, pour la première fois, sur le théâtre de l'Académie royale de musique, le 20 août 1828.

EN SOCIÉTÉ AVEC M. DELESTRE-POIRSON.

MUSIQUE DE M. ROSSINI.

PERSONNAGES.

LE COMTE ORY, seigneur châtelain.
LE GOUVERNEUR du comte Ory.
ISOLIER, page du comte Ory.
RAIMBAUD, chevalier, compagnon de folies du comte Ory.
Chevaliers, amis du comte Ory.
LA COMTESSE DE FORMOUTIERS.
RAGONDE, tourière du château de Formoutiers.
ALICE, jeune paysanne.
Chevaliers croisés.
Chevaliers de la suite du comte Ory.
Écuyers.
Paysans, paysannes.
Dames d'honneur de la comtesse.

La scène se passe à Formoutiers, en Touraine.

LE COMTE.

PAR CETTE MAIN, JE LE JURE A JAMAIS.

Le Comte Ory. Acte II. Sc. III.

LE COMTE ORY.

ACTE PREMIER.

Le théâtre représente un paysage. Dans le fond, à gauche du spectateur, le château de Formoutiers, dont le pont-levis est praticable. A droite, bosquets à travers lesquels on aperçoit l'entrée d'un ermitage.

SCÈNE PREMIÈRE.

RAIMBAUD, ALICE, PAYSANS ET PAYSANNES OCCUPÉS A DRESSER UN BERCEAU DE FEUILLAGE ET DE FLEURS.

RAIMBAUD.
Allons, allons, allons vite!
Songez que le bon ermite
Va paraître dans ces lieux...
Qu'en rentrant à l'ermitage,
Il reçoive à son passage
Nos offrandes et nos vœux.

PAYSANS.
Aurai-je par sa science
Le savoir et l'opulence?

JEUNES FILLES.
Aurons-nous par sa science

Les maris
Qu'il nous a promis?

RAIMBAUD, cachant sous son manteau son habit de chevalier.

Vous aurez tout, croyez-en ma prudence;
Car j'ai l'honneur de le servir.
Vous riez... Lorsqu'ici l'on rit de ma puissance,
C'est le ciel que l'on offense.
Hâtez-vous de m'obéir.

(D'un air d'impatience.)

Placez aussi sur cette table
Quelques flacons de vins vieux;
Il aime assez le vin vieux,
Car c'est un présent des cieux.

SCÈNE II.

Les précédens; DAME RAGONDE.

DAME RAGONDE, sortant du château à gauche.

Quand votre dame et maîtresse,
Quand madame la comtesse
Est, hélas! dans la tristesse,
Pourquoi ces chants d'alégresse?...
Pleins d'amour pour leur maîtresse,
De bons et fidèles vassaux
Doivent souffrir de tous ses maux!
Elle veut au bon ermite
Dans ce jour rendre visite,
Pour que du mal qui l'agite
Il puisse la délivrer.

ACTE I, SCÈNE III.

ALICE.

Le ciel vient de l'inspirer.

DAME RAGONDE.

Vous croyez que sa science
Peut nous rendre l'espérance?

RAIMBAUD.

Rien n'égale sa puissance :
Mainte veuve, grâce à lui,
A retrouvé son mari.

DAME RAGONDE.

Oh! je veux aussi l'entendre.
Près de lui je veux me rendre,
S'il est vrai qu'un cœur trop tendre
Par lui
Puisse être guéri.

RAIMBAUD.

Silence... le voici!

SCÈNE III.

Les précédens ; LE COMTE ORY, déguisé en ermite, avec une longue barbe.

AIR.

Que les destins prospères
Accueillent vos prières!
La paix du ciel, mes frères,
Soit toujours avec vous!
Veuves ou demoiselles,
Dans vos peines cruelles,

Venez à moi, mes belles
Obliger est si doux!
Je raccommode les familles,
Et même aux jeunes filles
Je donne des époux.
Que les destins prospère!
Accueillent vos prières!
La paix du ciel, mes frères,
Soit toujours avec vous!

DAME RAGONDE.

Je viens vers vous!

LE COMTE ORY, la regardant.

Parlez, dame... trop respectable.

DAME RAGONDE.

Tandis que nos maris, dont l'absence m'accable,
Dans les champs musulmans moissonnent des lauriers,
Leurs fidèles moitiés, quoiqu'à la fleur de l'âge,
Ont juré comme moi, de passer leur veuvage
Dans le château de Formoutiers.

LE COMTE, à part.

Où tant d'attraits sont prisonniers.

(Haut.)

C'est le château de la belle comtesse.

DAME RAGONDE.

Dont le frère aux combats a suivi nos guerriers.
Et cette noble chatelaine,
Sur un mal inconnu, qui cause notre peine,
Veut aujourd'hui vous consulter.

LE COMTE, à part.
(Haut.)
Ah ! quel bonheur ! Près de moi qu'elle vienne,
Mon devoir est de l'assister.

(Se retournant vers les paysans.)
Vous aussi, mes enfans... De moi pour qu'on obtienne,
On n'a qu'à demander... Parlez ;
Tous vos souhaits seront comblés.

CHOEUR, se pressant autour du comte.
Ah ! quel saint personnage !
C'est le bienfaiteur du village.

DAME RAGONDE.
De grâce, parlons tous
L'un après l'autre.

LE COMTE.
Quel désir est le vôtre ?
Que me demandez-vous ?

LE CHOEUR.
Parlons l'un après l'autre.
Silence ! taisez-vous.

UN PAYSAN.
Moi je réclame (1)
Pour que ma femme
Dans mon ménage
Soit toujours sage.

LE COMTE.
C'est bien, c'est bien.

(1) Ce morceau et l'introduction qui le précède sont parodiés.

LE COMTE ORY.

ALICE.

J'ai tant d'envie
Qu'on me marie
Au beau Julien!

LE COMTE.

C'est bien, c'est bien.

DAME RAGONDE.

Moi je demande
Faveur bien grande,
Qu'aujourd'hui même
L'époux que j'aime
Ici revienne
Finir ma peine;
Que je l'obtienne,
C'est mon seul bien.

LE COMTE, à part.

Qu'un bon ermite
Qu'on sollicite,
Qu'un bon ermite
A de mérite!

(Se retournant vers les jeunes filles.)

Jeune fillette,
Et bachelette,
Dans ma retraite
Venez me voir.

RAIMBAUD.

Vous l'entendez, il faut le suivre à l'ermitage.
Rendez hommage
A son pouvoir.

TOUS, entourant le comte.

Moi, moi, moi, bon ermite,
　Je sollicite
　Faveur bien grande,
　Et je demande
　De la tendresse,
　De la jeunesse,
　De la richesse :
　Exaucez-nous.
　Tout le village
　Vous rend hommage...
　A l'ermitage
　Nous irons tous.

(Le comte remonte à son ermitage, suivi de toutes les filles. Dame Ragonde rentre au château. Les paysans sortent par le fond.)

SCÈNE IV.

ISOLIER, LE GOUVERNEUR.

LE GOUVERNEUR.

Je ne puis plus long-temps voyager de la sorte.

ISOLIER.

Eh bien ! reposons-nous sous ces ombrages frais.

LE GOUVERNEUR.

Pourquoi m'avoir forcé de quitter notre escorte,
Et m'amener ici ?

ISOLIER, à part, regardant à gauche.

J'avais bien mes projets...
Voilà donc le château de ma belle cousine !
Si je pouvais l'entrevoir... Quel bonheur !

Mais, loin de partager l'ardeur qui me domine!
Elle ferme à l'amour son castel et son cœur.

(Au gouverneur, qui s'est assis.)

Eh! monsieur le gouverneur,
Reprenez-vous un peu courage?

LE GOUVERNEUR.

Maudit emploi! maudit message!
Monseigneur notre prince, auquel je suis soumis,
M'ordonne de chercher le comte Ory, son fils,
Ce démon incarné, mon élève et mon maître,
Qui, sans mon ordre, de la cour
S'est avisé de disparaître.

ISOLIER, à part.

Pour jouer quelque nouveau tour.

LE GOUVERNEUR.

On le disait caché dans ce séjour.
Comment l'y découvrir... comment le reconnaître?

ISOLIER.

Vous devez tout savoir... D'être son gouverneur
N'avez-vous pas l'honneur?

LE GOUVERNEUR.

Oui! quel honneur!

AIR.

Veiller sans cesse,
Trembler toujours
Pour son altesse
Et pour ses jours...
Du gouverneur
D'un grand seigneur,

Tel est le profit et l'honneur.
Quel honneur d'être gouverneur!

A la guerre comme à la chasse,
Si quelque péril le menace,
Il faut partout suivre ses pas,
Dût-il me mener au trépas!
  Veiller sans cesse,
   Trembler toujours, etc., etc., etc.

Et s'il est épris d'une belle,
Il me faut courir après elle;
Tout en lui faisant des sermons
Sur le danger des passions.

  Veiller sans cesse,
  Courir toujours
  Pour son altesse
  Ou ses amours:
  Du gouverneur
  D'un grand seigneur
Tel est le profit et l'honneur.
Quel honneur d'être gouverneur!

SCÈNE V.

Les précédens; PAYSANS, PAYSANNES, sortant de l'ermitage.

CHOEUR.

O bon ermite!
Vous, notre appui,

Vous, notre ami,
Merci vous dî.
O ! bon ermite,
Je veux partout faire savoir
Son grand mérite
Et son pouvoir.
Jeune fillette
A, grâce à lui,
Fortune faite,
Et bon mari.
O saint prophète,
Soyez béni !
Oui,
Puissant prophète !
Soyez béni !

LE GOUVERNEUR, à part, regardant les jeunes filles.

Je vois paraître
Minois joli ;
Ah ! mon cher maître
Doit être
Près d'ici.

CHOEUR des jeunes filles, l'apercevant

Un étranger ! Qui peut-il être !
Un beau seigneur.
Pour le village, ah ! quel honneur !

LE GOUVERNEUR, à part.

Ce respectable et bon ermite,
Dont chacun vante le mérite,
Malgré moi, dans mon ame excite
Un soupçon qui m'effraie ici.

ACTE I, SCÈNE V.

Lui qu'on adore,
Lui qu'on implore,
Serait-ce encore
Le comte Ory?
Depuis quand cet ermite est-il dans le village?

ALICE.

Depuis huit jours, pas davantage.

LE GOUVERNEUR.

O ciel! en voilà tout autant
Qu'il est parti.

(Retenant Alice, qui reste la dernière.)

Ma belle enfant,
Où pourrais-je le voir?

ALICE.

Ici même... à l'instant.
Il va venir... madame la comtesse
A désiré le consulter.

ISOLIER.

Vraiment!

ALICE.

Sur un mal inconnu qui l'accable et l'oppresse.

LE GOUVERNEUR ET ISOLIER.

Merci, merci, ma belle enfant.

LE GOUVERNEUR.

Il doit donc venir dans l'instant.

ISOLIER.

Elle va venir dans l'instant!

LE GOUVERNEUR, à part.

Cette belle comtesse au regard séduisant!

Ceci me semble encore une preuve plus forte.
(A Isolier.)
Attendez-moi... je vais retrouver notre escorte.
(A part.)
Puis ensemble nous reviendrons.
Pour confirmer, ou bien dissiper mes soupçons.

SCÈNE VI.

ISOLIER, seul, regardant du côté du chateau.

Je vais revoir la beauté qui m'est chère...
Mais comment désarmer cette vertu si fière?
Comment, en ma faveur, la toucher aujourd'hui?
    Si cet ermite, ce bon père,
Voulait m'aider... Oh! non... ce serait trop hardi...
Allons!... ne suis-je pas page du comte Ory!

SCÈNE VII.

ISOLIER, LE COMTE ORY, en ermite.

ISOLIER.
Salut, ô vénérable ermite!
LE COMTE, à part, avec un geste de surprise.
C'est mon page!... sachons le dessein qu'il médite.
(Haut.)
Qui vers moi vous amène, ô charmant Isolier?

ACTE I, SCÈNE VII.

ISOLIER, à part.

Il me connaît !

LE COMTE.

Tel est l'effet de ma science.

ISOLIER.

Un aussi grand savoir ne peut trop se payer.

(Lui donnant une bourse.)

Et cette offrande est bien faible, je pense.

LE COMTE, prenant la bourse.

N'importe... à moi vous pouvez vous fier :
Parlez, parlez, beau page.

DUO.

ISOLIER.

Une dame du haut parage
Tient mon cœur en un doux servage,
Et je brûle pour ses attraits.

LE COMTE.

Je n'y vois point de mal... après !

ISOLIER.

Je croyais avoir su lui plaire;
Et pourtant son cœur trop sévère
S'oppose à mes tendres souhaits.

LE COMTE.

Je n'y vois point de mal... après !

ISOLIER.

Et jusqu'au retour de son frère,
Qui des croisés suit la bannière,
Aucun amant, aucun mortel,
Ne peut entrer dans ce castel.

LE COMTE, à part.

Celui de la comtesse... ô ciel !

ISOLIER.

Pour y pénétrer, comment faire ?
J'avais bien un moyen fort beau ;
Mais je le crois trop téméraire.

LE COMTE.

Parlez... parlez... beau jouvenceau.

ISOLIER.

Je voulais, d'une pélerine,
Prenant la cape et le manteau,
M'introduire dans ce château.

LE COMTE.

Bien ! bien... le moyen est nouveau.

(A part.)

On peut s'en servir, j'imagine.

(Au page.)

Noble page du comte Ory,
Serez un jour digne de lui !

ENSEMBLE.

LE COMTE, à part.

Voyez donc, voyez donc le traître !
Oser joûter contre son maître !
Mais je le tiens, et l'on verra
Qui de nous deux l'emportera.

ISOLIER, à part.

A l'espoir je me sens renaître :
Ce moyen est un coup de maître...
Oui, je le tiens, et vois déjà
Que son pouvoir me servira.

ISOLIER.

Mais d'abord ce projet réclame
Vos soins pour être exécuté.

LE COMTE.

Comment ?

ISOLIER.

Par cette noble dame
Vous allez être consulté.

LE COMTE, à part.

C'est qu'il sait tout, en vérité.

ISOLIER.

Dites-lui que l'indifférence
Cause, hélas ! son tourment fatal.

LE COMTE.

J'entends ! j'entends... ce n'est pas mal.

ISOLIER.

Et pour guérir à l'intant même ?
Dites-lui... qu'il faut qu'elle m'aime.

LE COMTE.

J'entends ! j'entends... ce n'est pas mal.
Je lui dirai qu'il faut qu'elle aime.

(à part.)

Mais un autre que mon rival..

ISOLIER.

Dites-lui bien qu'il faut qu'elle aime.

LE COMTE.

Noble page du comte Ory,
Serez un jour digne de lui !

ENSEMBLE.

LE COMTE.

Voyez donc, voyez donc le traître ;
Oser joûter contre son maître !
Mais je le tiens, et l'on verra
Qui de nous deux l'emportera.

ISOLIER.

A l'espoir je me sens renaître :
Ce moyen est un coup de maître...
Oui, je le tiens ; je vois déjà
Que son pouvoir me servira.

SCÈNE VIII.

Les précédens, LA COMTESSE, DAME RAGONDE, toutes les femmes, sortant du chateau; dans le fond paysans et paysannes, vassaux de la comtesse. marche, etc.

LA COMTESSE, apercevant Isolier.

Isolier dans ces lieux !

ISOLIER.

Sur le mal qui m'agite
Je venais consulter aussi le bon ermite.

LE COMTE.

Je dois à tous les malheureux
Mes conseils et mes vœux.

AIR.

LA COMTESSE, s'approchant du comte Ory.

Une lente souffrance
Me consume en silence ;

Et ma seule espérance
Est la tombe où j'avance,
Sans peine et sans plaisir;
Et dans mon ame émue
Je voudrais et ne puis bannir
Cette langueur qui me tue.
O peine horrible!
Vous que l'on dit sensible,
Daignez, s'il est possible,
Guérir le mal terrible
Dont je me sens mourir!

ISOLIER ET LE CHOEUR.

Ah! par votre science.
Dissipez sa douleur.

LA COMTESSE.

Faut-il mourir de ma souffrance?

LE CHOEUR.

Ah! que votre puissance
Lui rende le bonheur!

ISOLIER, à part au comte.

Vous avez entendu sa touchante prière!
Voici le vrai moment, parlez pour moi, bon père!

LE COMTE, à la comtesse.

Je puis guérir vos maux,
Si vous croyez à ma science :
Ils viennent de l'indifférence
Qui laissait votre cœur dans un fatal repos.
Et pour renaître à l'existence,
Il faut aimer, former de nouveaux nœuds.

LA COMTESSE.

Hélas ! je ne le peux.
Naguère encore d'un éternel veuvage
Mon cœur fit le serment.

LE COMTE.

Le ciel vous en dégage.
Il ordonne que de vos jours
La flamme se rallume au flambeau des amours.

LA COMTESSE.

Surprise extrême !
Le ciel lui-même
Vient par sa voix me ranimer !

(A part.)

Toi, pour qui je soupire,
Toi, cause d'un martyre
Que je n'osais exprimer,
Isolier, je puis donc t'aimer !
Je puis t'aimer, et te le dire !
Ah ! bon ermite, que mon cœur
Vous doit de reconnaissance !
Par vos talens, votre science,
Vous m'avez rendu le bonheur.

ISOLIER ET LE CHOEUR, à part.

Oui, sa douce parole
Semble la ranimer ;
Le mal qui la désole
Commence à se calmer.

LE CHOEUR.

Les belles affligées
Par lui sont protégées...

Par lui, par ses discours,
Les belles affligées
Se consolent toujours.

ISOLIER, bas au comte.

C'est bien... je suis content.

LE COMTE.

Encore un mot, de grâce.

(A demi-voix.)

D'un grand péril qui vous menace
Je dois vous avertir!... il faut vous défier...

LA COMTESSE.

De qui?

LE COMTE, à voix basse.

De ce jeune Isolier.

LA COMTESSE.

O ciel!

LE COMTE, de même.

Songez qu'il est le page
De ce terrible comte Ory,
Dont les galans exploits... Mais ici... devant lui,
Je n'oserais en dire davantage.
Entrons dans le castel.

LA COMTESSE.

Mon cœur en a frémi!

(Au comte.)

Venez, ô mon sauveur!... ô mon unique appui!

(Elle prend le comte par la main, et va l'entraîner dans le château. Toutes les dames les suivent. Le comte Ory a déjà mis le pied sur le pont-levis, et en raillant Isolier, fait un geste de joie. En ce moment entre le gouverneur, suivi de tous les chevaliers de son escorte.)

SCÈNE IX.

Les précédens; LE GOUVERNEUR, chevaliers, etc.

LES CHEVALIERS ET LE GOUVERNEUR.
Nous saurons bien le reconnaître.
Avançons...
(Apercevant Raimbaud qui est en paysan.)
Qu'ai-je vu!... c'est Raimbaud,
Le confident, l'ami de notre maître!

RAIMBAUD.
Taisez-vous donc, ne dites mot.

LE GOUVERNEUR.
Plus de doute, plus de mystère,
(Montrant l'ermite.)
C'est monseigneur! c'est lui!

LE COMTE, à voix basse.
Misérable! crains ma colère.

TOUS LES CHEVALIERS, s'inclinant.
C'est le comte Ory.

TOUTES LES FEMMES s'éloignant avec effroi, et se réfugiant dans un coin.
Le comte Ory!

LES PAYSANS, s'avançant avec indignation.
Le comte Ory!

LE COMTE.
Eh bien! oui... le voici.

QUATUOR DICESIMO.

Ciel! ô terreur! ô trouble extrême!
Quel indigne stratagème!

ACTE I, SCÈNE IX.

    Mon cœur
En frémit d'horreur.

LE COMTE, bas à Raimbaud.

O dépit extrême!
Lorsque j'étais sûr du succès,
C'est notre gouverneur lui-même
Qui vient déjouer mes projets.

LE GOUVERNEUR.

Pour vous, et de la part d'un père qui vous aime,
J'apporte cet écrit qu'il remit à ma foi.
    Lisez.

LE COMTE.

    Eh! lis toi-même;
D'un chevalier est-ce l'emploi?

LE GOUVERNEUR, lisant.

    « La croisade est finie;
    « Et dans notre patrie
« Tous nos preux chevaliers vont bientôt revenir. »

TOUTES LES FEMMES, avec joie.

    La croisade est finie,
    Et dans notre patrie
Tous nos maris vont enfin revenir.

LE GOUVERNEUR, lisant.

« Mon fils, pour mieux fêter des guerriers que j'honore,
« Je veux qu'auprès de moi vous brilliez à ma cour...
« Mais venez... hâtez-vous; car la deuxième aurore
« Peut-être dans ces lieux les verra de retour. »

ENSEMBLE.

CHOEUR DE FEMMES.

Quoi! demain?... ô bonheur extrême!
Nos maris vont revenir!

LE COMTE.

Quoi! demain?... ô dépit extrême!
Leurs maris vont revenir!

RAIMBAUD, bas.

Oui, monseigneur il faut partir;
A votre père il faut obéir.

LE COMTE.

Il n'est pas temps... un dernier stratagème
Peut encor nous servir.

DAME RAGONDE ET LES FEMMES, au comte Ory.

Adieu vous dis, ô noble comte,
Soyez plus heureux désormais.

LE COMTE, à part.

Sachons venger ma honte
Par de nouveaux succès.

(Bas à Raimbaud.)

Un jour encor nous reste,
Sachons en profiter.

RAIMBAUD, bas.

Quoi! ce retour funeste...

LE COMTE.

Ne saurait m'arrêter.

ACTE I, SCÈNE IX.

ENSEMBLE.

LE COMTE ET SES COMPAGNONS.

Beauté qui ris de ma souffrance,
 Bientôt nous nous reverrons ;
Je veux qu'une douce vengeance
Vienne réparer mes affronts.

LA COMTESSE ET SES FEMMES.

Mon cœur renaît à l'espérance.
 Le ciel, que nous implorons,
Saurait encor, dans sa clémence,
Nous soustraire à d'autres affronts.

ISOLIER, montrant le comte Ory.

Observons tout avec prudence ;
 Suivons ses pas, et voyons
Si par quelqu'autre extravagance
Il songe à venger ses affronts.

FIN DU PREMIER ACTE.

ACTE DEUXIÈME.

Le théâtre représente la chambre à coucher de la comtesse. Deux portes latérales; porte au fond. A gauche, un lit de repos, et une table sur laquelle brûle une lampe. A droite, une croisée sur le premier plan.

SCÈNE PREMIÈRE.

LA COMTESSE, DAME RAGONDE, DAMES DE LA SUITE DE LA COMTESSE, GROUPÉES DIFFÉREMMENT, ET OCCUPÉES A DES OUVRAGES DE FEMMES.

LE CHOEUR.

Dans ce séjour calme et tranquille
S'écoulent nos jours innocens;
Et nous bravons dans cet asile
Les entreprises des méchans.

LA COMTESSE, assise et brodant une écharpe

Je tremble encore quand j'y pense :
Quel homme que ce comte Ory!
De la vertu, de l'innocence
C'est le plus terrible ennemi.

DAME RAGONDE.

C'est le nôtre... Dieu! quelle audace!
D'un saint homme prendre la place!
Et me promettre mon mari!

LA COMTESSE.

Par bonheur, nous pouvons sans crainte
Le défier dans cette enceinte,
Qui nous protége contre lui.

ENSEMBLE.

Dans ce séjour calme et tranquille
S'écoulent nos jours innocens ;
Et nous bravons dans cet asile
Les entreprises des méchans.

(L'orage qui a commencé à gronder pendant la reprise du chœur précédent, se fait entendre en ce moment avec plus de force.)

TOUTES, effrayées.

Écoutez!... le ciel gronde.

LA COMTESSE.

Oui, la grêle et la pluie
Ébranlent les vitraux de ce noble castel.

DAME RAGONDE.

Nous sommes à l'abri!... que je rends grâce au ciel!

LA COMTESSE.

Et moi, lorsque l'orage éclate avec furie,
Au fond du cœur combien je plains
Le sort des pauvres pélerins!

(En ce moment on entend en dehors, au-dessous de la croisée à droite.)

Noble châtelaine
Voyez notre peine ;
Et dans ce domaine,
Dame de beauté,
Pour fuir la disgrâce
Dont on nous menace,
Donnez-nous par grâce
L'hospitalité.

LA COMTESSE.

Voyez qui ce peut être, et qui frappe à cette heure.
Jamais le malheureux qui vient nous supplier
  N'a de cette antique demeure
Imploré vainement le toit hospitalier.

(Dame Ragonde sort.)

(La comtesse et les autres dames chantent le chœur suivant; et en même temps on reprend en dehors celui qu'on a déjà entendu. L'orage redouble.)

ENSEMBLE.

LES FEMMES.

Grand Dieu! dans ta bonté suprême,
Apaise cet orage affreux!
En ce moment l'époux que j'aime
Est peut-être aussi malheureux.

LA COMTESSE.

Grand Dieu! dans ta bonté suprême,
Apaise cet orage affreux!
En ce moment celui que j'aime
Est peut-être aussi malheureux.

LE CHOEUR DES CHEVALIERS.

Noble châtelaine,
Voyez notre peine;
Et dans ce domaine,
Dame de beauté,
Pour fuir la disgrâce
Dont on nous menace,
Donnez-nous par grâce
L'hospitalité.

SCÈNE II.

Les précédentes ; DAME RAGONDE.

DAME RAGONDE, d'un air agité.

Quand tomberont sur lui les vengeances divines ?
Quelle horreur !

TOUTES.

Qu'avez-vous ?

DAME RAGONDE.

Dieu ! quel crime inoui !

LA COMTESSE.

Mais qu'est-ce donc ?

DAME RAGONDE.

Encore un trait du comte Ory.
De malheureuses pélerines
Qui, fuyant sa poursuite, et cherchant un abri,
Pour la nuit seulement demandent un asile.

LA COMTESSE.

Que nos secours leurs soient offerts !

DAME RAGONDE.

J'ai prévenu vos vœux ! ce soin m'était facile.
On aime à compâtir aux maux qu'on a soufferts.

LA COMTESSE.

Ces dames sont-elles nombreuses ?

DAME RAGONDE.

Quatorze.

LA COMTESSE.

C'est beaucoup !

DAME RAGONDE.

Mais quel air! quel maintien!

LA COMTESSE.

Leur âge?

DAME RAGONDE.

Quarante ans.

LA COMTESSE.

Leurs figures?

DAME RAGONDE.

Affreuses?
Ce comte Ory n'a peur de rien.
Je les ai fait entrer au parloir en silence.
Elles tremblaient encor de froid et de frayeur.
L'une d'elles pourtant, dans sa reconnaissance,
De vous voir un instant demande la faveur.
Mais c'est elle, je pense :
Elle approche.

LA COMTESSE.

C'est bien.
Laissez-nous un instant.

DAME RAGONDE, au comte Ory, qui paraît en pélerine, et les yeux baissés.)

Entrez, ne craignez rien.

(Toutes les dames sortent.)

LA COMTESSE.

Ragonde avait raison, quel modeste maintien!

SCÈNE III.

LA COMTESSE, LE COMTE ORY.

DUO (1).

LE COMTE.

Ah! quel respect, madame,
Pour vos vertus m'enflamme :
Souffrez que de mon ame
J'exprime ici l'ardeur !
Nous vous devons l'honneur.

LA COMTESSE.

Je suis heureuse et fière
D'avoir d'un téméraire
Déjoué les projets !
Je suis heureuse et fière
D'avoir à sa colère
Dérobé tant d'attraits !

LE COMTE.

Ah! dans mon cœur charmé de tant de grâce,
Ne craignez pas que rien n'efface
Le souvenir de vos bienfaits.

(Prenant sa main.)

Par cette main, je le jure à jamais.

LA COMTESSE.

Que faites-vous ?

(1) Duo parodié.

LE COMTE.

De ma reconnaissance
Quoi! l'excès vous offense!
Ah! sans votre assistance,
Hélas! lorsque j'y pense...
Quel était notre sort!...
Je tremble encor!

LA COMTESSE, avec bonté, et lui tendant la main.

Calmez le trouble de votre ame.

LE COMTE, pressant sa main sur ses lèvres.

Ah! madame!

LA COMTESSE, souriant.

Quel excès de frayeur!

LE COMTE.

Il fait battre mon cœur.

ENSEMBLE.

LA COMTESSE.

Ah! vous pouvez sans crainte
Braver le comte Ory.
Ici, dans cette enceinte,
On peut rire de lui.

LE COMTE, à part.

Même dans cette enceinte,
Craignez le comte Ory.

LE COMTE.

On le dit téméraire.

LA COMTESSE.

Je brave sa colère.

LE COMTE.

On prétend qu'il vous aime.

ACTE II, SCÈNE III.

LA COMTESSE.

Lui!... Quelle audace extrême!

LE COMTE.

A vos genoux
S'il implorait sa grâce,
Madame, que feriez-vous?

LA COMTESSE.

D'une pareille audace
La honte et le mépris
Seraient le prix.

ENSEMBLE.

LA COMTESSE.

Le téméraire
Qui croit nous plaire,
En vain espère
Être vainqueur;
Moi je préfère
L'amant sincère
Qui sait nous taire
Sa tendre ardeur...
Mais on doit rire
Du faux délire
Et du martyre
D'un séducteur.

LE COMTE.

Beauté si fière,
Prude sévère,
Bientôt j'espère
Toucher son cœur;
Je ris d'avance
De sa défense;
La résistance
Est de rigueur...

Puis l'heure arrive
Où la captive,
Faible et plaintive,
Cède au vainqueur.

LA COMTESSE.

Voici vos compagnes fidèles.

LE COMTE.
(Se reprenant.)

Je les entends... ce sont eux... ce sont elles!

(A part, et regardant vers le fond.)

Mes chevaliers! sous ces humbles habits!

LA COMTESSE, montrant une table qu'on a apportée à la fin du duo.

J'ordonne qu'on vous serve et du lait et des fruits.

LE COMTE.

Quelle bonté céleste!

(Il baise avec respect la main de la comtesse, qui sort en le regardant avec intérêt. Le comte la suit quelque temps des yeux; puis il dit, en montrant la table.)

L'ordinaire est frugal et le repas modeste
Pour d'aussi nobles appétits.

SCÈNE IV.

LE COMTE, LE GOUVERNEUR, ONZE CHEVALIERS.
ILS SONT VÊTUS D'UNE PÉLERINE QUI EST ENTR'OUVERTE, ET LAISSE APERCEVOIR LEURS HABITS DE CHEVALIERS.

LE CHOEUR.

Ah! la bonne folie!
C'est charmant, c'est divin!

ACTE II, SCÈNE IV.

Le plaisir nous convie
A ce joyeux festin.
LE COMTE.
L'aventure est jolie,
N'est-il pas vrai?... monsieur mon gouverneur.
LE GOUVERNEUR.
Je pense comme monseigneur.
Mais si le duc...
LE COMTE.
Mon père...
LE GOUVERNEUR.
Apprend cette folie,
Ma place m'est ravie!
Il faudra prendre garde.
LE COMTE.
Eh! mais, c'est ton emploi;
Tu veilleras pour nous, et nous rirons pour toi.
Rien ne nous manquera, je pense;
Car sagement j'ai su choisir
Mes compagnons, pour le plaisir,
Mon gouverneur, pour la prudence.
LE GOUVERNEUR.
Qui peut vous inspirer pareille extravagance?
LE COMTE.
C'est mon page Isolier... mon rival.
LE GOUVERNEUR.
L'imprudent!
LE COMTE.
Qui, ne connaissant point l'objet de ma tendresse,
M'a suggéré lui-même un tel déguisement,
Pour mieux enlever sa maîtresse.

LE GOUVERNEUR.

Et le ciel le punit.

LE COMTE.

En me récompensant.

LE CHOEUR.

Oh! la bonne folie!
C'est charmant, c'est divin!
Le plaisir nous convie
A ce joyeux festin.

(Ils se mettent à table.)

LE GOUVERNEUR.

Eh! mais, quelle triste observance!
Rien que du laitage et des fruits.

LE COMTE.

C'est le repas de l'innocence,
Mesdames.

LE GOUVERNEUR.

Point de vin!

SCÈNE V.

Les précédens; RAIMBAUD, tenant un panier sous son manteau de pèlerine.

RAIMBAUD.

En voici, mes amis.

TOUS, se levant.

C'est Raimbaud!

RAIMBAUD.

      En héros j'ai tenté l'aventure,
Et je viens avec vous partager ma capture.

AIR.

Dans ce lieu solitaire,
Propice au doux mystère,
Moi qui n'ai rien à faire,
Je m'étais endormi.
Dans mon ame indécise,
Certain goût d'entreprise
Que l'exemple autorise
Vient m'éveiller aussi.
C'est le seul moyen d'être
Digne d'un pareil maître,
Et je veux reconnaître
Ce manoir en détail!
Je pars... Je m'oriente;
A mes yeux se présente
Une chambre élégante,
C'est celle du travail.
Une harpe jolie...
De la tapisserie;
Près d'une broderie
J'aperçois un roman!
Même en une chambrette,
J'ai, dans une cachette.
Cru voir l'historiette
Du beau Tiran-le-Blanc!
Marchant à l'aventure

Sous une voûte obscure,
Je vois une ouverture...
C'est un vaste cellier,
Dont l'étendue immense
Et la bonne apparence
Attestaient la prudence
Du sir de Formoutier.
Arsenal redoutable,
Qui fait qu'on puise à table
Un courage indomptable
Contre le Sarrazin.
Armée immense et belle,
D'une espèce nouvelle,
Plus à craindre que celle
Du sultan Saladin...
Près des vins de Touraine,
Je vois ceux d'Aquitaine;
Et ma vue incertaine
S'égare en les comptant.
Là, je vois l'Allemagne;
Ici, brille l'Espagne;
Là, frémit le champagne
Du joug impatient.
J'hésite... ô trouble extrême!
O doux péril que j'aime!
Et seul, avec moi-même,
Contre tant d'ennemis,
Au hasard, je m'élance
Sans compter je commence,
J'attaque avec vaillance
A la fois vingt pays.

ACTE II, SCÈNE V.

Quelle conquête
Pour moi s'apprête !...
Mais je m'arrête,
J'entends du bruit.
Quelqu'un s'avance
Vers moi s'élance !
On me poursuit.
Les échos en frémissent,
Les voûtes retentissent,
Et moi, je fuis soudain.
Mais que m'importe ?
Gaîment j'emporte
Toute ma gloire et mon butin.

TOUS, ôtant les bouteilles du panier.

Partageons son butin !
Qu'il avait de bon vin,
Le seigneur châtelain !
Pendant qu'il fait la guerre
Au Turc, au Sarrazin,
A sa santé si chère
Buvons ce jus divin ;
Buvons, buvons jusqu'à demain
Quelle douce ambroisie !
Célébrons tour à tour
Le vin et la folie,
Le plaisir et l'amour.

LE COMTE.

On vient... c'est la tourière !...
Silence ! taisez-vous !

Mettez-vous en prière,
Ou bien c'est fait de nous.

SCÈNE VI.

Les précédens ; DAME RAGONDE, traversant le théatre, et examinant si les pélerines n'ont besoin de rien.

TOUS LES CHEVALIERS, fermant leur pèlerine, et cachant leur bouteille, sans avoir l'air de voir Ragonde.

Modèle d'innocence
Et de fidélité,
Que le ciel récompense
Votre hospitalité !
Ah ! que le ciel vous récompense !

(Ragonde les regarde d'un air attendri, lève les yeux au ciel, et s'éloigne)

RAIMBAUD.

Elle a disparu,
Réparons bien le temps perdu.

LE GOUVERNEUR.

De crainte encor peut-être
Qu'on arrive soudain,
Faisons bien disparaître
Les traces du butin.

(Il boit.)

TOUS.

Buvons, buvons soudain !...
Qu'il avait de bon vin
Le seigneur châtelain !

Pendant qu'il fait la guerre
Au Turc, au Sarrazin,
A sa santé si chère
Buvons ce jus divin.
Buvons, buvons jusqu'à demain.
Quelle douce ambroisie!
Célébrons tour à tour
Le vin et la folie,
Le plaisir et l'amour.

LE COMTE.

Mais on vient encore... silence !

SCÈNE VII.

Les précédens; LA COMTESSE, DAME RAGONDE,
PLUSIEURS FEMMES, PORTANT DES FLAMBEAUX.

TOUS, feignant de ne pas les voir.

Modèles d'innocence
Et de fidélité,
Que le ciel récompense
Votre hospitalité!

LA COMTESSE, à part aux autres femmes.

Quel doux ravissement!... combien je les admire!

(Haut.)

Du repos voici le moment.
Que chacune de vous, mesdames, se retire.
Dans son appartement.

LE COMTE.

Adieu, noble comtesse... ah! si le ciel m'entend,

Bientôt viendra l'instant peut-être,
Où pourrai vous faire connaître
Ce qu'éprouve pour vous mon cœur reconnaissant.

TOUS.

Modèle d'innocence
Et de fidélité,
Que le ciel récompense
Votre hospitalité !

(Le comte et les chevaliers prennent des flambeaux des mains des dames, et se retirent.)

SCÈNE VIII.

LA COMTESSE, DAME RAGONDE, QUELQUES AUTRES DAMES.

LA COMTESSE, commençant à défaire son voile.

Oui, c'est une bonne œuvre, et qui, dans notre zèle,

(Écoutant.)

Doit nous porter bonheur. On sonne à la tourelle,
Qui vient encore ?

DAME RAGONDE, regardant par la fenêtre.

Un page.

LA COMTESSE.

Un page dans ces lieux,
Dont l'enceinte est par nous aux hommes interdite !...
Je veux savoir quel est l'audacieux...

SCÈNE IX.

Les précédens ; ISOLIER, et les autres femmes.

ISOLIER.
C'est moi, belle cousine, et point je ne mérite
　Le fier courroux qui brille en vos beaux yeux.

LA COMTESSE.
Qui vous amène ici ?

ISOLIER
　　　　　Le duc mon maître.
Il m'a chargé de vous faire connaître
Que les preux chevaliers...

DAME RAGONDE.
　　　　　Parlez, mon cœur frémit.

ISOLIER.
Qu'on attendait demain, arrivent cette nuit.

TOUTES.
　Quoi! nos maris... bonté divine!...

ISOLIER.
Seront de retour à minuit.
　Oui, dans l'ardeur qui les domine,
Ils veulent, en secret, vous surprendre ce soir.

TOUTES.
Ah! cet heureux retour comble tout notre espoir !

ISOLIER.
Le duc le croit aussi ; mais il pense en son ame
Qu'un mari bien prudent prévient toujours sa femme.
Un bonheur trop subit peut être dangereux.

DAME RAGONDE.

Quoi! nos maris enfin reviennent en ces lieux!
Ah! le ciel le devait à nos vives tendresses.
Je cours en prévenir nos aimables hôtesses.

ISOLIER, l'arrêtant.

Et qui donc?

DAME RAGONDE.

Quatorze vertus...
Que le comte Ory votre maître
Poursuivait.

ISOLIER.

De terreur tous mes sens sont émus.
Achevez... ce sont peut-être
Des pélerines?

DAME RAGONDE.

Oui, vraiment.

ISOLIER.

C'est fait de nous... Sous ce déguisement
Vous avez accueilli le comte Ory lui-même,
Et tous ses chevaliers.

TOUTES.

O ciel!

LA COMTESSE.

Terreur extrême!

DAME RAGONDE.

Que dire à mon mari, trouvant en ses foyers
Sa chaste épouse avec quatorze chevaliers?

TOUTES.

Hélas! à quel péril sommes-nous réservées?

ACTE II, SCÈNE X.

ISOLIER.

Une heure seulement, et vous êtes sauvées.
On va nous secourir... il faut gagner du temps.

TOUTES.

Hélas ! hélas, je tremble !

LA COMTESSE.

Plus terrible à lui seul que les autres ensemble,
Le comte Ory... le voici... je l'entends.

(Toutes les dames s'enfuient en poussant un grand cri. Isolier va souffler la lampe qui est sur le guéridon, puis, s'enveloppant du voile que la comtesse vient de quitter, il se place sur le canapé, et fait signe à la comtesse de s'approcher de lui.)

LA COMTESSE.

D'effroi je suis toute saisie.

ISOLIER.

Dame tant chérie !
Ame de ma vie !
Ne craignez rien, je suis auprès de vous.

SCÈNE X.

ISOLIER, ASSIS SUR LE CANAPÉ ; LA COMTESSE, DEBOUT, S'APPUYANT PRÈS DE LUI ; LE COMTE, SORTANT DE SA CHAMBRE.

La nuit est complète.

TRIO.

LE COMTE.

A la faveur de cette nuit obscure,
Avançons-nous, et sans la réveiller,

Il faut céder au tourment que j'endure;
Amour me berce, et ne puis sommeiller.

ENSEMBLE.

LA COMTESSE.

Ah! sa seule présence
Fait palpiter mon cœur;
La nuit et le silence
Redoublent ma frayeur.

ISOLIER.

De crainte et d'espérance
Je sens battre mon cœur.
La nuit et le silence
Redoublent son erreur.

LE COMTE.

D'amour et d'espérance
Je sens battre mon cœur;
Et sa seule présence
Est pour moi le bonheur.

ISOLIER, bas à la comtesse.

Parlez-lui.

LA COMTESSE.

Qui va là?

LE COMTE.

C'est moi; c'est sœur Colette.
Seule, et dans cette chambre où je ne peux dormir,
Tout me trouble et tout m'inquiète.
J'ai peur... permettez-moi... près de vous... de venir.

ISOLIER ET LA COMTESSE, à part.

Ah! quelle perfidie!

LE COMTE, avançant près d'Isolier.

O momens pleins de charmes!
Quand on est deux, on a moins peur.

ACTE II, SCÈNE X.

ISOLIER, à part.

Oui, lorsque l'on est deux.

LE COMTE, prenant la main d'Isolier.

Ah! je n'ai plus d'alarmes.

LA COMTESSE.

Que faites-vous?

LE COMTE, pressant la main d'Isolier.

Pour moi plus de frayeur!
Quand cette main est sur mon cœur.

LA COMTESSE, à part, et riant.

Il presse ma main sur son cœur.

ISOLIER, bas à la comtesse.

Beauté sévère,
Laissez-le faire;
Son bonheur ne vous coûte rien.

LE COMTE, à part.

Grand Dieu! quel bonheur est le mien!

ENSEMBLE.

LE COMTE.

D'amour et d'espérance
Je sens battre mon cœur;
Amour, par ta puissance,
Achève mon bonheur.

LA COMTESSE.

Ah! sa seule présence
Fait palpiter mon cœur;
La nuit et le silence
Redoublent ma frayeur.

ISOLIER.

De crainte et d'espérance

Je sens battre mon cœur ;
Sachons avec prudence
Prolonger son erreur

LA COMTESSE.

Maintenant, je vous en supplie,
Sœur Colette, rentrez chez vous.

LE COMTE, à Isolier.

Vous quitter... c'est perdre la vie...
Oui, je demeure à vos genoux.

LA COMTESSE, à part.

(Haut.)

Je tremble. O ciel! que faites-vous?

LE COMTE.

Sachez le feu qui me dévore!
C'est un amant qui vous implore.

LA COMTESSE.

Ah! grand dieu, quelle trahison!

LE COMTE.

L'amour qui trouble ma raison
Doit me mériter mon pardon.

(A Isolier qui veut se lever.)

Ne m'ôtez point, je la réclame,
Cette main que ma vive flamme...

LA COMTESSE.

Ah! *comme vous me pressez!*
Laissez-moi.

LE COMTE, embrassant Isolier.

Vrai Dieu! madame,
Peut-on vous aimer assez?

(En ce moment on entend sonner la cloche, et un bruit de clairons retentit à la porte du château. Les femmes de la comtesse se précipitent dans l'appartement, en tenant des flambeaux.)

LE COMTE.

O ciel! quel est ce bruit?

ISOLIER, jetant son voile.

L'heure de la retraite.
Car il faut partir, monseigneur.

LE COMTE, le reconnaissant.

C'est mon page Isolier!

ISOLIER.

Celui que sœur Colette
Embrassait avec tant d'ardeur.

LE COMTE.

Je suis trahi! crains ma colère!

ISOLIER.

Craignez celle de mon père!
Il arrive dans ce castel.
Entendez-vous ces cris de joie?

LE COMTE.

O ciel!

SCÈNE XI.

Les précédens ; LE GOUVERNEUR, RAIMBAUD, compagnons du comte Ory, en habit de chevaliers, et paraissant a la grille a droite.

LE CHŒUR.

Ah! quelle perfidie!
Nous sommes tous
Sous les verroux;
Délivrez-nous!

LE COMTE.

Je suis captif ainsi que vous.

LA COMTESSE.

Vous qui faites la guerre aux femmes,
Vous voilà donc nos prisonniers!

LE COMTE.

Oui, nous sommes vaincus! à vos pieds, nobles dames,
Je demande merci pour tous mes chevaliers.
Pour leur rançon qu'exigez-vous?

LA COMTESSE.

Un gage.

Votre départ... Evitez le courroux
De nos maris.

ISOLIER.

Par un secret passage
Je vais guider vos pas, et votre page
Fermera la porte sur vous.

LE COMTE.

C'est lui qui nous a joués tous.

LA COMTESSE.

Écoutez ces chants de victoire...
Ce sont de braves chevaliers
Que l'amour ainsi que la gloire
Ont ramenés dans leurs foyers.

LE COMTE ET SES COMPAGNONS.

A l'hymen cédons la victoire,
Et qu'il rentre dans ses foyers.
Quittons ces lieux hospitaliers.

ACTE II, SCÈNE XI.

(Isolier ouvre à gauche une porte secrète, par laquelle le comte Ory et ses chevaliers disparaissent. En ce moment s'ouvrent les portes du fond. Le duc et les chevaliers revenant de la Palestine entrent, précédés de leurs écuyers, qui portent des étendards et des faisceaux d'armes. Dame Ragonde et les autres femmes se précipitent dans les bras de leurs maris, et la comtesse dans ceux de son frère : puis Isolier va baiser la main du comte de Formoutiers, qui le relève et l'embrasse pendant le chœur suivant.)

LE CHOEUR.

Honneur aux fils de la victoire,
Honneur aux braves chevaliers,
Que l'amour ainsi que la gloire
Ont ramenés dans leurs foyers !

DAME RAGONDE, à son mari.

Seules, dans ce séjour, nous vivions d'espérance,
Attendant le retour de nos preux chevaliers !
Et nous n'avons reçu, pendant cinq ans d'absence,
Aucun homme en ces lieux.

ISOLIER, aux maris.

Vous êtes les premiers.

LE CHOEUR.

Honneur aux fils de la victoire,
Honneur aux braves chevaliers,
Que l'amour ainsi que la gloire.
Ont ramenés dans leurs foyers !

FIN DU COMTE ORY.

LE DIEU

ET

LA BAYADÈRE,

OPÉRA EN DEUX ACTES,

Représenté, pour la première fois, sur le théâtre de l'Académie royale de musique, le 13 octobre 1830.

MUSIQUE DE M. AUBER.

PERSONNAGES.

UN INCONNU.
OLIFOUR.
LE TCHOP-DAR.
LE CHEF DES GARDES.
LE CHEF DES ESCLAVES.
Un Eunuque.
NINKA.
FATMÉ.
ZOLOÉ.

La scène se passe à Cachemire.

OLIFOUR.

JE T'OFFENSE !... EH BIEN... PAR AMITIÉ ?..

Le Dieu et la Bayadère, Acte I, Sc. 1

LE DIEU
ET
LA BAYADÈRE.

ACTE PREMIER.

Le théâtre représente la place principale de la ville de Cachemire. Au fond, la porte de la ville et les remparts plantés de bananiers, etc., etc. Au-dessus et à l'horizon, les montagnes qui dominent la vallée de Cachemire. A droite de l'acteur, une espèce de pagode. A gauche, le palais du grand-juge. Au milieu de la place, un siége en forme de tribunal qui est entouré par les tchop-dars (huissiers ou porte-bâtons). Le peuple, hommes et femmes, est formé en groupe près du tribunal ou près des portes du palais. A gauche, un INCONNU habillé fort simplement, et enveloppé dans un manteau.

SCÈNE PREMIÈRE.

L'INCONNU, LE TCHOP-DAR, PEUPLE.

LE CHOEUR.

Faut-il long-temps attendre encore?
Faut-il ainsi perdre ses pas?
Je suis ici depuis l'aurore,
Et le juge ne paraît pas!

LE TCHOP-DAR.

Attendez en silence,

L'heure de l'audience ;
Sa seigneurie achève son repas.

PLUSIEURS GENS DU PEUPLE, montrant le tribunal.

Est-ce ici qu'il prononce?

L'INCONNU.

Oui, la loi protectrice
A la face des cieux a voulu qu'il siégeât
Pour que rien ne s'interposât
Entre le ciel et la justice !

LE CHOEUR DU PEUPLE, à la porte du palais.

Il ne vient pas, il ne vient pas.
Faut-il long-temps attendre encore?
Faut-il ainsi perdre ses pas ?
Je suis ici depuis l'aurore,
Et le juge ne paraît pas !

L'INCONNU.

Ce juge redoutable,
Où donc est-il?

LE TCHOP-DAR.

A table !

L'INCONNU.

A table ! en ce moment !
Quand le devoir l'appelle !

LE TCHOP-DAR.

Rebelle ! rebelle !
Craignez son ressentiment.

LE CHOEUR.

Faut-il long-temps attendre encore?
Etc.

ACTE I, SCÈNE II.

LE TCHOP-DAR.

Profanes, tombez à genoux !
Le grand-juge Olifour apparaît devant vous.

SCÈNE II.

Les précédens ; OLIFOUR, sortant du palais a gauche, et précédé de plusieurs esclaves.

OLIFOUR.

AIR.

Quel vin ! quel repas délectable !
J'y pense encor : c'est admirable !
Je suis content, je suis heureux,
Chacun doit l'être dans ces lieux.

LE CHOEUR DU PEUPLE, l'entourant et lui présentant des placets.

Soyez-nous propice,
Justice ! justice !

OLIFOUR, sans les écouter.

Quel vin, quel repas délectable !

LE CHOEUR, de même.

On nous vole, on nous pille,
Il ne nous reste rien.

OLIFOUR, de même.

J'y pense encor : c'est admirable !

UN HOMME DU PEUPLE.

On me ravit ma fille.

D'AUTRES.

On me ravit mon bien.

OLIFOUR, de même.

Je suis content, je suis heureux.
Chacun doit l'être dans ces lieux.

TOUS.

Seigneur, écoutez-nous!

OLIFOUR.

Je suis pressé, dépêchons-nous.
(Au tchop-dar.)
Qu'on les condamne tous!

ENSEMBLE.

CHOEUR DU PEUPLE.

Voilà donc la justice
Qu'on nous rend en ces lieux!
Brama, sois-nous propice,
Toi seul entends nos vœux.

OLIFOUR.

Quel vin, quel repas délectable!
J'y pense encor: c'est admirable!
Je suis content, je suis heureux,
Chacun doit l'être dans ces lieux.

L'INCONNU.

Voilà donc la justice
Qu'on leur rend en ces lieux!
Ah! que le ciel propice
Entende au moins leurs vœux!

(A la fin de cet ensemble, un air de danse se fait entendre du côté de la pagode.)

LE TCHOP-DAR.

Silence! silence!
Du grand-juge Olifour écoutez la sentence!

OLIFOUR, montant sur son tribunal.

Moi, juge suprême en ces lieux,
J'entends... je commande et je veux...
(Le bruit et l'air de danse deviennent plus forts.)

Mais quel bruit! quel fracas! j'ai peine à me comprendre.
On ne peut juger sans entendre !

(Au tchop-dar.)

Voyez donc ce que c'est.

LE TCHOP-DAR.

On dit qu'en cet hôtel
Viennent d'entrer des bayadères.

OLIFOUR.

Ciel !

Des bayadères!

LE TCHOP-DAR.

Oui.

OLIFOUR.

Quand mon ordre formel
De ce séjour les exile,
Et fixe leur demeure hors des murs de la ville!

(En ce moment les chants et les tambours de basque deviennent plus bruyans. On voit sortir de la pagode à droite Ninka et les bayadères chantantes, Zoloé à la tête des bayadères dansantes.)

SCÈNE III.

Les précédens ; NINKA, ZOLOÉ, BAYADÈRES.

LE CHOEUR.

Gaîté, plaisir, richesse,
Seuls dieux que nous connaissons,
Venez inspirer sans cesse
Nos danses et nos chansons.

(Elles se répandent sur le théâtre et dansent autour du tribunal, des tchop-dars et d'Olifour.)

OLIFOUR.

Danser devant la justice !
Contre elles que l'on sévisse.
Arrêtez-les !

L'INCONNU.

Et de quels droits?

OLIFOUR.

On ose raisonner, je crois.
Arrêtez-les !

(Elles échappent, en courant et en dansant, aux tchop-dars qui les poursuivent.)

LE CHOEUR.

Gaîté, plaisirs, richesse,
Seuls dieux que nous connaissons,
Venez inspirer sans cesse
Nos danses et nos chansons.

(Elles viennent former un groupe autour d'Olifour.)

OLIFOUR.

Je punirai tant d'insolence.

(A Zoloé.)

Répondez, vous surtout... vous, qui menez la danse!

NINKA.

Répondre, hélas! n'est pas en sa puissance;
Elle naquit loin de nos doux climats.

OLIFOUR.

Elle est donc étrangère, et ne nous entend pas?

NINKA.

Oh! si vraiment, sans la parler encore
Elle comprend déjà
La langue facile et sonore

ACTE I, SCÈNE III.

Des enfans de Brama.
Voyez plutôt!

OLIFOUR.

Approchez, jeune fille,
En présence d'un magistrat,
Chez qui toujours l'équité brille,
Répondez : quel est votre état ?

(Zoloé sourit et se met à danser.)

OLIFOUR, étonné.

Ah! c'est là votre état ?

L'INCONNU.

Il en vaut bien un autre.

OLIFOUR.

Contre les maux présens quel refuge est le vôtre.

(Zoloé se met encore à danser.)

Et sur les malheurs à venir,
Par quel moyen vous étourdir ?

(Elle se met à walser ; ses compagnes l'imitent, puis elles reprennent toutes le premier air de danse au son des cistres et des tambours de basque.)

LE CHOEUR.

Gaîté, plaisir, richesse,
Seuls dieux que nous connaissons,
Venez inspirer sans cesse
Nos danses et nos chansons.

OLIFOUR, à Zoloé, que pendant ce chœur il a regardée avec plaisir.

Je devrais vous punir, et pourtant je pardonne ;
Mais, quand je suis doux et clément,
N'imiterez-vous pas l'exemple que je donne?

(Zoloé lui fait de la main un geste de refus.)

OLIFOUR.

D'où vient ce refus méprisant?

AIR.

Sois ma bayadère;
J'offre pour te plaire
L'or et les bijoux !
Sois ma bayadère,
J'aurai pour te plaire
Les soins les plus doux !

Pour qu'on fléchisse
Ce grand courroux,
Quel sacrifice
Exigez-vous?
D'un air propice,
D'un œil plus doux,
Vois la justice
A tes genoux !
Sois ma bayadère,
Etc., etc.

(A la fin de cet air, Zoloé le regarde en souriant, puis lui tourne le dos en faisant une pirouette et s'éloigne de lui en dansant.)

OLIFOUR, avec colère.

Vous refusez ?

NINKA, bas à Zoloé.

De la prudence.

OLIFOUR.

Vous refusez? et pourquoi, s'il vous plaît ?

(Zoloé lui fait signe qu'il n'est pas beau et qu'il est vieux.)

Ah ! je suis trop vieux et trop laid !

ACTE I, SCÈNE III.

Pour vous plaire, comment faut-il être ?

(*Zoloé regarde autour d'elle, aperçoit l'inconnu, et le montrant à Olifour, elle semble lui dire : comme lui !*)

O vengeance !

NINKA, bas à Zoloé.

Veux-tu donc contre nous
Exciter son courroux ?

ENSEMBLE.

OLIFOUR.

Désormais je suis insensible !
De me fléchir perdez l'espoir ;
Je veux qu'un châtiment terrible
Fasse respecter mon pouvoir !

L'INCONNU ET LE CHOEUR.

Ah ! quelle tyrannie horrible !
Il faut fléchir sous son pouvoir !

Qu'à nos / leurs maux le ciel soit sensible

C'est en lui / vous seul qu'est leur / notre espoir.

(*À la fin de cet ensemble, Olifour fait signe aux tchop-dars d'emmener Zoloé.*)

L'INCONNU, se mettant devant eux.

Vous ne l'oserez pas !

OLIFOUR.

Quel excès d'insolence !

Qui m'ose résister ?

L'INCONNU.

Moi ! qui prends sa défense !
Le glaive de la loi, dont ta main veut s'armer,
T'est donné pour défendre et non pour opprimer.

OLIFOUR.

Quel est donc ce misérable ?

L'INCONNU.

Un étranger que le destin accable,
    Mais qui plus grand que son malheur,
Craint les dieux et chérit la justice et l'honneur.

OLIFOUR.

Cet homme m'est suspect! qu'à l'instant on l'entraîne,
    Et que son trépas leur apprenne
Comment je punis ceux qui bravent ma fureur.

ENSEMBLE.

OLIFOUR.

Désormais je suis insensible !
De me fléchir perdez l'espoir ;
Allez ! qu'un châtiment terrible
Fasse respecter mon pouvoir !

L'INCONNU ET LE CHOEUR.

Ah ! quelle tyrannie horrible !
Faut-il fléchir sous son pouvoir !
O dieu puissant ! ô dieu terrible !
C'est en toi seul qu'est notre espoir.

(Les tchop-dars se sont emparés de l'inconnu et vont l'entraîner ; Zoloé court se jeter aux pieds d'Olifour et lui demande sa grâce. — Il la refuse. — Eh bien ! semble-t-elle lui dire, accordez-lui la vie, faites-le remettre en liberté, et je ne repousse plus votre hommage.)

OLIFOUR.

Il serait vrai ! tu reçois mon hommage !
    Je lui fais grâce en ta faveur.

L'INCONNU.

Une grâce pareille est un nouvel outrage,
    Et je préfère sa rigueur.

(Ninka et les bayadères lui font signe de se taire et de se modérer.)

OLIFOUR, à ses esclaves.

Que l'on apporte aux pieds de la beauté que j'aime

ACTE I, SCÈNE IV.

Les présens dignes d'elle et surtout de moi-même !

(Au peuple.)

L'audience est levée... allez...

(Aux tchop-dars.)

Vous, suivez-moi !

ENSEMBLE.

OLIFOUR.

Oui, mon cœur redevient sensible,
Il bat et d'amour et d'espoir.

L'INCONNU ET LE CHOEUR.

Ah ! quelle tyrannie horrible !
Faut-il fléchir sous son pouvoir ?

(Olifour rentre dans son palais après avoir vu Zoloé rentrer dans la pagode avec ses compagnes, mais un instant après Zoloé sort avec précaution, et voyant que l'inconnu est seul, elle s'approche de lui)

SCÈNE IV.

L'INCONNU, ZOLOÉ.

L'INCONNU, à part, regardant Zoloé.

Je cherche et je ne puis comprendre
   Quel intérêt si tendre
L'attache au sort d'un malheureux.

(S'approchant de Zoloé.)

Ainsi, pour me sauver la vie,
Vous daignez accueillir ses vœux !
Faut-il que je vous remercie
D'un dévoûment si généreux ?

(Zoloé détourne la tête et baisse les yeux.)

Pour m'acquitter que faut-il faire?

(Elle lui fait signe qu'elle ne veut rien, qu'elle est payée par le service même qu'elle lui a rendu.)

Sa récompense est dans son cœur,
Et ce n'est qu'une bayadère!...
Ah! quel dommage! ah! quel malheur!

(S'approchant de Zoloé, et lui présentant un riche bracelet qu'il détache de son bras.)

Voilà de ma splendeur première
Le seul bien qui me reste!... ah! daigne par pitié
L'accepter!...

(Elle le refuse.)

Je t'offense!... eh bien... par amitié?

(Elle se retourne vivement, et saisit le bracelet qu'elle presse sur son cœur.)

Et ce n'est qu'une bayadère!
Adieu! je suis bien malheureux!

(Elle le regarde avec intérêt, et semble lui demander pour quel motif.)

L'INCONNU.

AIR.

Ah! tu ne peux connaître
L'arrêt qui, peut-être,
Doit pour toujours
Enchaîner mes jours!
Que ne suis-je le maître
D'en changer le cours!

Non, tu ne peux connaître,
Etc., etc.

(Il veut s'éloigner : elle lui fait signe de rester ; il hésite et s'arrête.)

SCÈNE V.

Les précédens; les esclaves d'Olifour, sortant de son palais et portant plusieurs coffres précieux. Ninka et les bayadères sortent de la pagode a droite, attirées par la curiosité.

ENSEMBLE.

CHOEUR D'ESCLAVES, s'adressant à Zoloé.

Honneur à la plus belle!
En esclaves soumis,
Nous venons près de celle
Dont le maître est épris.

NINKA ET LES BAYADÈRES.

O surprise nouvelle!
De ses charmes épris,
Le grand-juge est pour elle
Un esclave soumis!

LE CHEF DES ESCLAVES, à Zoloé, lui montrant les coffres qu'on vient de poser à terre.

Que ces riches présens te prouvent sa tendresse.

L'INCONNU regarde ces présens, puis Zoloé, et lui dit:

Adieu, je pars!

(D'un air suppliant elle l'engage à rester encore; puis se retournant gaîment vers Ninka et ses compagnes, et leur montrant les cadeaux qu'on vient de lui apporter : prenez-les, je vous les abandonne; ils sont à vous.)

NINKA, avec étonnement.

Comment! ces trésors que je voi
Tu nous les donnes! et pour toi
Que te restera-t-il?...

(Zoloé montre à part le bracelet qu'elle presse de nouveau sur son cœur.)

L'INCONNU, qui a vu ce geste.

Ah! quelle est mon ivresse!

NINKA, aux esclaves.

Retirez-vous!...

(A ses compagnes.)

Voyons ces tissus précieux!

(Toutes les bayadères se disputent les schals que renferment les coffres, se les arrachent, les drapent autour d'elles, et forment avec Zoloé qu'elles en entourent différens tableaux, que l'inconnu contemple de la pierre sur laquelle il est assis. Enfin, ne pouvant plus résister à son émotion, il se lève en regardant Zoloé.)

Ah! c'en est trop! fuyons ces regards dangereux!

(En ce moment, et lorsque la danse est le plus animée, on entend au dehors plusieurs sons de trompe. Tout le monde effrayé s'arrête; le bruit approche et augmente.)

CHOEUR.

Que la terreur succède
A la joie, au plaisir!
Brama nous soit en aide,
Craignons le grand-visir!

SCÈNE VI.

LES PRÉCÉDENS; LE CHEF DES GARDES, SOLDATS, HÉRAUT SONNANT DE LA TROMPETTE.

CHOEUR DU PEUPLE.

C'est la garde du grand-visir.

(A demi-voix et tremblant.)

Vive! vive le grand-visir!

ACTE I, SCÈNE VI.

LE CHEF DES GARDES, après plusieurs sons de trompe.

Écoutez tous !

(Déroulant un parchemin.)

« Il est dans cette ville
« Un étranger dont la tête est à prix !
« A qui pourra le livrer...

L'INCONNU, à part.

Je frémis !

LE CHEF DES GARDES, continuant.

« Vingt mille sequins sont promis !
« La mort à qui lui donne asile ! »

(Pendant cette proclamation, Zoloé a examiné l'inconnu qui se cache et a remarqué son trouble.)

Tel est l'ordre du grand-visir...
Peuple ! vous l'entendez !

LE CHOEUR.

Que la terreur succède
A la joie, au plaisir !
Brama nous soit en aide,
Craignons le grand-visir !

(Le cortége se remet en marche, et le peuple le suit en répétant à demi-voix.)

Vive ! vive le grand visir !

(Ils sortent, et un instant après on entend dans le lointain le premier motif, annonçant que la même proclamation se fait sur une autre place.)

SCÈNE VII.

L'INCONNU, ZOLOÉ.

(Zoloé a suivi les dernières personnes du cortége, et quand elle est bien certaine que tout le monde est éloigné, elle revient vivement vers l'inconnu qui est au bord du théâtre à droite, et lui dit : C'est toi que l'on cherche...)

L'INCONNU.

Eh bien! oui, j'en conviens, proscrit par le visir,
Je suis cet étranger que poursuit sa vengeance.
Ce matin je l'ai vu condamner l'innocence;
Témoin de ce forfait le ciel ne tonnait pas.
   A son défaut j'avais armé mon bras,
Le tyran m'en punit en proscrivant ma tête.
Courez la lui livrer... la récompense est prête !

(Zoloé repousse cette idée avec horreur.)

Aussi bien je ne puis échapper à leur coups.
Sans appui, sans amis, où fuir?

(Elle lui montre les portes de la ville, et lui indique qu'il faut fuir hors des remparts.)

                          Que dites-vous?
Loin de ces lieux, hors des murs de la ville,
   Où puis-je espérer un asile?

(Chez moi, lui dit vivement Zoloé.)

O ciel! chez-vous!... ne savez-vous donc pas
Qu'un pareil dévoûment vous expose au trépas?

(N'importe, venez!... Elle l'entraîne, et ils vont franchir la porte de la ville qui est au fond du théâtre, lorsque des soldats paraissent; plusieurs, conduits par le chef des gardes, sont placés en sentinelles à la porte principale, d'autres sur les remparts; d'autres se forment en groupes.)

Aux pieds de ce rempart on place des soldats
Qui rendent désormais notre fuite impossible.

(En ce moment des gens du peuple se présentent à la porte de la ville.)

CHOEUR DE SOLDATS.

De ces lieux nul ne peut sortir,
Tel est l'ordre du grand-visir.

L'INCONNU, à Zoloé.

Comment tromper cette garde inflexible ?
De ces remparts comment sortir ?

(On entend à gauche un bruit de marche, et Zoloé, tremblante, fait signe à l'inconnu de se retirer vers le bosquet de bananiers.)

SCÈNE VIII.

LES PRÉCÉDENS; NINKA, PUIS LE CHOEUR.

NINKA.

Ah ! quel éclat fait pour séduire !
D'un tel amour rien ne peut approcher;
En ton logis pour te conduire
Ton noble amant vient te chercher.

(Effroi et inquiétude de Zoloé, dont les yeux ne quittent point le côté du bosquet ; entre en ce moment Olifour, richement habillé et précédé de tous ses esclaves ; les gens du peuple et les bayadères arrivent à ...)

LE CHOEUR.

Honneur à la plus belle !
En esclaves soumis;
Obéissons à celle
Dont le maître est épris.

ENSEMBLE.

L'INCONNU, dans le bosquet.

Et comment la défendre ?
Comment fuir de ces lieux ?
Grand Dieu ! daigne m'entendre,
Daigne exaucer mes vœux !

OLIFOUR, à Zoloé.

Tu ne peux t'en défendre,
Il faut quitter ces lieux !
De l'amant le plus tendre
Viens recevoir les vœux !

NINKA, à part, le regardant.

Qu'il est aimable et tendre,
Et quel air gracieux !
Qu'il est flatteur de rendre
Un grand-juge amoureux !

CHOEUR D'ESCLAVES.

Honneur à la plus belle !
En esclaves soumis,
Obéissons à celle
Dont le maître est épris.

BAYADÈRES ET GENS DU PEUPLE.

Honneur à la plus belle !
De ses attraits épris,
Le grand-juge est près d'elle
En esclave soumis.

(On apporte un riche palanquin porté par quatre esclaves noirs ; on le dépose à terre près du bosquet de bananiers.)

OLIFOUR, prenant la main de Zoloé et l'invitant à monter avec lui dans le palanquin.

Moi-même je prétends te ramener chez toi.
Partons :

(En ce moment entre un esclave qui lui remet un firman. Olifour l'ouvre vivement et le parcourt.)

ACTE I, SCÈNE VIII.

O ciel! et qu'est-ce que je voi?
Sur-le-champ près de lui le grand-visir m'appelle.

NINKA, *riant*.

Quel contre-temps pour un amant fidèle!

OLIFOUR, *avec humeur*.

Je n'irai point!

NINKA.

On dit qu'il lui faut obéir,
Et sous peine de mort; tel est son bon plaisir.

OLIFOUR.

Grands dieux!

ENSEMBLE.

L'INCONNU, *dans le bosquet, avec joie*.

Il ne peut s'en défendre,
Il va quitter ces lieux,
Le ciel daigne m'entendre,
Il comble tous mes vœux!

OLIFOUR.

Dieu, que viens-je d'apprendre?
Quel ordre rigoureux!
Pourtant il faut s'y rendre,
Il faut quitter ces lieux.

NINKA.

Pour un amant bien tendre
Quel contre-temps fâcheux!
Qu'il est flatteur de rendre
Un grand-juge amoureux!

CHOEUR D'ESCLAVES.

Honneur à la plus belle!
En esclaves soumis,
Obéissons à celle
Dont le maitre est épris.

BAYADÈRES ET GENS DU PEUPLE.

Honneur à la plus belle !
De ses attraits épris,
Le grand-juge est près d'elle
En esclave soumis.

OLIFOUR, aux esclaves.

Partez sans moi.

(A Zoloé.)

Mais à la dixième heure
Je me rendrai dans ta demeure.

(Avec un soupir et se retournant vers l'esclave qui lui a apporté le firman.)

Puisqu'il le faut, allons donc au palais !

(Pendant ce temps, Zoloé fait un signe rapide aux bayadères ses compagnes et à l'inconnu qui caché et protégé par elle se glisse dans le palanquin, Zoloé se place devant lui, le cache en étendant son voile, et fait de la main un salut gracieux à Olifour qui vient de se retourner vers elle.)

OLIFOUR, faisant signe aux esclaves d'enlever le palanquin.

Partez sans moi ; reconduisez chez elle
La beauté que j'adore à jamais.

(La saluant de la main.)

Adieu ! que l'amour fidèle
Veille sur tes attraits...

LE CHOEUR.

Honneur à la plus belle !
En esclaves soumis,
Obéissons à celle
Dont le maître est épris.

(Le cortége se met en marche : sur un geste que fait Olifour, les soldats qui gardent la porte de la ville ouvrent passage et portent les armes ; le peuple suit de loin le palanquin, et les bayadères l'entourent en dansant et en chantant.)

ACTE I, SCÈNE VIII.

Gaîté, plaisir, richesse,
Seuls dieux que nous connaissons,
Venez inspirer sans cesse
Nos danses et nos chansons.

FIN DU PREMIER ACTE.

ACTE DEUXIÈME.

Le théâtre représente une chaumière indienne, une table, un banc, deux chaises. A gauche, un hamac attaché à la muraille. Porte au fond.

SCÈNE PREMIÈRE.

L'INCONNU, ZOLOÉ, ENTRANT AVEC PRÉCAUTION.

L'INCONNU.

Jusqu'au seuil de cette chaumière
Leur cortége nous a conduits.

(Regardant autour de lui.)

Nous sommes donc chez vous! et d'une bayadère
Voici le modeste logis?

(Oui, dit Zoloé, voilà tout ce que j'ai, tout ce que je possède, et je suis si heureuse de vous l'offrir ! Elle couvre la table avec une natte, approche la chaise et l'engage à s'asseoir ; l'inconnu chancelle, elle court à lui. — Qu'avez-vous?)

L'INCONNU.

Depuis deux jours, errant et misérable,
Je me soutiens à peine et le besoin m'accable!

(Zoloé l'aide à s'asseoir, et puis regardant autour d'elle, elle voit avec désespoir qu'elle n'a rien à lui donner, rien qui puisse calmer sa faim ou sa soif. Elle aperçoit un petit coffret et fait un signe de joie ; ce sont ses bijoux qu'elle en retire, en exprimant qu'elle va s'en défaire.)

ACTE II, SCÈNE II.

L'INCONNU.

Quoi ! vendre tes bijoux ? non, je ne le veux pas ;
Non, Zoloé, mon orgueil en murmure !
Sacrifier pour moi jusques à ta parure !

(Il m'en reste encore, répond Zoloé, en montrant le bracelet qu'il lui a donné au premier acte ; avec lui je serai toujours assez belle. Adieu ! elle le salue de la main.)

L'INCONNU.

Reste... où je suis tes pas.

(Plus légère que lui, elle s'élance au dehors en lui disant. Demeure ! je vais revenir, et elle ferme la porte.)

SCÈNE II.

L'INCONNU, SEUL, RETOMBE SUR SA CHAISE ET PRÈS DE LA TABLE.

Immuable ascendant du destin qui m'enchaîne !
A quoi suis-je réduit ? De la nature humaine
J'éprouve les besoins, les plaisirs, les douleurs.
Mortel, j'aime, je souffre et je connais les pleurs !
Moi, Brama ! moi le Dieu que l'Indostan révère !
Déchu de mon pouvoir, de ma splendeur première,
Je ne puis remonter à l'éternel séjour
(Tel est l'arrêt du sort) qu'en trouvant sur la terre
Un cœur épris pour moi d'un immortel amour !

CAVATINE.

Où trouver l'amitié sincère ?
Où trouver d'éternels amours ?

Existent-ils sur cette terre?
Et faudra-t-il chercher toujours?
J'ai parcouru les harems de l'Asie,
De cent beautés j'adorai les attraits;
Partout orgueil, vanité, perfidie,
Et chaque jour, hélas! je me disais :
Où trouver l'amitié sincère?
Où trouver d'éternels amours?
Existent-ils sur cette terre?
Et faudra-t-il chercher toujours?
Serait-ce ici, chez une bayadère,
Que je verrais terminer ma misère?
O doux espoir, douce chimère,
Dont mon cœur fut long-temps déçu!
Pourrais-je enfin, sur cette terre,
Trouver le ciel que j'ai perdu?

SCÈNE III.

BRAMA, ZOLOÉ, NINKA et FATME.

(Elles portent toutes trois des paniers pleins de provisions.)

NINKA.

A la seule amitié fidèle,
Je m'immole pour elle.

AIR.

Dès qu'à moi l'on a recours
A l'instant même j'accours,

Montrant le panier de provisions.)

ACTE II, SCÈNE III.

Voilà tout ce que j'ai,
Au lendemain je n'ai jamais songé;
Et gaîment j'ai tout partagé,
Espérant que Brama
Un jour me le rendra.
Voici des fruits et du laitage
Et les grains dorés de moka,
J'attendais un grand personnage;

(A l'inconnu.)

Oui, seigneur, le fils du rajah!
Aimable et fait pour plaire,
Il m'offre en son ardeur
Les trésors de son père
Et mieux encor... son cœur;
Il me trouve plus belle
Que toutes les houris;
Il m'a dit : sois fidèle,
Hélas! je le promis...
Et cependant, malgré mon zèle,
A la seule amitié fidèle,
Dès qu'à moi l'on a recours
A l'instant même j'accours,
Espérant que Brama
Un jour me le rendra.

L'INCONNU.

C'est trop juste en effet; Brama doit vous le rendre,
Et dès qu'il le pourra...

(Apercevant Zoloé qui pendant ce temps a mis le couvert, et qui s'arrête en le regardant.)

Quel regard doux et tendre!

Comment à tant d'amour ne pas croire?... Attendons!

NINKA, à Zoloé.

Adieu, nous vous laissons.

L'INCONNU, à part.

Mainte beauté, pour l'amant qu'elle adore
A pu donner sa vie; essayons plus encore.
Si son amour résiste au mépris, au dédain,
De mon bonheur alors je dois être certain.

(Allant vers Ninka et Fatmé qui s'apprêtent à sortir.)

DUO.

Comment, aimables bayadères,
Déjà vous voulez nous quitter?
Daignez écouter mes prières,
Un seul instant daignez rester.

NINKA, montrant Zoloé.

Près de celle qui vous est chère
Pourriez-vous donc nous regretter?
Et dans ces lieux, sans vous déplaire,
Nous n'osons plus long-temps rester.

L'INCONNU, la retenant.

Ah! de grâce, daignez rester.

ENSEMBLE.

NINKA, bas à Fatmé.

Oui, je crois, sans coquetterie,
Qu'il me trouve quelques appas;
Mais c'est offenser une amie,
Allons, allons, n'écoutons pas.

L'INCONNU, regardant Zoloé.

Pour éveiller sa jalousie,

ACTE II, SCÈNE III.

Feignons d'admirer leurs appas ;
Déjà de son ame attendrie
Je vois le trouble et l'embarras.

(Zoloé, qui pendant ce temps, s'est occupée des apprêts du souper, s'approche d'eux avec inquiétude.)

L'INCONNU, à Ninka

Accordez-moi ce que j'implore !

NINKA.

Qu'est-ce donc ?

L'INCONNU.

Ce repas si doux
Aurait bien plus d'attraits encore
S'il était partagé par vous !

NINKA.

Si Zoloé le veut !

(Zoloé répond avec dépit qu'elle ne s'y oppose pas.)

L'INCONNU, à Ninka.

Ah ! je vous remercie !

ENSEMBLE.

NINKA.

Oui, je crois, sans coquetterie,
Qu'il me trouve quelques appas ;
Mais c'est offenser une amie,
Allons, allons, n'écoutons pas.

L'INCONNU.

Pour éveiller sa jalousie,
Feignons d'admirer leurs appas ;
Déjà de son ame attendrie
Je vois le trouble et l'embarras.

(A la fin de ce morceau, Zoloé vient les interrompre, en leur montrant que le souper est servi. Tous les quatre se mettent à table, l'inconnu entre Fatmé et Ninka. Ils mangent avec appétit, excepté Zoloé, qui est triste et pensive.)

NINKA, à Zoloé.

Quoi ? tu ne nous imites pas ?

(Si vraiment, répond Zoloé, qui sort de sa distraction.)

L'INCONNU.

Moi, j'aime que le chant anime le repas.

NINKA.

Que ne le disiez-vous ?

NOCTURNE A DEUX VOIX.

NINKA ET L'INCONNU.

PREMIER COUPLET.

O bords heureux du Gange !
O fortuné séjour,
Où règnent sans mélange
Le plaisir et l'amour.
L'air que l'on y respire
Semble tout animer,
Et tout semble nous dire :
 Il faut aimer !

DEUXIÈME COUPLET.

Ton onde salutaire,
Tes bois délicieux,
Nous offrent sur la terre
Les voluptés des cieux ;
L'air que l'on y respire
Suffit pour enflammer,
Et tout semble nous dire :
 Il faut aimer !

TROISIÈME COUPLET.

Pays où naît l'aurore

Qui vient tout rajeunir,
Où les fleurs vont éclore
Des baisers du zéphyr !
Là tout dans la nature
Qu'il semble ranimer
Se réveille et murmure :
Il faut aimer !

L'INCONNU, à Ninka.

Que j'aime cette voix si pure et si légère !

NINKA, montrant Zoloé.

De vous remercier je connais le moyen.

(Priant Zoloé de danser.)

De grâce, Zoloé...

(Zoloé, chagrine, fait signe qu'elle ne peut danser.)

NINKA.

Tu ne le peux ! — Eh bien !
Fatmé, danse pour elle ; à notre hôte il faut plaire.

(On enlève la table. L'inconnu et Ninka restent assis sur le banc ; Zoloé debout près d'eux. Fatmé danse.)

L'INCONNU.

De ses pas gracieux que mes sens sont ravis !
La victoire est à vous !

(Il se lève pour aller à elle ; mais Zoloé, malheureuse et jalouse, lui dit avec dépit : Attendez ! on peut danser aussi bien qu'elle.)

NINKA.

Zoloé veut peut-être
A son tour disputer le prix ?

(Précisément, répond Zoloé. Elle danse avec Fatmé, d'abord un ensemble, puis Fatmé danse seule.)

L'INCONNU.

Charmant!

(Zoloé exécute les mêmes pas.)

L'INCONNU, la regardant avec indifférence.

Ce n'est pas mal.

(Il affecte de louer Fatmé et regarde à peine Zoloé. Celle-ci perd alors courage; elle voudrait et ne peut continuer; ses genoux fléchissent sous elle.)

L'INCONNU, qui l'observe.

Ah! je ne suis plus maître
Du trouble que j'éprouve!

(Succombant à sa douleur, Zoloé se retire dans un coin de la cabane, s'assceit et se met à fondre en larmes.)

L'INCONNU, se levant.

Elle pleure! Ah! grands dieux!

NINKA, apercevant Zoloé qui pleure, dit tout bas à Fatmé :

Viens, sortons de ces lieux.

ENSEMBLE.

NINKA.

Oui, je crois, sans coquetterie,
Que c'est nous qu'il préfère, hélas!
Mais c'est affliger une amie,
Auprès d'elle ne restons pas.

L'INCONNU, regardant Zoé.

Combien, dans mon ame attendrie,
L'amour fait naître de combats!
Mais pour le bonheur de ma vie,
Allons, ne nous trahissons pas.

NINKA.

Partons sans bruit... loin d'eux portons nos pas!

(Fatmé sort avec Ninka.)

SCÈNE IV.

L'INCONNU, ZOLOE.

L'INCONNU s'approche de Zoloé.

Vous pleurez ! et pourquoi ?

ZOLOÉ, par gestes.

(Parce que vous l'admirez, parce que vous l'aimez plus que moi.)

L'INCONNU.

Je la trouve jolie !
Que vous importe à vous ?

ZOLOÉ, de même.

(Ce qu'il m'importe... je ne sais... mais j'éprouve là un serrement de cœur, des tourmens qui me sont inconnus.)

L'INCONNU.

Quoi ! de la jalousie !

ZOLOÉ, de même.

(Eh bien ! oui, c'est plus fort que moi, je vous aime...)

L'INCONNU, avec joie.

Quoi ! vous m'aimez !...

(Zoloé s'éloigne et cache sa tête dans ses mains.)

L'INCONNU, s'approchant d'elle.

A ce nouvel amour
Comment croire, et comment le payer de retour ?

ZOLOÉ, par gestes.

(Je ne le mérite pas ; je ne suis qu'une bayadère... et plus je me regarde, plus je rougis de moi-même. Laissez-moi, ne m'accablez pas de vos mépris.)

L'INCONNU.

Que dites-vous ? de moi vous vous trouvez indigne ?

ZOLOÉ, de même.

(Oui, je le sais... mais du moins je vous demande une grâce.)

L'INCONNU.

Et quelle est cette faveur insigne ?

ZOLOÉ, de même.

(Laissez-moi près de vous ! laissez-moi vous obéir, vous servir, être votre esclave.)

L'INCONNU.

Me servir en esclave !

ZOLOÉ, de même.

(Oui, je vous le demande à genoux. L'inconnu la voyant à ses pieds, peut à peine contenir son émotion. Il fait un mouvement vers elle ; puis il s'arrête et lui dit froidement.)

Il suffit... lève-toi !

(Il fait quelques pas.)

Mes yeux appesantis se ferment malgré moi.

(Zoloé court vivement à son hamac qu'elle détache de la muraille. Elle le prépare.)

L'INCONNU, la regardant avec tendresse.

Sa bonté double encore sa grâce ravissante !

(Le hamac est prêt ; elle le lui montre de la main, s'éloigne de lui et va se placer en détournant les yeux à l'autre extrémité de la cabane.)

L'INCONNU, s'asseyant sur le hamac.

Des derniers feux du jour la chaleur accablante
Appelle le sommeil...

(Il s'étend sur le hamac ; et comme s'il dormait il laisse tomber sa tête appesantie, mais il observe toujours Zoloé. Celle-ci, le croyant endormi, s'avance doucement et sur la pointe du pied, le regarde avec amour et avec une expression douloureuse... elle pleure, elle renouvelle le serment d'être son esclave. L'inconnu fait un geste qui indique que la chaleur l'accable, elle va ouvrir une fenêtre qui est au fond pour lui donner de l'air, puis elle va doucement prendre un grand éventail en plumes de paon et l'évente pendant son sommeil. L'inconnu soulève sa tête ; Zoloé effrayée et craignant de l'avoir éveillé, se met à genoux et lui en demande pardon)

ACTE II, SCÈNE IV.

L'INCONNU, courant à elle.

Je n'y résiste plus !
Pour te braver encore mes soins sont superflus !
Apprends donc...

(On frappe à la porte en dehors.)

Mais qui vient frapper à ta demeure ?

OLIFOUR, en dehors.

Ouvrez... voici la dixième heure !

L'INCONNU.

C'est le grand juge !

(Zoloé court fermer la porte en dedans ; puis revient près de l'inconnu, lui dit qu'elle brave la colère d'Olifour, qu'elle dédaigne ses hommages... plutôt la mort que d'être à lui. Olifour qui est en dehors passe sa tête par la fenêtre du fond qui est restée ouverte et aperçoit Zoloé dans les bras de l'inconnu. Il pousse un cri d'indignation. Zoloé court fermer la porte et revient près de son amant.)

(En ce moment on entend au dehors les même sons de trompe qu'au premier acte, lors de l'entrée des gardes du visir.)

L'INCONNU.

Oh ciel ! c'est un nouveau danger !
Où fuir ?

(Zoloé ne veut pas le quitter, quel que soit le danger qui le menace.)

Eh quoi ! tu veux le partager ?

ZOLOÉ, par gestes.

(Oui, quoi qu'il arrive, je partagerai ton sort ; mais on peut t'y soustraire. Où te cacher ?..... Là, dans ce caveau secret dont personne n'a connaissance.)

L'INCONNU.

Non, jamais !

(Le bruit redouble ; Zoloé le supplie à mains jointes, à genoux, de se dérober à leur fureur. — Faites-le, non pour vous, mais pour moi qui vous aime !)

L'INCONNU, entrant dans le caveau.

Tu le veux !

CHOEUR EN DEHORS.

Allons ! il faut ouvrir,
C'est par l'ordre du grand-visir.

(On frappe à grands coups contre la porte de la chaumière, que l'on enfonce.)

SCÈNE V.

ZOLOÉ, OLIFOUR, LE CHEF DES GARDES, PEUPLE, BAYADÈRES, SOLDATS, etc., etc.

LE CHOEUR.

Malheur à celui dont l'audace
Osa braver notre courroux !
Mais nous avons suivi sa trace,
Il est ici, répondez-nous !

(A Zoloé.)

Où donc est-il ? répondez-nous !

ZOLOÉ, par gestes.

(Il est venu, puis il s'est éloigné, il s'est enfui.)

OLIFOUR.

De quels côtés ?

(Elle fait signe qu'elle n'en sait rien.)

OLIFOUR.

Elle l'ignore !

LE CHEF DES GARDES.

Non ! dans ces lieux il est encore...

ACTE II, SCÈNE V.

J'en suis certain! reponds, où faut-il le chercher?

ZOLOÉ, par gestes.

(Je ne le dirai pas, et au contraire je prie le ciel de le protéger et de le faire évader.)

LE CHEF DES GARDES.

Redoute ma colère,
Tu périras pour lui...

(Aux soldats.)

Que de cette chaumière
Les débris dispersés s'élèvent en bûcher!

ZOLOÉ, par gestes.

(Je ne crains rien! je suis trop heureuse de mourir à sa place et de le sauver.)

(Pendant ce temps les soldats ont renversé à coups de hache la cloison de la chaumière, et de ses débris ont formé un bûcher auquel ils vont mettre le feu.)

LE CHEF DES GARDES.

Tu le vois, plus d'espoir! le supplice t'attend...
Il faut nous le livrer, ou tu meurs à l'instant.

ZOLOÉ, par gestes.

(Frappez! je suis prête.)

LE CHEF DES GARDES, aux soldats.

Allez! qu'on la saisisse,
Et que la coupable subisse
Son juste châtiment.

ENSEMBLE.

OLIFOUR, LE CHEF, LES SOLDATS.

Malheur à celle dont l'audace
Osa braver notre courroux;
Point de pitié! non, point de grâce!
Elle doit tomber sous nos coups.

LE PEUPLE ET LES BAYADÈRES.

Du sort affreux qui la menace
Ah! daignez suspendre les coups!
Pitié! pitié! faites-lui grâce,
Vous nous voyez à vos genoux.

(Les soldats ont entraîné Zoloé, qui monte sur le bûcher. Le tonnerre gronde; des vapeurs s'élèvent de la terre et couvrent le théâtre.)

LE CHEF DES GARDES, aux soldats qui hésitent.

Obéissez!

(On met le feu au bûcher.)

CHŒUR DES BAYADÈRES.

D'effroi que mon ame est glacée!

(Le tonnerre redouble, l'éclair brille; Zoloé environnée de flammes est prête à s'évanouir, quand tout à coup, paré d'habits magnifiques et resplendissant de lumière, Brama paraît près d'elle et la soutient dans ses bras.)

LE CHEF DES GARDES.

A mon courroux qui pourrait l'arracher?

BRAMA.

Brama! qui, réclamant sa jeune fiancée,
En un lit nuptial a changé son bûcher.

(Il s'élève avec elle jusqu'au milieu du théâtre; et au fond d'un horizon de nuages apparaît dans le lointain la lumière céleste du paradis indien.)

CHŒUR AÉRIEN.

Gloire! qu'à jamais elle reste
Dans l'éternel séjour!
Et que la voûte céleste
Redise ce chant d'amour!

BRAMA, à Zoloé.

Que ton amour se purifie
Au sein de la divinité!

Tu me donnais ta vie,
Moi, l'immortalité !

(Il lui prend la main, et marchant avec elle sur les nuages, il s'élève vers le point lumineux. Les nuages se referment derrière eux ; ils disparaissent.)

CHOEUR.

Gloire ! gloire ! qu'elle reste
  Dans l'éternel séjour !
Et que la voûte céleste
  Redise ce chant d'amour !

FIN DU DIEU ET LA BAYADÈRE.

LE PHILTRE,

OPÉRA EN DEUX ACTES,

Représenté pour la première fois sur le théâtre de l'Académie royale de musique, le 15 juin 1831.

MUSIQUE DE M. AUBER.

PERSONNAGES.

GUILLAUME, garçon de ferme.
JOLI-COEUR, sergent.
Le docteur FONTANAROSE, charlatan.
Le Valet du charlatan.
TÉRÉZINE, jeune fermière.
JEANNETTE, blanchisseuse.
Jeunes filles du village.
Soldats de la compagnie de Joli-Coeur.

La scène se passe aux environs de Mauléon, aux bords de l'Adour, dans le pays basque.

FONTANAROSE.

PRENEZ MON ÉLIXIR ! DE TOUT IL PEUT GUÉRIR.

LE PHILTRE.

ACTE PREMIER.

Le théâtre représente les campagnes de l'Adour. A gauche, l'entrée d'une ferme. A droite, un ruisseau. Au fond, des gerbes de blé entassées. Au milieu du théâtre, un arbre immense à l'ombre duquel se reposent tous les gens de la ferme qui viennent de faire la moisson. Térézine est assise, et lit avec attention dans un livre qu'elle tient à la main. Guillaume seul, debout, la regarde avec tendresse. Jeannette et d'autres jeunes filles ont laissé au bord du ruisseau leur linge qu'elles blanchissaient, et se sont assises près de Térézine.

SCÈNE PREMIÈRE.

TÉRÉZINE, GUILLAUME, JEANNETTE,
JEUNES FILLES.

CHOEUR.

Amis, sous cet épais feuillage
Bravons le soleil et ses feux;
Goûtons enfin après l'ouvrage
Le repos qui seul rend heureux.

GUILLAUME, regardant Térézine.

La voilà! qu'elle est jolie!
Mais depuis qu'elle a mon cœur,

Il n'est plus dans ma vie
De repos ni de bonheur.

CHOEUR.

Amis, sous cet épais feuillage
Bravons le soleil et ses feux;
Goûtons enfin après l'ouvrage
Le repos qui seul rend heureux.
C'est le repos qui rend heureux!

GUILLAUME, montrant Térézine qui continue à lire.

Elle sait lire; est-elle heureuse!
Moi je ne suis qu'un ignorant,
Et sans esprit, et sans talent.

TÉRÉZINE, riant, en fermant le livre qu'elle tenait à la main.

Ah! l'aventure est curieuse!

JEANNETTE.

Tu ris!... C'est donc bien beau?

TÉRÉZINE.

Sous doute, je lisais
Un roman... l'histoire amoureuse
Du beau Tristan de Léonnais.

GUILLAUME.

Une histoire amoureuse! ah! si par complaisance
Vous nous la lisiez!

TÉRÉZINE.

Soit.

TOUS.

Ecoutons! du silence!

ACTE I, SCÈNE I.

TÉRÉZINE, lisant:

PREMIER COUPLET.

La reine Iseult, aux blanches mains,
A l'amour se montrait rebelle!
Et Tristan se mourait pour elle
Sans se plaindre de ses dédains.
Lors voilà, nous dit la chronique,
Voilà qu'un enchanteur fameux
Lui fit boire un philtre magique
Qu'on nommait le boire-amoureux.
Philtre dont la vertu secrète
Inspirait d'éternels amours!
Pourquoi faut-il que la recette
En soit perdue, et pour toujours?

GUILLAUME ET LE CHOEUR.

Quel dommage que la recette
En soit perdue, et pour toujours!

TÉRÉZINE.

DEUXIÈME COUPLET.

Dès qu'à sa bouche il le porta,
Tous deux sentirent même flamme,
Et ce feu qui brûlait son ame
Bientôt Iseult le partagea.
N'aimant que lui qui n'aimait qu'elle,
Iseult enfin, comblant ses vœux,
Jusqu'au trépas resta fidèle,
Bénissant le boire-amoureux.
Philtre dont la vertu secrète
Inspirait d'éternels amours!

Pourquoi faut-il que la recette
En soit perdue, et pour toujours?

CHOEUR.

Pourquoi faut-il que la recette
En soit perdue, et pour toujours?

GUILLAUME.

Ah! qu'un philtre pareil me serait nécessaire!

(Montrant Térézine.)

Elle est belle, elle est riche, et moi pour tout trésor
Je n'ai que mon amour... et ces trois pièces d'or,
Seul héritage de mon père!

(On entend un bruit de tambour; tout le monde se lève.)

SCÈNE II.

Les précédens; JOLI-COEUR, arrivant a la tête d'un détachement de soldats qui restent sous les armes au fond du théatre. Il s'approche de Térézine qu'il salue, et a qui il offre son bouquet.

JOLI-COEUR.

AIR.

Je suis sergent,
Brave et galant,
Et je mène tambour battant
Et la gloire et le sentiment.

Est-il beauté prude ou coquette
Que ne subjugue l'épaulette?
Pour moi je crains peu leur rigueur;

ACTE I, SCÈNE II.

On peut braver leur inconstance
Quand on est sergent recruteur
Dans les troupes du roi de France.
Oui, nos droits sont bien reconnus;
Mars sut toujours plaire à Vénus.

  Je suis sergent,
  Brave et galant,
Et je mène tambour battant
Et la gloire et le sentiment.

  (A Térézine.)

Gentille et farouche fermière,
Aimable objet de mon ardeur,
Pourquoi, lorsque j'ai su vous plaire,
Résister encore au vainqueur?
Que votre cœur vous persuade!
Sous-officier... c'est un beau grade!
J'ai des honneurs; vous la richesse;
Couronnez enfin ma tendresse,
Ne retardez plus mon bonheur;
Allons! allons! faites-moi mon bonheur!

  Je suis sergent,
  Tendre et galant,
Et je mène tambour battant,
Et la gloire et le sentiment.

  TÉRÉZINE.

Je suis fière d'un tel hommage!

  GUILLAUME, à part.

Elle lui permet d'espérer!

JOLI-COEUR.

Et quel jour notre mariage?

TÉRÉZINE.

Nous verrons.

JOLI-COEUR.

Toujours différer.

TÉRÉZINE.

C'est qu'en vous le ciel a fait naître
Tant de mérite et de talens,
Que pour les voir et les connaître
Vous sentez bien qu'il faut du temps!

JOLI-COEUR, à part.

Ah! l'on veut du temps... je comprends!
D'une pudeur mourante inutile défense!

(A Térézine.)

Je vais faire chez vous reposer mes guerriers.

TÉRÉZINE, à Joli-Cœur.

Trop heureuse d'offrir à boire à leur vaillance!

(Aux gens de la ferme.)

Quant à vous, reprenons nos travaux journaliers.

CHOEUR, se levant et sortant avec lenteur et négligence.

Il faut quitter ce doux ombrage,
Braver le soleil et ses feux;
Il faut retourner à l'ouvrage,
C'est le repos qui rend heureux.

(Joli-Cœur entre dans la ferme avec les soldats. Térézine va le suivre. Guillaume l'arrête et la retient timidement par sa jupe. Jeannette et les jeunes filles sont retournées au fond près du ruisseau, où elles se remettent à blanchir leur linge.)

SCÈNE III.

GUILLAUME, TÉRÉZINE.

GUILLAUME.

Un seul mot, par pitié!

TÉRÉZINE.

Non vraiment, et pour cause.
Entendre soupirer me devient odieux.

GUILLAUME.

Eh! puis-je, hélas! faire autre chose!
Je voudrais fuir, et je ne peux!
Un sort jeté sur moi me retient en ces lieux.
Mon oncle Richardet, percepteur à la ville,
Me voulait près de lui donner un poste utile;
J'ai refusé.

TÉRÉZINE.

Pourquoi?

GUILLAUME.

J'aime mieux, c'est plus doux,
Souffrir en vous voyant qu'être heureux loin de vous.

TÉRÉZINE.

Mais votre oncle est malade?.. on le dit.

GUILLAUME.

Et je reste
En ces lieux; c'est fort mal!

TÉRÉZINE.

Très mal, je vous l'atteste.

Contre vous il se fâchera ;
Et s'il meurt, tout son bien... il vous en privera.

GUILLAUME.

Qu'importe ?

TÉRÉZINE.

Et vous mourrez de faim après cela.

GUILLAUME, tristement.

Ou de faim... ou d'amour... cela revient au même.

TÉRÉZINE.

Guillaume, écoutez-moi : vous êtes bon et franc ;
   Vous n'avez pas, comme ce beau sergent,
   La vanité de croire qu'on vous aime ;
Aussi je vous estime et vous plains, et je veux,
   Pour vous guérir de cet amour extrême,
Vous parler franchement, si du moins je le peux.

AIR.

La coquetterie
Fait mon seul bonheur ;
Paraître jolie
Suffit à mon cœur.
J'aime que l'on m'aime,
Qu'on m'adore... mais
Pour aimer moi-même,
Jamais !... non, jamais !

Amant trop fidèle
Qui me trouvez belle,
Pourquoi ce courroux !
Votre cœur m'appelle

Tigresse et cruelle...
Pourquoi m'aimez-vous ?

La coquetterie, etc.

A l'amour loin de te livrer,
Vas, crois-moi, d'une erreur pareille
Guéris-toi, je te le conseille;
Oui, je te le conseille,
Mais sans le désirer !...

La coquetterie
Fait mon seul bonheur ;
Paraître jolie
Suffit à mon cœur.
J'aime que l'on m'aime,
Qu'on m'adore... mais,
Pour aimer moi-même,
Jamais !... non, jamais !

(Elle rentre dans la ferme à gauche.)

SCÈNE IV.

GUILLAUME, JEANNETTE, ET LES JEUNES FILLES OCCUPÉES A BLANCHIR.

GUILLAUME, la regardant sortir.

Guéris-toi, me dit-elle !... à dire c'est facile ;
Mais moi qui suis loin d'être habile,
Par quels moyens y parvenir ?

JEANNETTE, qui s'est levée et s'est approchée de lui.

Pauvre garçon quel chagrin est le vôtre !

GUILLAUME.

Jeannette, par bonté, daignez me secourir !
D'un amour malheureux comment peut-on guérir ?

JEANNETTE.

Un seul moyen.

GUILLAUME.

Lequel ?

JEANNETTE.

C'est d'en aimer une autre !

GUILLAUME.

Vous croyez ?

JEANNETTE.

J'en suis sûre.

GUILLAUME.

Eh bien ! par amitié
Aimez-moi, je vous prie, ou du moins par pitié.

JEANNETTE, riant.

Vraiment ?

(Appelant ses compagnes.)

Est-il possible
D'être insensible
Aux feux d'un jouvenceau
Si beau !

Il veut qu'on l'aime,
Et de soi-même
On l'aimerait sans ça
Déjà.

GUILLAUME.

Vous vous riez de moi ! vous riez de mes peines !

ACTE I, SCÈNE IV.

(Aux autres jeunes filles.)

Mais vous, soyez moins inhumaines !

TOUTES, le raillant.

Est-il possible
D'être insensible
Aux feux d'un jouvenceau
Si beau !

Il veut qu'on l'aime,
Et de soi-même
On l'aimerait sans ça.
Déjà.

GUILLAUME, furieux.

Être aimé... n'est donc pas possible,
Et pour y parvenir il faudrait se damner ;
A Lucifer lui-même il faudrait se donner.

ENSEMBLE.

JEANNETTE ET LES JEUNES FILLES, riant.

Est-il possible
D'être insensible
Aux feux d'un jouvenceau
Si beau !

Il veut qu'on l'aime,
Et de soi-même
On l'aimerait sans ça
Déjà !

GUILLAUME, à part, se désespérant.

Est-il possible
D'être insensible
Aux tourmens
Qu'ici je ressens ?

Tout m'abandonne ;
Jamais personne
N'aura, je croi,
Pitié de moi.

(On entend plusieurs sons de trompette ; on voit accourir tous les gens du village.)

JEANNETTE.

Quel bruit soudain se fait entendre ?
Pourquoi tout le village ici vient-il se rendre ?

SCÈNE V.

Les précédens ; le docteur FONTANAROSE, dans un cabriolet doré et de forme antique, traîné par un cheval blanc ; un valet, qui est derrière lui, sonne de la trompette. Il est debout sur son char, tenant a la main des papiers et des rouleaux. Tout le village l'entoure.

CHOEUR.

C'est quelque grand seigneur
Qui parmi nous voyage ;
Quel brillant équipage !
Honneur à sa grandeur !
Honneur, honneur
A monseigneur !

FONTANAROSE, du haut de son char.

RÉCITATIF.

Vous me connaissez tous, messieurs, je le suppose.
Vous savez comme moi que, médecin fameux,

ACTE I, SCÈNE V.

Je suis ce grand docteur, nommé Fontanarose,
Connu dans l'univers... et... dans mille autres lieux !

AIR.

Approchez tous ! venez m'entendre !
Moi, l'ami de l'humanité.
A juste prix je viens vous vendre
Et le bonheur et la santé.
Mon élixir odontalgique
Détruit partout, c'est authentique,
Et les insectes et les rats,
Dont j'ai là les certificats.

Par cet admirable breuvage,
Un capitoul de soixante ans
Est devenu, malgré son âge,
Grand-père de dix-huit enfans.

Adoucissant et confortable,
J'ai vu par lui, par son secours,
Plus d'une veuve inconsolable
Consolée en moins de huit jours !

Approchez tous ! venez m'entendre, etc.

(S'adressant aux vieilles femmes.)

O vous, matronnes rigides
Qui regrettez le bon temps,
Voulez-vous, malgré vos rides,
Voir revenir le printemps ?

(Aux jeunes filles.)

Voulez-vous mesdemoiselles,
    Rester jeunes et belles ?

(Aux garçons.)

Voulez-vous, beaux jeunes gens,
Plaire et séduire en tous les temps?

Prenez, prenez mon élixir!
    Il peut tout guérir,
    La paralysie,
    Et l'apoplexie,
    Et la pleurésie
    Et tous les tourmens;
    Jusqu'à la folie,
    La mélancolie,
    Et la jalousie,
    Et le mal de dents.

Prenez, prenez mon élixir!
De tout il peut guérir.

Demandez! demandez! c'est le seul, c'est l'unique!
Vous me direz: Combien ce fameux spécifique?
—Combien, messieurs, combien?—Cent ducats? Nullement.
—Vingt ducats?—Non, messieurs.—Dix ducats?—Non vraiment
Demandez! demandez! le voilà! je le donne!
Les femmes, les enfans, on n'excepte personne!
Prenez, prenez mon élixir!
De tout il peut guérir.

(Il descend de son cabriolet, et tout le peuple l'entoure.)

CHOEUR.

Honneur! honneur!
A ce fameux docteur!
Ah! c'est un grand docteur!

ACTE I, SCÈNE V.

FONTANAROSE, saluant à droite et à gauche.

Messieurs, pour vous prouver combien je suis sensible
A l'accueil bienveillant que de vous j'ai reçu,
Je veux vous faire à tous le cadeau... d'un écu !

TOUS, tendant la main.

Ah ! quel bonheur ! est-il possible !

FONTANAROSE, tenant une fiole.

Voici comment... Ce remède inconnu,
Je le vends en tous lieux pour six livres de France ;
Mais comme en ce séjour j'ai reçu la naissance,
Et qu'à des cœurs bien nés le sol natal est cher,
Venez, messieurs, que l'on s'approche !
Je vous le donne à tous pour trois francs !... Il est clair
Que c'est un écu net que je mets dans leur poche !

TOUS.

Il a raison ! ah ! c'est un grand docteur ;
Donnez, donnez ; rendons honneur
A ce savant docteur.

(Les valets du docteur distribuant des fioles et des rouleaux d'eau de Cologne à tous les gens du village, qui s'empressent d'en acheter. Tout cela se passe au fond du théâtre. Pendant ce temps, Guillaume, qui est resté pensif, s'approche de Fontanarose et le tire à part.)

GUILLAUME.

Puisque pour nous guérir des maux de toute espèce
Vous avez des secrets...

FONTANAROSE.
        J'en ai de merveilleux !

GUILLAUME.

Auriez-vous *le boire-amoureux*
Du beau Tristan de Léonnais ?

FONTANAROSE.

Hein! qu'est-ce?

GUILLAUME.

Un philtre qui faisait qu'on s'adorait sans cesse.

FONTANAROSE, froidement.

Dans notre état nous en tenons beaucoup !

GUILLAUME.

Il serait vrai !

FONTANAROSE.

Chaque jour j'en compose,
Car on en demande partout.

GUILLAUME.

Et vous en vendez ?

FONTANAROSE.

Oui.

GUILLAUME, avec crainte.

Et combien ?

FONTANAROSE.

Peu de chose.

GUILLAUME, tirant timidement trois pièces d'or de sa poche.

J'ai là... c'est tout mon bien, j'ai là trois pièces d'or.

FONTANAROSE, les regardant.

Justement, c'est le prix !

GUILLAUME, vivement, et les lui donnant.

Prenez... et ce breuvage,
Ce philtre?...

FONTANAROSE, tirant de sa poche un petit flacon.

Le voici !

ACTE I, SCÈNE V.

GUILLAUME, la saisissant avec joie.

(Le retenant.)

Grands dieux! Un mot encor!
La manière d'en faire usage?

FONTANAROSE, gravement.

Vous prenez ce flacon, puis ensuite à longs traits
    Et lentement vous le buvez... vous-même!
Et son effet est tel que bientôt on vous aime.

GUILLAUME, vivement.

Sur-le-champ!

FONTANAROSE.

Non, vraiment! vingt-quatre heures après;
(A part.)
Le temps de m'éloigner, c'est le point nécessaire!

GUILLAUME, avec crainte, en montrant le flacon.

Et son goût...

FONTANAROSE.

(A part.)

Est divin. Du lacryma christi,
Qu'avec grand soin pour moi je réservais ici;
(A Guillaume.)
Mais sur un tel sujet le plus profond mystère,
Pas un mot! la police aisée à s'alarmer
Punit sévèrement ceux qui se font aimer :
Elle n'entend pas ça!

GUILLAUME, à demi-voix.

Je jure de me taire!

FONTANAROSE, à plusieurs femmes qui le tirent par son habit et veulent le consulter.

C'est bien, je suis à vous!

GUILLAUME.

Ah! quel destin prospère!

(Fontanarose va rejoindre les gens du village qui l'entourent de nouveau et ont l'air de le consulter. Il sort avec eux, tandis que le chœur reprend.)

CHOEUR.

Honneur, honneur!
A ce fameux docteur!
Ah! c'est un grand docteur!

SCÈNE VI.

GUILLAUME, SEUL, REGARDANT LE FLACON QU'IL TIENT A LA MAIN.

AIR.

Philtre divin! liqueur enchanteresse.
   Dont l'aspect seul charme mon cœur!
Je vais enfin te devoir ma maîtresse,
   Je vais te devoir le bonheur!

   Grâce à ton pouvoir tutélaire,
   Que puis-je désirer encore?
   Est-il des trésors sur la terre
   Pour payer un pareil trésor!

Philtre divin! liqueur enchanteresse! etc.

(Il regarde autour de lui s'il est seul, puis il débouche le flacon et le boit lentement.)

   Quelle douce chaleur
   S'empare de mon cœur!
   Et déjà dans son ame

ACTE I, SCÈNE VI.

Pénètre même flamme!
Ah! oui, je le sens là,
Elle m'aime déjà!

Elle va donc se rendre,
Mon bonheur est certain;
Mais il me faut attendre
Encor jusqu'à demain!
Demain, hélas! me semble
Être si loin d'ici,
Que malgré moi je tremble
De mourir aujourd'hui!

(Il regarde le flacon, croit y voir encore quelques gouttes et le porte de nouveau à ses lèvres.)

Quelle douce chaleur
S'empare de mon cœur,
Et déjà dans son ame
Pénètre même flamme!
Ah! oui, je le sens là,
Elle m'aime déjà!

(Portant la main à son front.)

Quel délire nouveau! quelle joie inconnue!
De ce philtre magique effet miraculeux!
J'aime le monde entier, je ris, je suis heureux!
Tout réjouit mon être et s'anime à ma vue!
Allons, plus de chagrin et déjeunons gaîment:
L'appétit me revient et le bonheur m'attend!

(Chantant à pleine voix.)

Tra, la, la, la, la, la.

(Il s'asseoit près de la table de pierre qui est à gauche, tire de sa panetière du pain et des fruits et se met à manger en chantant.)

SCÈNE VII.

GUILLAUME, PRÈS DE LA TABLE, TÉRÉZINE, SORTANT DE LA FERME ; ELLE TRAVERSE LE THÉATRE ; ELLE APERÇOIT GUILLAUME ET S'ARRÊTE.

TÉRÉZINE.

DUO.

Je sais d'avance son langage ;
Il va, brûlant de mille feux,
Me parler, suivant son usage,
De son désespoir amoureux !

GUILLAUME, à table et chantant.

Tra, la, la, la, la, la, la, la, la.

TEREZINE, étonnée.

Eh mais ! dans sa douleur mortelle
Il est bien gai !

GUILLAUME, l'apercevant, et se levant pour aller à elle.

Dieu, la voici !...

(S'arrêtant.)

Mais qu'allais-je faire, et près d'elle
Pourquoi soupirer aujourd'hui ?

De triompher d'une inhumaine
A quoi bon m'efforcer en vain,
Puisque sans effort et sans peine
Elle doit m'adorer demain ?

(Il va se rasseoir, et continue son repas.)

ACTE I, SCÈNE VII.

TEREZINE, la regardant avec surprise.

Non... il reste! et tranquillement
Il déjeune!!!... quel changement!
Serait-il consolé déjà!...
Un instant... c'est ce qu'on verra!

ENSEMBLE.

GUILLAUME, à part, et la regardant.

Beauté si long-temps sévère
Tu vas me céder enfin;
Aujourd'hui laissons-la faire,
Elle m'aimera demain.

TEREZINE, à part, le regardant.

Voudrait-il donc se soustraire
A mon pouvoir souverain?
Ce serait trop téméraire,
Et je ris de son dessein.

TÉRÉZINE.

Je vois qu'à mes leçons sensible,
Mes conseils par vous sont suivis.

GUILLAUME, ingénuement.

J'y tâche, et je fais mon possible
Pour profiter de vos avis.

TEREZINE, le raillant.

Quoi! ces tourmens... cette souffrance...

GUILLAUME, naïvement.

De m'en guérir j'ai l'espérance.

TEREZINE, riant.

Vous le croyez!

GUILLAUME.

Cela commence.

LE PHILTRE.

TÉRÉZINE, étonnée.

Que dites-vous?

GUILLAUME.

Cela va mieux.
Dès aujourd'hui cela va mieux.

TÉRÉZINE, avec dépit.

J'en suis ravie! et c'est heureux!

GUILLAUME, en confidence et la regardant tendrement.

Et bien plus, j'en ai l'assurance,
Ce sera fini dès demain!

TÉRÉZINE, de même.

En vérité!

GUILLAUME.

J'en suis certain!

TÉRÉZINE.

En vérité!...

GUILLAUME.

Je le sens là!

TÉRÉZINE, à part, avec coquetterie.

Eh bien!... c'est ce que l'on verra!

ENSEMBLE.

GUILLAUME.

Beauté si long-temps sévère,
Tu vas t'adoucir enfin;
Aujourd'hui laissons-la faire,
Elle m'aimera demain.

TÉRÉZINE.

Il voudrait donc se soustraire
A mon pouvoir souverain;
D'honneur, c'est trop téméraire,
Et je ris de son dessein.

SCÈNE VIII.

LES PRÉCÉDENS; JOLI-COEUR, SORTANT DE LA FERME.

TÉRÉZINE, à part.

Que vois-je? et pour moi quelle joie!
C'est Joli-Cœur, l'invincible sergent!
Ah! c'est le ciel qui me l'envoie!

(A Joli-Cœur, d'un air aimable.)

De nos soins êtes-vous content?

(Montrant la ferme.)

Ce logis vous plaît-il?

JOLI-COEUR, relevant sa moustache.

C'est selon!

TÉRÉZINE.

Et comment?

TRIO.

JOLI-COEUR, avec une fatuité de soldat.

Dedans le cours de mes conquêtes.
J'ai vu des postes dangereux!
Mais, je le sens, ceux où vous êtes
Sont encore bien plus périlleux!

TÉRÉZINE, minaudant.

Pourquoi donc? suis-je une ennemie?

JOLI-COEUR.

Puisque vous repoussez mes feux.

TÉRÉZINE, à Joli-Cœur, mais regardant toujours Guillaume du coin de l'œil.

Qui vous l'a dit, je vous en prie?

(Tendrement.)

Du moins ce ne sont pas mes yeux.

JOLI-COEUR, vivement.

Eh quoi ! l'ardeur qui me dévore,
Votre cœur la partage aussi !

(Térézine ne répond pas, baisse les yeux et regarde Guillaume en dessous.)

JOLI-COEUR, se retournant vers Guillaume.

J'en étais sûr, elle m'adore.

GUILLAUME, froidement.

C'est possible pour aujourd'hui !

TÉRÉZINE, avec colère, regardant Guillaume.

Eh bien ! eh bien !
Cela ne lui fait rien,
Ah ! je n'y conçois rien.

ENSEMBLE.

TÉRÉZINE.

Un faible esclave
Ainsi me brave !
Mais dans mes fers il reviendra,
Car je l'ai dit et ce sera !

JOLI-COEUR, à Térézine.

Oui, le plus brave
N'est qu'un esclave
Que l'amour toujours soumettra,
Et dans vos chaînes me voilà.

GUILLAUME, à part.

Moi, son esclave,
Je deviens brave ;
Mon talisman me sauvera
D'un rival tel que celui-là.

ACTE I, SCÈNE VIII.

JOLI-COEUR, à Térézine.

Mais pour qu'enfin l'hymen couronne
Et ma constance et mes amours,
Quel jour choisissez-vous ?

TERÉZINE, regardant Guillaume.

(A part.)

Quel jour ?... Dieu me pardonne !
Il frémit...

(Guillaume a fait un geste d'effroi, puis il tire la fiole de sa poche et la regarde.)

GUILLAUME, à part.

Calmons-nous !

JOLI-COEUR, à Térézine.

Eh bien ! quand ?

TÉRÉZINE.

Dans huit jours.

JOLI-COEUR, avec joie.

Son époux ! dans huit jours !

TÉRÉZINE, regardant Guillaume.

Dans huit jours !

GUILLAUME, riant.

Tandis que moi... demain...

TÉRÉZINE.

Cela ne lui fait rien !
Non, je n'y conçois rien.

ENSEMBLE.

TÉRÉZINE.

Un faible esclave
Ainsi me brave !
Mais dans mes fers il reviendra,
Car je l'ai dit et ce sera !

JOLI-CŒUR.

Oui, le plus brave
N'est qu'un esclave
Que toujours l'amour soumettra,
Et dans vos chaînes me voilà.

GUILLAUME.

Moi, son esclave,
Je deviens brave ;
Mon talisman me sauvera
D'un rival tel que celui-là.

SCÈNE IX.

Les précédens ; soldats arrivant par le fond ; Jeannette, et gens du village qui la suivent.

FINAL.

CHOEUR DE SOLDATS, s'adressant à Joli-Cœur.

C'est un ordre du capitaine,
Qui vient d'arriver à l'instant :
Le voici ! lisez, mon sergent.

JOLI-COEUR, prenant la lettre qu'on lui présente.

(Il lit.)

Voyons !... O ciel ! à la ville prochaine
Nous allons tenir garnison !
Et nous partons dès demain !

GUILLAUME, à part, se frottant les mains.

C'est très bon !

ENSEMBLE.

CHOEUR DE SOLDATS.

Ah ! quel malheur ! ah ! quel dommage !
De garnison changer toujours !

ACTE I, SCÈNE IX.

(Regardant les jeunes filles.)

Nous quittons ce joli village
Et les objets de nos amours.

JEANNETTE et les jeunes filles.

Quel contre-temps et quel dommage
De garnison changer toujours !
Ils vont quitter notre village,
Et nous l'objet de nos amours.

JOLI-COEUR.

Quel contre-temps ! morbleu ! j'enrage !
De garnison changer toujours !
On n'aime pas, quoique volage,
A quitter de nouveaux amours.

GUILLAUME.

Ah ! quel bonheur ! quel avantage !
Il s'éloigne de ce séjour
Et je reste dans ce village
Près de l'objet de mon amour.

TÉRÉZINE, avec dépit.

Quoi ! de mes fers il se dégage,
Il oublie ainsi son amour !
C'est un affront, c'est un outrage !
Je veux m'en venger à mon tour.

JOLI-COEUR, à Térézine.

Vous l'entendez ; demain, ma reine.

TÉRÉZINE, souriant.

Il faut partir !

JOLI-COEUR.

Du moins j'ai vos sermens.

TÉRÉZINE.

Sans doute !

JOLI-COEUR.

Et cette main doit s'unir à la mienne !

TÉRÉZINE, riant.

Je l'ai promis !

JOLI-CŒUR.

Qu'importe alors le temps !

TÉRÉZINE ET GUILLAUME.

Que veut-il dire ?

JOLI-CŒUR.

Adorable maîtresse,
Puisque demain matin l'honneur et le devoir
M'appellent loin de vous, tenez votre promesse,
Aujourd'hui même et dès ce soir !

GUILLAUME, vivement et avec crainte.

Aujourd'hui même !

TÉRÉZINE, l'observant à part.

Il se trouble !

GUILLAUME, de même.

Et dès ce soir !

TÉRÉZINE, de même.

Quel embarras !

(S'adressant à Joli-Cœur, en regardant toujours Guillaume.)

Et pourquoi donc ? et pourquoi pas ?

(A part.)

C'est charmant ! son trouble redouble !

JOLI-CŒUR.

J'y puis compter ! vous l'avez dit.

TÉRÉZINE, lui répondant sans l'écouter, et regardant toujours Guillaume avec une joie maligne.

Oui vraiment.

JOLI-CŒUR.

Dès ce soir.

ACTE I, SCÈNE IX.

TÉRÉZINE, de même.

Oui vraiment.

JOLI-COEUR.

A minuit.

GUILLAUME, à part.

Dieu! quel parti prendre, et que faire?

TÉRÉZINE, regardant toujours Guillaume avec satisfaction.

Dans mes chaînes il reviendra!
Je l'avais dit: et l'y voilà!

JOLI-COEUR.

Elle est à moi! quel sort prospère!

GUILLAUME, se désespérant.

L'épouser dès ce soir! O funeste destin!
Quand elle doit, hélas! ne m'aimer que demain!

ENSEMBLE.

CHOEUR DE SOLDATS.

Ah! quel bonheur! un mariage!
Nous resterons encore un jour!
Il nous reste dans ce village
Un jour de plaisir et d'amour.

JEANNETTE et les jeunes filles.

Ah! quel bonheur! un mariage!
Ils resteront encore un jour!
Et c'est encor pour le village
Un jour de plaisir et d'amour.

JOLI-COEUR.

Quel sort heureux! quel doux partage!
La beauté me cède toujours:
Et dès ce soir l'hymen m'engage
Avec l'objet de mes amours.

TÉRÉZINE.

Oui ! j'ai ressaisi l'avantage !
De lui je triomphe à mon tour.
Le voilà, cet amant volage ;
A mes pieds il est de retour.

GUILLAUME.

Non, plus d'espoir, plus de courage !
Je perds l'objet de mes amours.
Hélas ! pour détourner l'orage
A quel moyen avoir recours ?

JOLI-CŒUR.

Soldats ! habitans du village,
Je vous invite tous à ce doux mariage !
Car nous aurons avant le moment nuptial
Et le festin et le bal !

CHŒUR GÉNÉRAL.

Il nous invite tous à ce doux mariage !

CHŒUR DE SOLDATS.

Nous aurons un festin !

CHŒUR DE JEUNES FILLES.

Et nous aurons un bal !

ENSEMBLE.

SOLDATS.

Ah ! quel bonheur ! un mariage, etc.

JEUNES FILLES.

Ah ! quel bonheur ! un mariage, etc.

JOLI-CŒUR.

Quel sort heureux, etc.

TÉRÉZINE.

Oui, j'ai ressaisi l'avantage, etc.

GUILLAUME.

Non, plus d'espoir, plus de courage !
Je perds l'objet de mes amours.
Hélas ! pour détourner l'orage
A quel moyen avoir recours ?

(Joli-Cœur offre la main à Térézine, et entre avec elle dans la ferme. Les soldats, les gens du village les suivent. Guillaume est de l'autre côté, seul et désespéré. Térézine jette un dernier regard sur lui. La toile tombe.)

FIN DU PREMIER ACTE.

ACTE DEUXIÈME.

Un autre endroit du village. A droite, la maison de Térézine, vue d'un autre côté. A gauche, la caserne et une auberge. Au lever du rideau, une grande table est dressée à droite, et l'on voit assis et mangeant, Térézine, Joli-Cœur et Jeannette, le docteur Fontanarose et autres habitans du village; des jeunes gens et des jeunes filles, qui n'ont pu trouver place à table, dansent au milieu, tandis qu'à gauche les musiciens du régiment, montés sur une estrade, jouent des fanfares.

SCÈNE PREMIÈRE.

TÉRÉZINE, JOLI-COEUR, JEANNETTE, FONTANA-ROSE, JEUNES FILLES, SOLDATS.

CHŒUR.

Chantons ce mariage
Et leur félicité!
Dans ce jour le courage
S'unit à la beauté.

FONTANAROSE, à table et mangeant.

Plaisirs doux et précoces,
Qui ne nous trompent pas.
Moi, ce que j'aime dans les noces,
Ce sont les grands repas!

TÉRÉZINE, regardant autour d'elle, à part et avec inquiétude.

Mais Guillaume ne paraît pas.

CHOEUR.

Chantons ce mariage
Et leur félicité !
Dans ce jour le courage
S'unit à la beauté.

JEANNETTE, se levant de table et s'avançant près de Térézine avec plusieurs de ses compagnes.)

PREMIER COUPLET.

Habitans du bord de l'Adour,
Vous savez que sur ce rivage
On parle toujours sans détour ;
Du pays Basque c'est l'usage !
Des fillettes de ce village
Interprète pour un moment,
Je viens, dans mon simple langage,
Vous adresser leur compliment.
Que le ciel vous donne en présent
Paix et bonheur en mariage,
Et qu'il nous en arrive autant !

DEUXIÈME COUPLET.

(Lui présentant un bouquet.)

Que la mariée en ce jour
Joigne à sa parure nouvelle,
Comme gage de notre amour,
Ces fleurs qui sont moins fraîches qu'elle !
D'une destinée aussi belle,
Que l'avenir est séduisant !
Et tout bas, chaque demoiselle
Dit comme moi dans ce moment...
Que le ciel vous donne en présent

Un époux aimable et fidèle,
Et qu'il nous en envoie autant !

FONTANAROSE, se levant et s'adressant aux mariés.

Puisque l'on chante ici, couple aimable et fidèle,
Je veux aussi payer mon écot en chansons.

(Tirant de sa poche plusieurs petits livrets brochés.)

De mon recueil voici la plus nouvelle ;
Avec la mariée ici nous la dirons.

(Remettant un des livrets à Térézine et lui indiquant l'endroit où il faut chanter.)

Le Sénateur, la Gondolière !
Barcarolle à deux voix et chanson étrangère !
Je fais le sénateur, et vous la gondolière.

PREMIER COUPLET.

« Je suis riche, vous êtes belle,
« J'ai des écus, vous des appas !
« Pourquoi, Zanetta la cruelle,
« Pourquoi ne m'aimeriez-vous pas ?

TÉRÉZINE.

« Quelle surprise
« Et quel honneur !
« Un sénateur
« De Venise
« D'amour venir me supplier !...
« Mais je suis gondolière,
« Et je préfère
« Zanetto le gondolier !

ENSEMBLE.

TÉRÉZINE.

« Non, non, c'est trop d'honneur,
« Monsieur le sénateur.

FONTANAROSE.

« Allons, plus de rigueur ;
« Écoute un sénateur.

DEUXIÈME COUPLET.

FONTANAROSE.

« Emmène-moi sur ta gondole,
« Mes trésors charmeront tes jours !
« L'amour est léger... il s'envole !
« Mais les ducats restent toujours !

TÉRÉZINE.

« Quelle surprise
« Et quel honneur !
« Un sénateur
« De Venise
« A son sort veut me lier !
« Mais je suis gondolière,
« Et je préfère
« Zanetto le Gondolier.

ENSEMBLE.

TÉRÉZINE.

« Non, non, c'est trop d'honneur,
« Monsieur le sénateur.

FONTANAROSE.

« Allons, plus de rigueur,
« Écoute un sénateur. »

(On danse, et à la fin du ballet paraît un tabellion, le contrat à la main.)

JOLI-COEUR.

O doux aspect! c'est monsieur le notaire
Qui vient pour nous prêter son noble ministère!

(Tout le monde se lève)

TEREZINE, avec dépit, regardant autour d'elle, à part.

Guillaume n'est pas là!... quel serait son dépit!

JOLI-COEUR.

Qu'avez-vous?

TÉRÉZINE.

(A part.)

Rien! Mais son absence
De ma juste vengeance
Me fait perdre tout le fruit.

(Joli-Cœur lui offre la main et l'emmène pendant que, malgré elle, Térézine regarde toujours si Guillaume ne vient pas.)

CHOEUR.

Chantons ce mariage
Et leur félicité!
Dans ce jour le courage
S'unit à la beauté.

(Ils entrent tous dans la maison de Térézine; il ne reste en scène que Fontanarose qui, demeuré seul à table, continue à boire et à manger avec la même activité.)

SCÈNE II.

FONTANAROSE, A TABLE, GUILLAUME, AU FOND DU THÉATRE.

GUILLAUME.

Voici le soir! l'heure s'avance!
A quel moyen avoir recours?
Malheureux et sans espérance,

ACTE II, SCÈNE II.

Je n'ai plus qu'à finir mes jours!

FONTANAROSE, à table, et fredonnant l'air qu'il vient de chanter.

« Allons, plus de rigueur,
« Écoute un sénateur. »

GUILLAUME, l'apercevant et courant à lui.

Quoi! c'est vous, dans cette demeure!

FONTANAROSE.

A dîner l'on m'a retenu,
Et je repars dans un quart d'heure.

GUILLAUME, avec chaleur.

Mon cher ami, je suis perdu!

FANTANAROSE, la bouche pleine et sans se retourner.

Pourquoi donc?

GUILLAUME.

Il faut que l'on m'aime
Avant ce soir, à l'instant même!
En savez-vous le moyen?

FONTANAROSE.

Oui vraiment!
Si vous voulez qu'on vous adore,
Il faut doubler la dose et m'acheter encore
Quelques nouveaux flacons de ce philtre puissant.

GUILLAUME.

Et l'on m'aimera sur-le-champ?

FONTANAROSE.

Je le crois bien! les vertus en sont telles
Qu'après cela, même sans le vouloir,
Vous plairez à toutes les belles.

GUILLAUME, vivement.

Dès ce soir même?

FONTANAROSE.

Dès ce soir.

GUILLAUME, l'embrassant.

Ah! ce seul mot me rend à l'existence;
Donnez vite, donnez.

FONTANAROSE.

Jamais je ne balance
Dès qu'il faut obliger... Avez-vous de l'argent?

GUILLAUME, naïvement.

Je n'en ai plus.

FONTANAROSE, froidement.

C'est différent!

(Montrant l'auberge à gauche.)

Dès que vous en aurez, c'est là qu'est ma demeure.
Hâtez-vous, je l'ai dit : je pars dans un quart d'heure.

(Il entre dans l'auberge.)

SCÈNE III.

GUILLAUME, puis JOLI-COEUR, sortant de l'auberge a droite.

GUILLAUME.

De désespoir je reste anéanti.

JOLI-COEUR, à part et avec fatuité.

Que la femme est un être inexplicable et tendre!
Tout est prêt, elle m'aime, et veut encore attendre
A ce soir pour signer!

ACTE II, SCÈNE III.

GUILLAUME, à part, regardant Joli-Cœur.

Voilà donc son mari !

(S'arrachant les cheveux.)

De rage j'en mourrai !

JOLI-COEUR, l'apercevant, à part.

Qu'a donc cet imbécile ?

(Haut.)

Approche, mon garçon, pourquoi te désoler ?

GUILLAUME, tristement.

Quand on a besoin d'or, il est si difficile
D'en trouver...

JOLI-COEUR.

Pourquoi donc ? Tu n'as qu'à t'enrôler.

DUO.

JOLI-COEUR.

Si l'honneur a pour toi des charmes,
Viens dans nos rangs, n'hésite plus.
Aux héros qui prennent les armes
J'offre la gloire et vingt écus !

GUILLAUME.

Quoi ! l'on trouve en prenant les armes
L'honneur, la gloire et vingt écus ?

JOLI-COEUR.

Et les amours, qui d'ordinaire
Suivent toujours le militaire.

GUILLAUME.

Et vingt écus ?

JOLI-COEUR.

Oui, vingt écus !

ENSEMBLE.

JOLI-CŒUR.

Oui, tu peux m'en croire,
Au son du tambour
T'invitent la gloire,
Ainsi que l'amour.
  Tout pour la gloire !
  Tout pour l'amour !

GUILLAUME.

Ah ! loin de le croire,
Je songe en ce jour,
Non pas à la gloire,
Mais à mon amour.
  Rien pour la gloire !
  Tout pour l'amour !

JOLI-CŒUR.

Eh quoi ! des périls de la guerre
Ton cœur serait-il alarmé ?

GUILLAUME, à part.

L'existence doit être chère
Quand on est si près d'être aimé.

(Haut.)

N'importe.

JOLI-COEUR.

Il y consent.

(Il tire un papier de sa poche et écrit l'engagement sur la table à droite.

GUILLAUME, pendant ce temps, s'avance au bord du théâtre.

Oui, je sais que la vie
Dès demain peut m'être ravie.
Mais je dirai : pendant un jour,
Pendant un jour, j'eus son amour !

Et n'est-ce rien qu'un jour
De bonheur et d'amour ?

JOLI-COEUR, qui a achevé d'écrire.

Tout est prêt, et tu peux m'en croire,
Tu trouveras, n'hésite plus,
Et l'amour et la gloire.

GUILLAUME.

La gloire et vingt écus.

JOLI-COEUR, les lui donnant.

Les voilà !

GUILLAUME.

Je les tiens !
Pour moi c'est le premier des biens.

JOLI-COEUR.

Signe !

(Voyant qu'il hésite.)

Ou bien fais ta croix.

GUILLAUME, faisant sa croix.

De grand cœur ! à l'instant.

(A part, montrant l'auberge à gauche.)

Et courons retrouver le docteur qui m'attend.

ENSEMBLE.

JOLI-COEUR.

Ah ! quel bonheur ! il est à moi,
Le voilà donc soldat du roi.
Victoire ! victoire !
Au son du tambour
T'invitent la gloire,
Ainsi que l'amour.
Tout pour la gloire !
Tout pour l'amour !

GUILLAUME.

Ah ! quel bonheur ! elle est à moi ;
Je vais donc obtenir sa foi.
   Victoire ! victoire !
   Il faut dans ce jour
   Songer à la gloire
   Ainsi qu'à l'amour.
    Tout pour la gloire !
    Tout pour l'amour !

(Guillaume entre dans l'auberge à gauche.)

SCÈNE IV.

JOLI-COEUR, PUIS JEANNETTE ET LES JEUNES FILLES DU VILLAGE, QUI ARRIVENT PAR LE FOND.

CHOEUR.

JEANNETTE et les jeunes filles causant vivement entre elles.

Grands dieux ! quelles nouvelles !
Qui jamais les croirait ?
Surtout, mesdemoiselles,
Gardez bien le secret !

JOLI-COEUR.

Eh ! mais qu'avez-vous donc ?

TOUTES.

      Ah ! c'est une aventure
Qui nous étonne bien !

JOLI-COEUR.

Parlez, je vous conjure !

TOUTES.

Mais vous n'en direz rien.

ACTE II, SCÈNE IV.

JOLI-CŒUR.

Pas plus que vous, sans doute;
Parlez, je vous écoute.
Eh bien! eh bien!...

TOUTES.

Grands dieux! quelles nouvelles!
Qui jamais les croirait?
Surtout, mesdemoiselles,
Gardez bien le secret!

JEANNETTE, à Joli-Cœur, qui la regarde avec impatience.

C'est Thomas, le mercier, qui revient à l'instant,
Apportant de la ville un important message.
Guillaume avait un oncle...

TOUTES, gaîment.

Il est mort!

JOLI-CŒUR.

Ah! vraiment!

JEANNETTE.

Et lui laisse en mourant un immense héritage!

TOUTES.

D'ici c'est le plus riche!

JEANNETTE.

Est-ce heureux!

JOLI-CŒUR, avec indifférence.

Fort heureux!
Mais je vous quitte, et pour mon mariage
Je vais tout disposer. Sous les armes, je veux
Que mes soldats, ce soir, rendent hommage
A mon épouse, à moi! Sans adieux.

TOUTES.

Sans adieux !

(Joli-Cœur sort.)

CHŒUR.

Pour nous quelles nouvelles !
Qui jamais les croirait ?
Surtout, mesdemoiselles,
Le plus profond secret !

SCÈNE V.

JEANNETTE, LES JEUNES FILLES, GUILLAUME, SORTANT DE L'AUBERGE A GAUCHE.

JEANNETTE, aux jeunes filles, en leur montrant Guillaume.

Il ne sait rien encore ! le voilà !... taisons-nous !

GUILLAUME, à part.

Mes lèvres ont pressé ce breuvage si doux
Qui fait que la beauté vous préfère et vous aime !
Et le docteur qui va partir
Pour moi prétend qu'à l'instant même
Ses effets merveilleux vont se faire sentir.

JEANNETTE, et les jeunes filles, lui faisant l'une après l'autre la révérence.

Monsieur Guillaume, vot' servante !

(À part, le regardant avec bienveillance.)

Ah ! qu'il a l'air aimable et bon !
De son bonheur je suis contente.
Ah ! la fortune a bien raison !

GUILLAUME, les regardant d'un air étonné.

Mais quel air gracieux et tendre !
Dans leurs regards que de douceur !
D'honneur ! je n'y puis rien comprendre.
Eh ! mais... j'y pense !... le docteur.
M'assurait qu'à toutes les belles
J'allais plaire sans le vouloir,
Et de ce philtre le pouvoir
Agirait-il déjà sur elles ?

(Plusieurs jeunes filles a droite, lui faisant la révérence.)

Monsieur Guillaume !

GUILLAUME.

Quel embarras !

LES AUTRES, à gauche, de même.

Monsieur Guillaume !

GUILLAUME.

Que faire ? hélas !

ENSEMBLE.

TOUTES ENSEMBLE, lui faisant la révérence.

Monsieur Guillaume, vot' servante !
Ah ! qu'il a l'air aimable et bon !
De son bonheur je suis contente
Ah ! la fortune a bien raison !

GUILLAUME, les regardant.

Non, non, non, plus d'incertitude.
Ah ! c'est bien cela, je le vois.
Moi qui n'en ai pas l'habitude,
C'est trop de bonheur à la fois !

SCÈNE VI.

GUILLAUME, et les jeunes filles qui l'entourent; FONTANAROSE, le chapeau sur la tête, prêt a partir, sortant de l'auberge a gauche, et TÉRÉZINE de la ferme a droite avec JOLI-COEUR, qui la quitte en lui baisant la main, et traverse le théatre; Térézine s'approche alors du groupe des jeunes filles.

FONTANAROSE ET TEREZINE, chacun de leur côté, apercevant Guillaume au milieu des jeunes filles.

Eh! mais, que vois-je?

GUILLAUME, apercevant Fontanarose et courant à lui.

Ah! c'est magique!
Vous m'aviez dit vrai, cher docteur,
Et par un effet sympathique
J'ai déjà su toucher leur cœur!

TEREZINE, à part et sans se montrer.

Qu'entends-je! ô ciel!

FONTANAROSE, à part, et avec étonnement.

L'aventure est unique!

(Allant à Jeannette et aux jeunes filles, et leur montrant Guillaume.)

Est-il possible! il vous plaît!

JEANNETTE, et les jeunes filles, faisant la révérence.

Mais oui-dà!
Monsieur Guillaume est bien fait pour cela!

QUATUOR.

ENSEMBLE.

FONTANAROSE.

O miracle ! ô surprise extrême !
Ai-je dit vrai sans le vouloir ?
Me serais-je abusé moi-même
Sur ce philtre et sur son pouvoir ?

TEREZINE, à part, et sans se montrer.

Qu'ai-je entendu ? surprise extrême !
Je le croyais au désespoir,
Et je vois que chacune l'aime.
Non, je n'y puis rien concevoir.

JEANNETTE.

O bonheur ! ô surprise extrême !
Il est riche sans le savoir !
J'en suis sûre, c'est moi qu'il aime,
Et de l'épouser j'ai l'espoir.

GUILLAUME.

O miracle ! ô bonheur extrême !
Grâce à ce magique pouvoir,
Il est donc vrai qu'enfin l'on m'aime ;
Mon cœur bat d'amour et d'espoir.

JEANNETTE, à Guillaume.

On danse là-bas sous l'ombrage.
Y viendrez-vous ?

GUILLAUME.

Cela me plaît assez.

JEANNETTE.

Est-ce avec moi que vous dansez ?

TOUTES.

C'est avec moi !
C'est avec moi !

JEANNETTE.

Non, c'est moi qu'il engage.

TOUTES.

C'est moi !
C'est moi !
C'est moi !

GUILLAUME, à Fontanarose

Quel embarras !
Chacune m'invite à la ronde,
Et quoiqu'on veuille, on ne peut pas
Danser avec tout le monde !

JEANNETTE, et les autres.

Prononcez ! choisissez !

GUILLAUME, avec embarras.

Eh ! mais...

(A Jeannette.)

Vous d'abord, les autres après !

FONTANAROSE.

Dieu quel danseur !

ENSEMBLE.

JEANNETTE.

Ah ! j'ai la préférence :
C'est moi qu'il veut choisir.
Livrons-nous à la danse.
Livrons-nous au plaisir.

LES AUTRES JEUNES FILLES.

Elle a la préférence ;
Mais mon tour va venir.
Livrons-nous à la danse,
Livrons-nous au plaisir.

ACTE II, SCÈNE VI.

GUILLAUME.

Ah ! mon bonheur commence ;
Quel heureux avenir !
Livrons-nous à la danse,
Livrons-nous au plaisir.

FONTANAROSE.

Pour moi quelle opulence !
Quel heureux avenir !
De ma propre science
Je ne puis revenir.

TÉRÉZINE.

Que de frais, de dépenses !
Il n'a plus qu'à choisir.
On lui fait des avances ;
Je n'en puis revenir.

(Guillaume, entraîné par Jeannette et les jeunes filles, va pour sortir ; il aperçoit Térézine qui s'avance vers lui ; il s'arrête.)

TÉRÉZINE, allant à lui

Guillaume ! un seul mot !

GUILLAUME, ravi et à part.

Dieu ! qu'entends-je !

Elle aussi !

TÉRÉZINE.

Joli-Cœur m'apprend
Que vous vous engagez !

JEANNETTE.

Ah ! quel projet étrange !

TÉRÉZINE.

Je veux à ce sujet vous parler !

GUILLAUME, vivement.

Sur-le-champ !

JEANNETTE, le tirant par le bras de l'autre côté.

Et la danse!

GUILLAUME, à Térézine, montrant les jeunes filles.

Pardon! j'ai promis; l'on m'attend!
Mais près de vous prompt à me rendre,
Je vais danser bien vite et reviens à l'instant!

(A part, en montrant Térézine.)

Je devine déjà ce qu'elle veut m'apprendre!

(La regardant.)

Elle aussi! quel bonheur!

(A part.)

Je reviens!... C'est charmant!

JEANNETTE, et les jeunes filles.

Partons donc!

ENSEMBLE.

JEANNETTE.

Ah! j'ai la préférence,
C'est moi qu'il veut choisir,
Livrons-nous à la danse,
Livrons-nous au plaisir.

LES JEUNES FILLES.

Elle a la préférence;
Mais mon tour va venir.
Livrons-nous à la danse,
Livrons-nous au plaisir.

GUILLAUME.

Ah! mon bonheur commence,
Quel heureux avenir!
Livrons-nous à la danse,
Livrons-nous au plaisir.

FONTANAROSE.

Pour moi quelle opulence !
Quel heureux avenir !
De ma propre science
Je ne puis revenir.

TÉRÉZINE.

Que de frais, de dépenses !
Il n'a plus qu'à choisir.
On lui fait des avances ;
Je n'en puis revenir.

(Guillaume sort par la gauche au milieu des jeunes filles qui l'entourent, et pendant toute la scène suivante on entend dans le lointain une musique de bal.)

SCÈNE VII.

TÉRÉZINE, FONTANAROSE.

TÉRÉZINE, regardant sortir Guillaume.

Qu'il a l'air content et joyeux !

FONTANAROSE, se rengorgeant.

Grâce à mon art miraculeux !

TÉRÉZINE.

Comment cela ?

FONTANAROSE.

D'une beauté cruelle
Il était amoureux !... je ne sais pas laquelle.

TÉRÉZINE, vivement.

Il aimait !

FONTANAROSE.

(Montrant un flacon.)

Sans espoir, et ce philtre puissant

L'a fait de tout le monde adorer sur-le-champ.
Vous l'avez vu!

TEREZINE, souriant.

Je vois que c'est un badinage.

FONTANAROSE.

Non pas! car ce secret par lui fut acheté
Au prix de tout son or et de sa liberté.

TEREZINE, étonnée.

Quoi! c'est pour cela qu'il s'engage!

FONTANAROSE.

Oui, pour se faire aimer de celle qu'il aimait;
Et pour payer ce trésor impayable,
Il s'est enrôlé!

TEREZINE, à part et avec émotion.

Lui que mon cœur dédaignait?
Tant d'amour!... d'amour véritable!

FONTANAROSE, s'approchant d'elle et offrant des flacons.

En voulez-vous? pour cause de départ
Je le vendrai moins cher!

TEREZINE, regardant à gauche et à part.

C'est lui! je crois l'entendre.
A mes ordres il vient se rendre!
Pauvre garçon!

FONTANAROSE.

Eh bien!

TÉRÉZINE.

Nous verrons! mais plus tard.

(Fontanarose rentre dans l'auberge, et Guillaume paraît au fond venant de la gauche.)

SCÈNE VIII.

GUILLAUME, TÉRÉZINE.

GUILLAUME.

Oh! c'est miraculeux! tout le monde m'adore!
On me le dit, du moins; et les filles d'ici
    Me veulent toutes pour mari.

TÉRÉZINE.

Et vous, Guillaume?

GUILLAUME.

          Et moi j'attends encore...

(La regardant et à part.)

Un bonheur... qui bientôt viendra!

TÉRÉZINE.

Écoutez-moi, de grâce!

GUILLAUME, *avec satisfaction.*

        Enfin, nous y voilà!

TÉRÉZINE.

Je sais que vous vouliez, dans votre ardeur guerrière,
    Vous enrôler! Pourquoi? dites-le-moi.

DUO.

GUILLAUME.

Je voulais partir pour la guerre,
Et de mon mieux servir le roi,
Puisque c'était, dans ma misère,
Le seul qui voulût bien de moi!

TÉRÉZINE.

Votre existence nous est chère,

Ainsi que votre liberté !
Cet engagement téméraire
Le voici !... je l'ai racheté.

(Elle lui montre un papier.)

GUILLAUME.

Que de bonté !... quoi ! c'est vous-même...

(A part.)

Mais c'est tout simple quand on aime !
Et c'est cela !... c'est bien cela.

TÉRÉZINE.

Je vous le rends !... le voilà !

(Elle lui présente le papier; en le prenant Guillaume rencontre la main de Térézine qui la retire avec émotion.)

GUILLAUME, la regardant avec amour.

Oui, je crois voir, douce espérance !
Trembler sa main, battre son cœur :
Philtre divin ! déjà commence
Et ton pouvoir et mon bonheur !

TÉRÉZINE.

Adieu !

GUILLAUME.

(Avec embarras.)

Vous me quittez !... Vous avez, je suppose,
Autre chose à me dire encore.

TÉRÉZINE.

Moi ! non !

GUILLAUME, avec effroi.

Eh quoi ! pas autre chose !...

TÉRÉZINE.

Pas autre chose.

ACTE II, SCÈNE VIII.

GUILLAUME, atterré.

(Lui rendant le papier.)

O ciel! je m'abusais! Qu'importe alors mon sort!
Si je ne suis aimé, je préfère la mort.

ENSEMBLE.

GUILLAUME.

Mieux vaut mourir
Que de souffrir
Tous les tourmens
Que je ressens.

TEREZINE, à part.

Il veut partir;
C'est trop souffrir:
Tous ses tourmens,
Je les ressens.

GUILLAUME.

Ainsi ce talisman, pour toute autre infaillible,
Sur elle est sans pouvoir! elle reste insensible!
Adieu! je pars, et puisque le docteur
M'a trompé...

TEREZINE, le retenant avec tendresse.

Non!... non, si j'en crois mon cœur!

ENSEMBLE.

GUILLAUME.

Dieu! que viens-je d'entendre!
O moment enchanteur!
Ce mot vient de me rendre
La vie et le bonheur.
Près de ce que j'adore
Je demeure en ces lieux;
Et le ciel que j'implore
A comblé tous mes vœux.

TÉRÉZINE.

Je ne puis m'en défendre ;
Ses tourmens, sa douleur,
Et cet amour si tendre
Ont su toucher mon cœur.
De l'amant qui m'adore
Comblons enfin les vœux.
C'est être heureuse encore
Que de le rendre heureux.

(A la fin de cet ensemble, qui est sur un mouvement de marche militaire, on voit à gauche arriver Fontanarose, Jeannette et tous les habitans du village, et à droite paraître Joli-Cœur, qui marche devant ses soldats en tournant le dos à Térézine.)

JOLI-COEUR, à ses soldats et réglant le pas.

Une, deux ! une, deux !
Halte-front ! présentez les armes !

(Il se retourne et aperçoit Guillaume qui dans ce moment vient de se jeter aux pieds de Térézine.)

Ah ! grands dieux !
Je rends à mon rival les honneurs militaires !

TEREZINE, allant à Joli-Cœur.

Vous saurez tout, sergent !

(Elle continue à lui parler bas ; elle a l'air de se justifier en lui racontant ce qui est arrivé ; Joli-Cœur relève sa cravate d'un air avantageux, et semble dire, en regardant Jeannette, qu'il ne manquera pas de consolations. Pendant ce temps, Guillaume, qui a aperçu Fontanarose, se lève, court à lui et lui saute au cou.)

GUILLAUME.

O philtre merveilleux !
Par lui je suis aimé, par lui je suis heureux !

FONTANAROSE, avec fatuité.

De mon art ce sont là les effets ordinaires !

(Montrant Jeannette.)

De plus, mon jeune ami, j'apprends que vous voilà
Très riche !

ACTE II, SCÈNE VIII.

TÉRÉZINE, *étonnée.*

Est-il vrai ?

GUILLAUME, *avec indifférence.*

(*Montrant Térézine.*)

Riche !... ah ! je l'étais déjà !

FONTANAROSE, *se tournant vers les paysans.*

Car ce philtre, messieurs, que pour rien je vous laisse,
Ce philtre peut aussi procurer la richesse.

TOUS, *l'entourant.*

Donnez, donnez-m'en sur-le-champ !
Voilà, voilà mon argent.

FONTANAROSE, *faisant sonner les pièces de monnaie qui sont dans son chapeau.*

O philtre tout-puissant !
Je disais bien qu'il donnait la richesse.

(*En ce moment le cabriolet du charlatan paraît au milieu du théâtre.*)

FONTANAROSE.

Adieu, soyez heureux !... Adieu, mes bons amis !
Je reviendrai dans ce pays.

(*Il monte sur son cabriolet.*)

ENSEMBLE.

CHOEUR.

Honneur ! honneur
A ce savant docteur !
Je lui dois la richesse,
Je lui dois le bonheur.

GUILLAUME.

Je lui dois ma maîtresse,
Je lui dois le bonheur.

TÉRÉZINE.

Je lui dois sa tendresse,
Je lui dois le bonheur.

JOLI-COEUR.

Oui, pour une traîtresse
Qui trahit mon ardeur,
Plus d'une autre maîtresse
Me rendra le bonheur.

TOUS.

Honneur, honneur à ce savant docteur !

(Le charlatan est sur son char; son valet sonne de la trompette; tous les villageois agitent leurs chapeaux et le saluent. La toile tombe.)

FIN DU PHILTRE.

ROBERT-LE-DIABLE,

OPÉRA EN CINQ ACTES,

Représenté pour la première fois sur le théâtre de l'Académie royale de musique, le 21 novembre 1831, et repris le 20 juillet 1832.

EN SOCIÉTÉ AVEC M. G. DELAVIGNE.

MUSIQUE DE M. J. MEYERBEER.

PERSONNAGES.

ROBERT, duc de Normandie.
BERTRAM, son ami.
RAIMBAUT, paysan normand.
Un Ermite.
Un Majordome du roi de Sicile.
Un Héraut d'armes.
Chevaliers et Ermites.
LE ROI DE SICILE.
LE PRINCE DE GRENADE.
Un Héraut d'armes.
LE CHAPELAIN de Robert.
Fugitifs.
ISABELLE, princesse de Sicile.
ALICE, paysanne normande.
HÉLÉNA, supérieure des nonnes.
Dame d'honneur d'Isabelle.
Chevaliers et Seigneurs.
Écuyers, Pages et Valets.
Ermites.
Nonnes.
Paysans et Paysannes.
Soldats du roi de Sicile.

La scène est en Sicile.

ALICE.

ÉLOIGNE-TOI, VA T'EN!

ROBERT-LE-DIABLE.

ACTE PREMIER.

Le théâtre représente le Lido avec le port de Palerme en vue. Plusieurs tentes élégantes sont placées sous l'ombrage des arbres. Pendant l'introduction on voit arriver, à plusieurs reprises, des barques d'où descendent des étrangers.

SCÈNE PREMIÈRE.

ROBERT, BERTRAM, LE CHAPELAIN DE ROBERT, CHEVALIERS, VALETS ET ÉCUYERS.

(Au lever du rideau Robert et Bertram sont à une table à gauche du spectateur ; plusieurs valets et écuyers sont occupés à les servir. A droite, une table où plusieurs chevaliers boivent ensemble.)

INTRODUCTION.

CHŒUR.

Versez à tasse pleine,
Versez ces vins fumeux,
Et que l'ivresse amène
L'oubli des soins fâcheux.
Au seul plaisir fidèles,
Consacrons-lui nos jours.
Le vin, le jeu, les belles,
Voilà nos seuls amours.

PREMIER CHEVALIER, à droite, regardant Robert.

Quels nombreux écuyers! quelles armes brillantes!

DEUXIÈME CHEVALIER.

Quel est cet étranger, ce seigneur opulent,
  Dont les tentes élégantes
 S'élèvent près de notre camp?
Qui l'amène en Sicile?

PREMIER CHEVALIER.

    Il y vient, j'imagine,
Pour assister comme nous aux tournois
 Que donne le duc de Messine.

ROBERT, le verre à la main, s'adressant aux chevaliers.

Illustres chevaliers, c'est à vous que je bois!

LE CHŒUR.

 Au seul plaisir fidèles,
 Consacrons-lui nos jours.
 Le vin, le jeu, les belles,
 Voilà nos seuls amours.

SCÈNE II.

Les précédens; un écuyer de Robert, puis RAIMBAUT.

L'ECUYER, s'adressant à Robert.

J'amène devant vous un joyeux pélerin
Qui, si vous le voulez, pourrait, par un refrain,
Égayer le repas de votre seigneurie.
Il arrive de France et de la Normandie.

ROBERT, vivement.

Quoi! de la Normandie?

BERTRAM, à voix basse.

Votre ingrate patrie !

(Pendant ce temps est entré Raimbaut.

ROBERT, à Raimbaut.

Approche !

(Lui donnant une bourse.)

Prends; dis-nous quelques récits.

RAIMBAUT.

Je vous dirai l'histoire épouvantable
De notre jeune duc, de ce Robert-le-Diable.

TOUS.

Robert-le-Diable !

RAIMBAUT.

Ce mauvais garnement à Lucifer promis,
Et qui pour ses méfaits s'exila du pays.

(Robert tire son poignard.)

BERTRAM, le retenant.

Y pensez-vous !...

ROBERT se retourne vers Raimbaut, et lui dit froidement.

Commence.

TOUS.

Écoutons, mes amis !

BALLADE.

RAIMBAUT.

PREMIER COUPLET.

Jadis régnait en Normandie
Un prince noble et valeureux.
Sa fille, Berthe la jolie,
Dédaignait tous les amoureux,

Quand vint à la cour de son père
Un prince au parler séducteur;
Et Berthe, jusqu'alors si fière,
Lui donna sa main et son cœur.
Funeste erreur! fatal délire!
Car ce guerrier était, dit-on,
Un habitant du sombre empire:
C'était... c'était un démon?

CHOEUR.

Ah! le conte est fort bon;
Comment ne pas en rire?
Quoi, c'était un démon?

RAIMBAUT.

Oui, c'était un démon!

DEUXIÈME COUPLET.

De cet hymen épouvantable
Vint un fils, l'effroi du canton!
Robert, Robert, le fils du diable,
Dont il porte déjà le nom.
Semant le deuil dans les familles,
En champ clos il bat les maris,
Enlève les femmes, les filles,
Et s'il paraît dans le pays...
Fuyez, fuyez, jeune bergère,
Car c'est Robert; il a, dit-on,
Les traits et le cœur de son père,
Et comme lui c'est un démon.

CHOEUR.

Ah! le conte est fort bon;

ACTE I, SCÈNE II.

Comment ne pas en rire?
Robert est un démon!

RAIMBAUT.

Oui, c'est un vrai démon?

ROBERT, qui jusque-là a cherché à modérer sa colère, se lève à la fin du deuxième couplet.

C'en est trop!... qu'on arrête un vassal insolent!
Je suis Robert!

RAIMBAUT, tombant à genoux.

Miséricorde!
Pardon, mon doux seigneur!

ROBERT.

Une heure je t'accorde!
Fais ta prière, et puis qu'on le pende à l'instant.

RAIMBAUT.

Grâce! grâce! je vous en prie!
J'arrive de la Normandie.
Avec ma fiancée, et nous venons tous deux
Remplir auprès de vous un message pieux!

ROBERT.

Ta fiancée?... attends. Sans doute elle est jolie!
Je me laisse attendrir, allons, pour ses beaux yeux,
Je te fais grâce de la vie;
Mais elle m'appartient, qu'on l'amène en ces lieux.
Chevaliers, je vous l'abandonne.

RAIMBAUT.

Hélas!

ROBERT.

Tais-toi, vassal, quand ma bonté pardonne,
Oses-tu bien encor murmurer?

RAIMBAUT.

       Malheureux!

ROBERT.

Écuyers, versez-nous ces vins délicieux!

ENSEMBLE.

ROBERT ET LES CHEVALIERS.

Au seul plaisir fidèles,
Consacrons-lui nos jours.
Le vin, le jeu, les belles,
Voilà nos seuls amours.

SCÈNE III.

Les précédens; ALICE, conduite par les pages de Robert.

ALICE.

Où me conduisez-vous ? par pitié, laissez-moi!

CHOEUR DES CHEVALIERS.

Qu'elle a d'attraits! qu'elle est jolie!
Allons, calmez un vain effroi.

ALICE.

Grâce! grâce, je vous supplie!

CHOEUR DES CHEVALIERS, montrant Raimbaut.

Non, non, il faut qu'il soit puni!
Non, point de pitié pour vos larmes!
Notre vengeance a trop de charmes
Pour que vous obteniez merci!

ALICE.

Plus d'espoir! ô peine cruelle!

ACTE I, SCÈNE III.

ROBERT, *reconnaissant Alice.*

Qu'entends-je? qu'ai-je vu? c'est elle!
Alice!

ALICE, *se jetant aux pieds de Robert.*

Ah! monseigneur, protégez-moi contre eux.

ROBERT.

Arrêtez! c'est Alice; respectez sa faiblesse.
Le même lait nous a nourris tous deux;
Je ne l'oublierai pas.

CHOEUR DES CHEVALIERS.

Tenez votre promesse;
Avez-vous oublié votre refrain joyeux?

ENSEMBLE.

LES CHEVALIERS.

Au seul plaisir fidèles,
Consacrons-lui nos jours.
Le vin, le jeu, les belles,
Voilà nos seuls amours.
Partons, amis, point d'imprudence,
N'excitons point un vain courroux;
Retirons-nous sans résistance,
Et plus tard nous reviendrons tous.

ROBERT.

Non, je prends sa défense;
Calmez un vain transport;
Malheur à qui l'offense!
Il recevra la mort.
Craignez d'exciter ma vengeance,
A mon ordre il faut obéir;
Retirez-vous sans résistance,
Ou mon bras saura vous punir.

(*Raimbaut et les chevaliers se retirent devant Robert qui les menace.*)

SCÈNE IV.

ROBERT, ALICE.

ALICE.

O mon prince ! ô mon maître !

ROBERT.

       Appelle-moi ton frère.
Banni par des sujets ingrats,
Je suis un exilé sur la rive étrangère.
J'ai cherché vainement la mort dans les combats ;
Mais toi, près de Palerme, ici, que viens-tu faire ?

ALICE.

J'y viens pour remplir un devoir.
Avec mon fiancé j'ai quitté ma chaumière,
J'ai suspendu l'hymen qui devait nous unir...

ROBERT.

Pourquoi ?

ALICE.

  Pour accomplir l'ordre de votre mère.

ROBERT.

Ma mère bien-aimée ! Ah ! parle, à son désir
  Je m'empresserai de me rendre.

ALICE.

Vous ne devez jamais la revoir ni l'entendre.

ROBERT.

O ciel !

ALICE.

  Elle n'est plus.

ROBERT.
Quoi! ma mère? ô tourment!

ROMANCE.

ALICE.

PREMIER COUPLET.

Va, dit-elle, va, mon enfant,
Dire au fils qui m'a délaissée
Qu'il eut la dernière pensée
D'un cœur qui s'éteint en l'aimant.
Adoucis sa douleur amère,
Il ne reste pas sans appui :
Dans les cieux comme sur la terre,
Sa mère va prier pour lui.

DEUXIÈME COUPLET.

Dis-lui qu'un pouvoir ténébreux
Veut le pousser au précipice ;
Sois son bon ange, pauvre Alice,
Il doit choisir entre vous deux.
Puisse-t-il fléchir la colère
Du Dieu qui m'appelle aujourd'hui,
Et dans les cieux suivre sa mère,
Sa mère qui priera pour lui !

ROBERT.
Je n'ai pu fermer sa paupière !

ALICE.
Elle m'a confié sa volonté dernière.
Un jour, a-t-elle dit,
Quand il en sera digne, il lira cet écrit.

(Alice se met à genoux et présente à Robert le testament de sa mère)

ROBERT.

Non, je ne le suis pas! non, je me fais justice!
Plus tard... Conserve encor ce dépôt, chère Alice.
Tout m'accable à la fois! en proie à la douleur,
Je nourris les tourmens d'une ardeur inutile.

ALICE.

Vous aimez?

ROBERT.

   Sans espoir. Connais tout mon malheur :
 De la princesse de Sicile
 Les charmes ont touché mon cœur;
 Je crus sa conquête facile,
Je la vis s'attendrir!... mais troublé, mais jaloux,
Je voulus l'enlever; j'osai braver son père;
De tous ces chevaliers je défiai les coups!

ALICE.

O ciel!

ROBERT.

 Je succombais, lorsque, dans la carrière,
Bertram, un chevalier, mon ami, mon sauveur,
 Aux plus hardis fit mordre la poussière;
Je lui dus la victoire et perdis le bonheur.

ALICE.

Eh quoi! la princesse Isabelle...

ROBERT.

Depuis je n'ai pu la revoir.

ALICE.

A ses premiers sermens elle sera fidèle.

ROBERT.

Et comment le savoir?

ACTE I, SCÈNE V.

ALICE.

Demandez-le vous-même ;
Écrivez !

ROBERT fait un signe : son chapelain sort de la tente et apporte ce qui est nécessaire pour écrire.

Tu le veux... mais qui le remettra ?...

ALICE.

Moi !
L'esprit vient aisément quand on sert ceux qu'on aime.

ROBERT, pendant le couplet d'Alice, dicte un billet au chapelain.

Mon ange tutélaire ! ah ! comment envers toi
Pourrai-je m'acquitter !...

ALICE.

Vous le pouvez sans peine.
De ce pauvre Raimbaut vous connaissez l'amour :
Souffrez qu'un saint homme en ce jour,
Près des rochers de Sainte-Irène
L'unisse avec moi sans retour !

ROBERT applique le pommeau de son épée sur le billet et le donne à Alice.

De grand cœur ! tiens.

SCÈNE V.

Les précédens ; BERTRAM vient d'entrer et s'approche de Robert.

ALICE, l'apercevant et faisant un geste de frayeur.

Quel est ce sombre personnage !

ROBERT.

Le chevalier Bertram, mon plus fidèle ami,
Pourquoi d'un air d'effroi le regarder ainsi?

ALICE, tremblante.

C'est qu'il est en notre village
Un beau tableau représentant
L'archange saint Michel qui terrasse Satan,
Et je trouve...

ROBERT.

Achevez! quel trouble est donc le vôtre?

ALICE, bas à Robert.

Qu'il ressemble...

ROBERT, souriant.

A l'archange.

ALICE, de même.

Eh! non vraiment... à l'autre.

ROBERT, bas.

(Haut.)
Quelle folie! Allez, et qu'un hymen heureux.
Ce soir, mes bons amis, vous unisse tous deux!

(Alice baise la main de Robert et sort.)

SCÈNE VI.

ROBERT, BERTRAM.

BERTRAM.

Quoi! tous deux les unir! à merveille! courage!
Ta nouvelle conquête est fort bien avec toi...

ACTE I, SCÈNE VI.

ROBERT.

Oui, par reconnaissance.

BERTRAM.

Ah! crois donc ce langage;
C'est le mot de tous les ingrats.

ROBERT.

Bertram, tu ne la connais pas?
Tais-toi, je crains ta funeste influence.
En moi j'ai deux penchans : l'un qui me porte au bien,
Naguère encor j'en sentais la puissance;
L'autre me porte au mal, et tu n'épargnes rien
Pour l'éveiller en moi.

BERTRAM.

Que dis-tu? quel délire!
Quoi! tu peux te méprendre au motif qui m'inspire?
Tu doutes de mon cœur?

ROBERT.

Non, non, tu me chéris;
Je le crois.

BERTRAM.

Oui, Robert, cent fois plus que moi-même.
Tu ne sauras jamais à quel excès je t'aime!

ROBERT.

Ne me donne donc plus que de sages avis.

BERTRAM.

A la bonne heure! et tiens, pour bannir la tristesse,
Mêlons-nous à ces chevaliers.
Tente le sort du jeu, partage leur ivresse :
Nous avons besoin d'or, qu'ils soient nos trésoriers!

ROBERT.

Oui, le conseil est bon.

SCÈNE VII.

ROBERT, BERTRAM, Chevaliers.

FINAL.

BERTRAM, aux chevaliers.

Le duc de Normandie
A vos plaisirs veut prendre part.

ROBERT.

Aux tournois, chevaliers, nous nous verrons plus tard.
C'est au jeu que je vous défie.

LES CHEVALIERS.

Nous sommes tous flattés de tant de courtoisie;
Allons, voyons pour qui doit pencher le hasard.

ROBERT.

L'or est une chimère,
Sachons nous en servir:
Le vrai bien sur la terre
N'est-il pas le plaisir?

TOUS.

Commençons.

(Pendant ce temps on a placé une table au milieu du théâtre, tous les joueurs l'entourent.)

ENSEMBLE.

ROBERT ET LES CHEVALIERS.

O fortune! à ton caprice,
Viens, je livre mon destin;
A mes désirs sois propice,
Et viens diriger ma main.

ACTE I, SCÈNE VII.

L'or est une chimère,
Sachons nous en servir :
Le vrai bien sur la terre
N'est-il pas le plaisir ?

BERTRAM.

Fortune, ou contraire, ou propice,
Qu'importe ton courroux !
Je brave ton caprice
Et je ris de tes coups.

(Pendant cet ensemble, on a commencé à faire rouler les dés.)

ROBERT.

J'ai perdu ; ma revanche ! allons, cent pièces d'or !

UN CHEVALIER.

A vous les dés.

ROBERT.

Quatorze ! ah ! cette fois, je pense,
De mon côté pourra tourner la chance.
Allons, allons, je perds encor !

BERTRAM.

Qu'importe ? va toujours !

ROBERT.

Nous mettons deux cents piastres !

BERTRAM.

Eh ! ce n'est pas assez ; cinq cents !

LES CHEVALIERS, à part.

Nous le tenons.

BERTRAM.

C'est ainsi qu'un joueur répare ses désastres.
Je suis sûr du succès !

ROBERT.

Ah ! grand Dieu ! nous perdons.

BERTRAM.

Console-toi,

Fais comme moi,
Plus de dépit;
Car tu l'as dit :
« L'or est une chimère,
« Sachons nous en servir :
« Le vrai bien sur la terre
« N'est-il pas le plaisir? »

ROBERT.

De son injustice cruelle
Je veux faire rougir le sort;
Contre vous tous je joue encor
Mes diamans et ma riche vaisselle.

LES CHEVALIERS.

Cela vraiment nous convient fort.

BERTRAM.

Il a raison : à quoi bon en voyage
S'embarrasser d'un semblable bagage?

ROBERT, suivant les dés.

O ciel! c'est fait de nous!

BERTRAM.

Console-toi,
Fais comme moi,
Plus de dépit;
Car tu l'as dit :
« L'or est une chimère,
« Sachons nous en servir :
« Le vrai bien sur la terre
« N'est-il pas le plaisir? »

ROBERT, frappant sur la table.

Et mes chevaux et mes armures!
C'est tout ce qui nous reste, et je veux l'exposer.

ACTE I, SCÈNE VII.

BERTRAM.

Et tu fais bien ; le sort contre qui tu murmures
N'attend que ce moment pour nous favoriser.

ROBERT, amenant les dés.

Seize !

BERTRAM.

Quel bonheur ! tu vois bien !...

LES CHEVALIERS, amenant les dés.

Dix-huit !

ROBERT.

O ciel ! je n'ai plus rien !

BERTRAM.

Ami, console-toi !

ROBERT.

Dans mon destin funeste
Je t'entraîne avec moi !

BERTRAM.

Notre amitié nous reste.

ROBERT, abattu.

Mes armes, mes coursiers ne m'appartiennent plus.

(A Bertram.)

Va leur livrer les biens que j'ai perdus.

(Bertram sort avec quelques chevaliers.)

ENSEMBLE.

ROBERT.

Malheur sans égal !
D'un sort infernal
L'ascendant fatal
Me poursuit, m'opprime ;

Craignez mon courroux !
Je puis sur vous tous
Me venger des coups
Dont je suis victime.

LES CHEVALIERS.

Voyez son courroux :
Du destin jaloux
Il maudit les coups,
Il jure, il blasphème.
Modérez, seigneur,
Cette folle ardeur :
Craignez ma fureur,
Et tremblez vous-même.

BERTRAM, rentrant.

Console-toi,
Fais comme moi,
Plus de dépit;
Car tu l'as dit :
« L'or est une chimère,
« Sachons nous en servir :
« Le vrai bien sur la terre
« N'est-il pas le plaisir ? »

FIN DU PREMIER ACTE.

ACTE DEUXIÈME.

Le théâtre représente une grande salle du palais. Au fond, une galerie donnant sur la campagne.

SCÈNE PREMIÈRE.

ISABELLE, SEULE.

Que je hais la grandeur dont l'éclat m'environne !
Des fêtes, des plaisirs, tout, hormis le bonheur !
Hélas ! mon père ordonne,
Et va livrer ma main sans consulter mon cœur,
Quand l'ingrat que je j'aimais, quand Robert m'abandonne.

CAVATINE.

En vain j'espère
Un sort prospéré ;
Douce chimère,
Rêves d'amour,
Avez fui sans retour.
D'espoir bercée,
Tendre pensée
S'est éclipsée
Comme un beau jour.

SCÈNE II.

ISABELLE, ALICE; QUELQUES JEUNES FILLES, PORTANT DES PÉTITIONS.

CHOEUR DE JEUNES FILLES, qui s'avancent vers la princesse.
Approchons sans frayeur !
(Elles remettent les pétitions.)
A la souffrance
Donne assistance,
La bienfaisance
Est dans ton cœur.

ALICE, à part.
Dieu ! pour servir Robert, quel moyen !... si j'osais !
Mais plus d'une princesse, avec reconnaissance,
A reçu quelquefois de semblables placets !
Essayons !
(A la princesse, en lui remettant le billet de Robert.)
A la souffrance
Donne assistance,
La bienfaisance
Est dans ton cœur.
(La princesse ouvre le billet, le lit tout bas avec trouble, puis se rapproche d'Alice.)

ISABELLE.
Écoute, jeune amie ;
Viens, mon ame est attendrie !
Le malheur qui supplie

A des droits sur mon cœur.
(A part.)
Mon bonheur est extrême !
Viens, Robert, toi que j'aime !

ALICE ET LES JEUNES FILLES.

O princesse chérie !
Ton ame est attendrie ;
Le malheur qui supplie
A des droits sur ton cœur.

ISABELLE, aux jeunes filles.

Un seul moment laissez-moi dans ces lieux.

ALICE, à Robert qui paraît.

Courage ! allons, montrez-vous à ses yeux,
Elle ne pourra se défendre ;
Son cœur qui fut à vous ne peut vous condamner ;
Elle consent à vous entendre,
C'est presque déjà pardonner.

SCÈNE III.

ISABELLE, ROBERT.

DUO.

ROBERT.

Avec bonté voyez ma peine
Et mes remords,
Et n'allez pas par votre haine
Punir mes torts.
L'amour qui me rendit coupable
Doit vous fléchir ;

Ah! si votre rigueur m'accable,
Il faut mourir.

ISABELLE.

Relevez-vous.

ROBERT.

De mon offense
M'accordez-vous le pardon généreux ?
Laissez-moi du moins l'espérance,
Ce dernier bien des malheureux.

ISABELLE.

J'aurais dû fuir votre présence
Et vos remords;
Et d'un amant par mon absence,
Punir les torts.
Mon cœur par sa douleur extrême
Est désarmé;
Hélas! Robert, jugez vous-même
S'il est aimé.

ROBERT.

Que dites-vous?... ô destin plein de charmes!

(On entend une marche)

ISABELLE.

Silence! entendez-vous ces accens belliqueux ?

ROBERT.

O ciel! et j'ai perdu mes armes!...

ISABELLE.

Je le savais; j'ai prévenu vos vœux.
Voyez!

(On voit paraître des écuyers portant une armure)

ROBERT, avec transport.

Armé par vous, je vaincrai sous vos yeux.

ACTE II, SCÈNE III.

ENSEMBLE.

ISABELLE.

Mon cœur s'élance et palpite,
Il bat d'espoir, de bonheur ;
L'amour, l'honneur, tout l'excite ;
Oui, Robert sera vainqueur !

ROBERT.

Mon cœur s'élance et palpite,
Il bat d'espoir, de bonheur :
L'amour, l'honneur, tout l'excite,
Du tournoi je suis vainqueur.

ISABELLE.

Chevalier, dois-je encor vous apprendre un mystère ?

ROBERT.

Ah ! sur tous vos secrets mon amour a des droits.

ISABELLE.

Apprenez donc...

ROBERT.

Eh bien !

ISABELLE.

Mon père,
Sur le plus valeureux voulant fixer son choix,
Va proposer ma main pour le prix du tournois.

ROBERT.

O ciel ! est-il possible ?

ISABELLE.

Il compte sur les exploits
Du prince de Grenade, et le nomme invincible !

ROBERT.

Il a porté ce nom pour la dernière fois.

ENSEMBLE.

ISABELLE.

Mon cœur s'élance et palpite, etc.

ROBERT.

Mon cœur s'élance et palpite, etc.

ROBERT, lui baisant la main.

Votre bonté va doubler mon courage.

ISABELLE.

Silence! on vient; pour m'offrir son hommage,
Le peuple va se réunir,
Par ordre de mon père, ici, sur mon passage,
Et par des jeux fêter le mariage
De six jeunes beautés que ma main dut choisir.
Fuyez!

(Isabelle sort.)

SCÈNE IV.

ROBERT; BERTRAM, AU FOND AVEC LE PRINCE DE GRENADE ET UN HÉRAUT D'ARMES.

(A la fin de la scène précédente on a vu Bertram entrer avec le prince de Grenade et un héraut d'armes, auquel Bertram a indiqué du doigt Robert. Le prince de Grenade n'a fait que traverser la galerie du fond.)

ROBERT.

Ah! dans ces jeux guerriers offerts à la vaillance,
Je vaincrai mon rival!

BERTRAM, à part.

Oui, si je le permets.

ROBERT.

Que ne puis-je de même, au gré de ma vengeance,

Dans un combat réel le voir seul et de près!

(Se retournant vers le héraut d'armes.)

Que voulez-vous?

LE HÉRAUT.

A toi, Robert de Normandie,
Le prince de Grenade adresse ce cartel,
Et par ma voix il te défie,
Non dans un vain tournoi, mais au combat mortel.

ROBERT, avec joie.

Ah! le ciel qui m'exauce à sa perte l'entraîne;
Il m'ose défier! j'y cours; guide mes pas.

LE HÉRAUT.

Viens, tu le trouveras dans la forêt prochaine.

ROBERT.

Un de nous n'en sortira pas.

(Il sort avec le héraut d'armes.)

SCÈNE V.

BERTRAM, SEUL.

Oui, va poursuivre une ombre vaine!
Ce prince de Grenade, esclave à moi soumis!
Comme un fantôme à tes yeux éblouis,
Va fuir dans la forêt, et pendant ton absence
De ce brillant tournoi remportera le prix!...
Mais déjà pour la fête en pompe l'on s'avance...

SCÈNE VI.

ISABELLE, CONDUITE PAR SON PÈRE; BERTRAM, ALICE, RAIMBAUT, CHEVALIERS, SEIGNEURS, DAMES DE LA COUR, PAGES, ÉCUYERS, PEUPLE.

(Entrée du peuple qui accompagne six jeunes couples qui doivent être mariés.)

CHOEUR DU PEUPLE.

Accourez au-devant d'elle;
Célébrez, peuple fidèle,
Tant de vertus, tant d'attraits;
De nos vœux reçois l'hommage,
Et qu'ils soient le doux présage
De ton bonheur à jamais!
Accueillant notre prière,
Puisse un jour le sort prospère
Récompenser tes bienfaits!

BALLET.

(Après le ballet un héraut d'armes entre en scène et s'adresse à la princesse.)

LE HÉRAUT D'ARMES.

Quand tous nos chevaliers, pour la gloire et leur dame,
De ce tournoi vont tenter les destins,
Le prince de Grenade en ce moment réclame
L'honneur d'être armé par vos mains.

(La princesse hésite à répondre; son père, qui est près d'elle, lui ordonne d'accepter. Le prince de Grenade s'avance précédé de sa bannière, de ses pages et de ses écuyers; Bertram en l'apercevant dit à part:)

BERTRAM.

Je triomphe!... Le voici...

Et Robert est resté dans la forêt profonde ;
Robert, égaré par lui,
Cherche en vain un rival que mon pouvoir seconde.

(Les écuyers du prince de Grenade, pendant que la princesse lui remet ses armes.)

LE CHOEUR.

Sonnez, clairons, honorez la bannière
Du guerrier qui guide nos pas.
Sonnez, clairons ; dans la carrière
Mars et l'amour arment son bras.

ALICE, à part, cherchant dans la foule.

Mon jeune maître ne vient pas.
Quand s'ouvre la lice guerrière,
Qui peut donc retenir ses pas ?

BERTRAM, à part.

Robert, Robert ne viendra pas.

LE CHOEUR.

Le clairon sonne, et l'honneur vous réclame,
Nobles guerriers, armez vos bras :
C'est pour la gloire et pour sa dame
Qu'un chevalier vole aux combats.

ALICE, cherchant Robert des yeux, s'adresse à Raimbaut.

Ah ! quelle douleur est la mienne !

RAIMBAUT.

Rien n'est encor désespéré ;
Mais aux rochers de Sainte-Irène
Souviens-toi que pour nous l'autel est préparé.

ISABELLE, à part.

Parmi cette jeunesse et brillante et guerrière,

Vainement je l'attends... tout m'accable à la fois.
Hélas! lorsque ma main est le prix du tournois,
Je ne vois point encor paraître sa bannière.

LE CHOEUR.

Le clairon sonne, et l'honneur vous réclame, etc.

(On entend un appel des trompettes.)

LE CHOEUR, en dehors.

Voici le signal des combats.

ISABELLE descend du trône, et s'adresse aux chevaliers.

La trompette guerrière
  Vient de retentir.
Dans la noble carrière
  Il faut vaincre ou mourir.

(A part.)

Que le cri de l'honneur,
Robert frappe ton cœur.

ENSEMBLE.

ISABELLE, à part.

Ah! pour moi, douleur cruelle :
Non, Robert ne paraît pas;
Aux combats l'amour l'appelle.
Quel pouvoir enchaîne ses pas?

LE CHOEUR.

Le clairon sonne et l'honneur vous réclame;
  Nobles guerriers, armez vos bras :
  C'est pour la gloire et pour sa dame
Qu'un chevalier vole aux combats.

(Tout le cortége défile; la princesse et son père s'apprêtent à le suivre. Alice regarde autour d'elle avec inquiétude. Bertram est de l'autre côté de la scène.)

ACTE II, SCÈNE VI.

ENSEMBLE.

ALICE.

Déjà commencent les combats ;
Robert, Robert ne paraît pas.

BERTRAM.

Robert, Robert, c'est dans mes bras,
C'est à moi que tu reviendras.

FIN DU DEUXIÈME ACTE.

ACTE TROISIÈME.

Le théâtre représente les rochers de Sainte-Irène, paysage sombre et montagneux. Sur le devant, à droite, les ruines d'un temple antique, et des caveaux dont on voit l'entrée; de l'autre côté, une croix en bois.

SCÈNE PREMIÈRE.

BERTRAM, RAIMBAUT.

RAIMBAUT.
Du rendez-vous voici l'heureux instant.
BERTRAM, le regardant.
N'est-ce pas là ce troubadour normand?...
RAIMBAUT.
Que le seigneur Robert ce matin voulait pendre.
BERTRAM, riant.
Oui, jamais il ne fait les choses qu'à demi.
　　Qui t'amène?
RAIMBAUT.
　　　　Je viens attendre
Alice, mes amours, que j'épouse aujourd'hui;
Alice qui n'a rien... et moi pas davantage;
Sans cela nous serions bien heureux en ménage.
BERTRAM, lui jetant une bourse.
S'il en est ainsi... tiens .. prends!

RAIMBAUT, hors de lui.

En croirais-je mes yeux !
C'est de l'or !

BERTRAM, le regardant avec mépris.

Voilà donc ce qu'on nomme un heureux !
J'en fais donc aussi quand je veux !

DUO.

RAIMBAUT.

Ah ! l'honnête homme !
Le galant homme !
Mais voyez comme
Je me trompais !
Ah ! désormais
Je lui promets
Obéissance,
Reconnaissance,
En récompense
De ses bienfaits.

BERTRAM.

Ah ! l'honnête homme !
Ah ! le pauvre homme !
Mais voyez comme
En mes filets
Je le prendrais
Si je voulais !
Faiblesse humaine
Que l'on entraîne,
Que l'on enchaîne
Par des bienfaits.

BERTRAM.

C'est aujourd'hui qu'on te marie?

RAIMBAUT.

Oui, monseigneur.

BERTRAM.

Quelle folie!

RAIMBAUT.

Une folie!
Ma fiancée est si jolie!

BERTRAM.

A ta place, moi, j'attendrais,
Et sans façon je choisirais.

RAIMBAUT.

Vous choisiriez?

BERTRAM.

Je choisirais.
Te voilà riche, et, je le gage,
Toutes les filles du village
Voudront se disputer ta foi.

RAIMBAUT.

Vous le croyez?

BERTRAM.

Oui, je le croi.

RAIMBAUT.

Au fait! un si grand personnage
Doit s'y connaître mieux que moi.

ENSEMBLE.

RAIMBAUT.

Ah! l'honnête homme!
Le galant homme! etc.

ACTE III, SCÈNE I.

BERTRAM.

Ah ! l'honnête homme !
Ah ! le pauvre homme ! etc.

BERTRAM.

Le bonheur est dans l'inconstance.

RAIMBAUT.

Le bonheur est dans l'inconstance ?

BERTRAM.

Elle seule embellit nos jours.

RAIMBAUT.

Elle seule embellit nos jours ?

BERTRAM.

Que gaîté, plaisir et bombance
Soient désormais tes seuls amours.

RAIMBAUT.

Je pourrai donc tout me permettre ?

BERTRAM.

Oui, chaque faute est un plaisir,
Et l'on a pour s'en repentir
Le temps où l'on n'en peut commettre.

RAIMBAUT.

Ce système me plaît beaucoup.
A tous mes compagnons, afin de mieux vous croire,
Pour commencer, je vais payer à boire.

BERTRAM, riant

Boire !... c'est bien ! Cela peut te conduire à tout.

ENSEMBLE.

RAIMBAUT.

Ah ! l'honnête homme !
Le galant homme ! etc.

BERTRAM.

Ah! l'honnête homme!
Ah! le pauvre homme! etc.

(Raimbaut sort par la gauche.)

SCÈNE II.

BERTRAM, seul.

Encore un de gagné! glorieuse conquête
    Dont l'enfer doit se réjouir!
Mais je ris de ses maux et du sort qu'il s'apprête,
Lorsque dans un instant le mien va s'accomplir.
Roi des anges déchus! mon souverain... je tremble!
Il est là!... qui m'attend... oui, j'entends les éclats
De leur joie infernale... Ils se livrent ensemble,
Pour oublier leurs maux, à d'horribles ébats.

LE CHOEUR, dans la caverne.

    Noirs démons, fantômes,
    Oublions les cieux;
    Des sombres royaumes
    Célébrons les jeux.

BERTRAM.

C'est en vain qu'on voudrait l'arracher de mes bras!
Non, non, Robert ne m'échappera pas.

LE CHOEUR, dans la caverne.

    Gloire au maître qui nous guide,
    A la danse qu'il préside!

AIR.

BERTRAM.

Pour toi qui m'es si cher,
Pour toi, mon bien suprême,
J'ai bravé le ciel même,
Je braverais l'enfer !
De ma gloire éclipsée,
De ma splendeur passée,
Toi seul me consolais ;
C'est par toi que j'aimais !
Pour toi qui m'es si cher,
Pour toi, mon bien suprême,
J'ai bravé le ciel même,
Je braverais l'enfer !

(Il entre dans la caverne à droite.)

SCÈNE III.

ALICE, GRAVISSANT LA MONTAGNE.

Raimbaut ! Raimbaut ! dans ce lieu solitaire
L'écho seul me répond et j'avance en tremblant.
Au rendez-vous serais-je la première ?
Me faire attendre ainsi ! c'est affreux, et pourtant
Il n'est encor que mon amant !

COUPLETS.

PREMIER COUPLET.

Quand je quittai la Normandie,
Un vieil ermite de cent ans

Dit : Tu seras un jour unie
Au plus fidèle des amants.
Hélas ! j'attends !
O patronne des demoiselles,
Patronne des amans fidèles,
Notre-Dame de bons secours,
Daignez protéger mes amours,

(A la fin de ce couplet, la ritournelle de la scène précédente reprend ; Alice regarde avec effroi du côté de la caverne.)

Mais le soleil soudain s'est obscurci,
D'où vient ce bruit dont mon ame est glacée ?
De quelque orage, hélas ! serais-je menacée ?

(La ritournelle gaie reprend.)

Non, non ; ce n'est rien, Dieu merci !

DEUXIÈME COUPLET.

Raimbaut disait : Gentille amie,
Crois à mes feux, ils sont constans !
En ce jour peut-être il oublie
Près d'une autre ses doux sermens ;
Et moi, j'attends !
O patronne des demoiselles,
Patrone des amans fidèles,
Notre-Dame de bon secours,
Daignez protéger mes amours !

La ritournelle de l'air de Bertram reprend avec plus de force que la première fois.)

O ciel le bruit redouble ;
D'effroi mon cœur se trouble ;
La terre tremble sous mes pas !
Fuyons !

ACTE III, SCÈNE IV.

CHŒUR SOUTERRAIN.

Robert! Robert!

ALICE, s'arrêtant.

Je ne me trompe pas.

CHŒUR SOUTERRAIN.

Robert! Robert!

ALICE.

C'est le nom de mon maître?
Quelque danger le menace peut-être!

(Montrant l'ouverture à droite entre les rochers.)

D'ici l'on pourrait voir, je crois,
Dans ce lieu souterrain.

(Elle fait un pas.)

Ah! grand Dieu! l'éclair brille!
J'ai bien peur!... c'est égal... mon Dieu! protége-moi!
Toi qui d'un faible enfant, ou d'une pauvre fille,
Souvent te sers, dit-on, pour accomplir ta loi!

(Elle s'avance en tremblant vers l'ouverture à droite, y jette les yeux; l'orchestre doit peindre ce qu'elle voit; elle pousse un cri, s'attache à la croix de bois qui est près de la caverne, l'embrasse et s'évanouit.)

SCÈNE IV.

ALICE ÉVANOUIE; BERTRAM, SORTANT DE LA CAVERNE, PALE ET EN DÉSORDRE.

BERTRAM.

L'arrêt est prononcé! fatal, irrévocable!
Je le perds à jamais! on l'arrache à mes bras...

S'il ne se donne à moi, s'il ne m'appartient pas!
Demain! demain!

ALICE, sortant de son évanouissement, et se rappelant ce qu'elle vient d'entendre.

A minuit!... misérable!

BERTRAM.

Minuit! on a parlé! Qui donc est dans ces lieux?
Qui donc a lu dans ma pensée?

(Apercevant Alice, et prenant un air riant.)

C'est de Raimbaut l'aimable fiancée,
C'est Alice... D'où vient qu'elle baisse les yeux?

DUETTO.

ALICE.

La force m'abandonne.

BERTRAM.

Qu'as-tu donc?

ALICE, à part.

Ah! grands dieux!

BERTRAM.

Viens ici.

ALICE.

Je frissonne!

BERTRAM.

Viens vers moi.

ALICE.

Je ne peux.

BERTRAM.

Qu'as-tu donc entendu?

ALICE.

Moi?... rien!.... rien!

ACTE III, SCÈNE IV.

BERTRAM.

Qu'as-tu vu ?

ALICE.

Rien ! rien !...

ENSEMBLE.

ALICE.

Je tremble, chancelle,
Et la voix cruelle
De l'ange rebelle
Me glace d'effroi.

BERTRAM.

Triomphe que j'aime !
Ta frayeur extrême
Va, malgré toi-même,
Te livrer à moi.

BERTRAM, faisant un pas vers elle.

Approche donc, et que ces doux attraits...

ALICE, reculant et embrassant la croix de bois.

Éloigne-toi, va-t'en !

BERTRAM.

Tu me connais ;
Ton œil a pénétré ce mystère effroyable
Aux mortels interdit... et si ta voix coupable
Osait le révéler, tu péris à l'instant.

ALICE.

Le ciel est avec moi, je brave ta colère.

BERTRAM.

Tu péris, toi, puis ton amant !

ALICE.

O ciel !

BERTRAM.

Puis ton vieux père,
Ainsi que tous les tiens.
Tu l'as voulu, gentille Alice;
Par ta vertu te voilà ma complice,
Et désormais tu m'appartiens.

REPRISE DU DUO.

ALICE.

La force m'abandonne.

BERTRAM.

Sauve ce qui t'est cher.
Viens ici.

ALICE.

Je frissonne.

BERTRAM.

Viens vers moi.

ALICE, regardant au fond.

C'est Robert.

BERTRAM.

Ainsi tu n'as rien vu?

ALICE, tremblante.

Moi? rien!

BERTRAM.

Rien entendu?

ALICE.

Non, rien!

BERTRAM.

Songes-y bien, de toi dépend ton sort.
Voici Robert, tais-toi, sinon la mort!

SCÈNE V.

ROBERT, ALICE, BERTRAM.

(Robert s'avance jusqu'au milieu de la scène, plongé dans une profonde rêverie.)

TRIO.

ALICE.

Ses yeux sont baissés vers la terre,
Il est plongé dans la douleur;
Peut-être une secrète horreur
Cause ce trouble involontaire;
Et du danger qu'il va courir,
Hélas! je ne puis l'avertir.

BERTRAM.

Ses yeux sont baissés vers la terre,
Profitons bien de sa douleur.
Mais d'où vient que mon faible cœur
Frémit d'un trouble involontaire?
Du piége où je le vois courir,
Rien ne pourra le garantir.

ROBERT.

Oui, j'ai tout perdu sur la terre,
Je m'abandonne à ma douleur,
D'où vient qu'une secrète horreur
Me cause un trouble involontaire?

Bertram seul peut me secourir.
Ou je n'aurai plus qu'à mourir.

(Bertram, d'un geste impératif, ordonne à Alice de se retirer ; elle obéit en hésitant. Arrivée au bord de la coulisse, elle s'élance tout d'un coup au milieu du théâtre vers Robert.)

ALICE.

Non, non, je brave le trépas,
Écoutez!

ROBERT.

Parle donc!

ALICE.

Hélas!

BERTRAM.

Allons, parle, ma chère,
Au nom de ton amant, au nom de ton vieux père.

ALICE.

Non, je ne pourrai jamais.
Fuyons, fuyons! ou je me trahirais.

(Elle s'enfuit.)

SCÈNE VI.

BERTRAM, ROBERT.

ROBERT, étonné, la regardant sortir.

Qu'a-t-elle donc?

BERTRAM, riant.

Qui sait? l'amour, la jalousie...
Ce messire Raimbaut qu'elle aime à la folie...

ACTE III, SCÈNE VI.

ROBERT.

Parle ; nous sommes seuls ! Perdu... déshonoré,
Je n'espère qu'en toi... du moins tu l'as juré.

BERTRAM.

Et je tiens mes sermens. On nous tendit un piége,
Si pendant le tournoi, dans ces vastes forêts,
On égara tes pas... c'est par un sacrilége :
C'est par là qu'un rival a détruit nos projets :
Des esprits infernaux il employa les charmes.

ROBERT.

Que faire alors ?

BERTRAM.

Le vaincre par ses armes,
L'imiter.

ROBERT.

Eh ! comment ? Est-il donc des secrets
Pour conjurer les esprits invisibles ?

BERTRAM.

Oui.

ROBERT.

Les connaîtrais-tu ? réponds !

BERTRAM.

Je les connais.
Et ces mystères si terribles
Ne sont rien quand on a du cœur
En auras-tu ?

ROBERT.

Bertram !...

BERTRAM.

Je crois à ta valeur.
Écoute : on t'a parlé de l'antique abbaye

Que le courroux du ciel abandonne aux enfers;
Au milieu des cloîtres déserts
S'élève le tombeau de sainte Rosalie.

ROBERT.

O ciel! funeste souvenir!
C'était le nom de ma mère chérie.

BERTRAM.

Tu ne dois point parler, si tu ne veux mourir,
Aux êtres inconnus de qui la destinée.
A ce séjour est enchaînée.

ROBERT.

Achève!

BERTRAM.

Dans ce lieu qu'on ne saurait franchir
Sans exposer ses jours... auras-tu le courage
De pénétrer seul sans pâlir?

DUO.

ROBERT.

Des chevaliers de ma patrie
L'honneur fut toujours le soutien;
Et, dussé-je perdre la vie,
Marchons! marchons! je ne crains rien.

BERTRAM.

Des chevaliers de la Neustrie
L'honneur fut toujours le soutien.
Viens, sois digne de ta patrie.
Marchons! ton sort sera le mien.

BERTRAM.

Il est sur le tombeau, dans ce séjour terrible,
Un rameau toujours vert, talisman redouté...

ACTE III, SCÈNE VI.

ROBERT.

Après?

BERTRAM.

Par lui tout est possible;
Il donne la richesse et l'immortalité.

ROBERT.

Après?

BERTRAM.

Des saints autels malgré le privilége,
Robert, il faut qu'il soit ravi par toi.

ROBERT.

Mais c'est un sacrilége!

BERTRAM.

Quoi! déjà tu trembles d'effroi!

ROBERT.

J'irai! Conquis par moi, ce rameau révéré
Va se changer en palme triomphale,

BERTRAM.

Eh quoi! tu braverais cette enceinte fatale?

ROBERT.

Oui, sans crainte je m'y rendrai;
Malgré le ciel je l'oserai.

ENSEMBLE.

BERTRAM ET ROBERT.

Des chevaliers de la Neustrie, etc.

(Robert sort par le sentier à gauche)

BERTRAM, seul, le regardant sortir.

Avant toi j'y serai!... qu'il cueille ce rameau.
Et sur lui je reprends un empire nouveau.
De ses propres désirs devenant la victime,

Dès qu'il pourra les satisfaire tous,
Ce pouvoir souverain va le conduire au crime,
Et le crime conduit à nous.

(Bertram rentre dans la caverne à droite. Les nuages qui couvraient la scène disparaissent. Le théâtre représente une des galeries du cloître. A gauche, à travers les arcades, on aperçoit une cour remplie de pierres tumulaires dont quelques-unes sont couvertes de végétation, et au-delà la perspective des autres galeries. A droite, dans le mur, entre plusieurs tombeaux sur lesquels sont couchées des figures de nonnes taillées en pierre, on remarque celui de sainte Rosalie. Sa statue en marbre est recouverte d'un habit religieux, et tient à la main une branche verte de cyprès. Au fond, une grande porte, et un escalier conduisant aux caveaux du couvent. Des lampes en fer rouillé sont suspendues à la voûte. Tout annonce que depuis long-temps ces lieux sont inhabités Il fait nuit. Les étoiles brillent au ciel, et le cloître n'est éclairé que par les rayons de la lune.)

SCÈNE VII.

Les précédens;

(Bertram arrive par la porte du fond. Il est enveloppé dans son manteau, avance lentement, et regarde les objets qui l'entourent. Les oiseaux de nuit, troublés dans leur solitude par ce bruit inaccoutumé, s'envolent au dehors.)

RÉCITATIF.

BERTRAM.

Voici donc les débris du monastère antique
Voué par Rosalie aux filles du Seigneur;
Ces prêtresses du ciel, dont l'infidèle ardeur,
Brûlant pour d'autres dieux un encens impudique,
Où régnaient les vertus fit régner le plaisir!

(Regardant la statue de sainte Rosalie.)

Le céleste courroux, attiré par la sainte,
Au milieu de la joie est venu vous punir,
Imprudentes beautés!... Ici, dans cette enceinte,

Vous dormez! le front pâle et comme en vos beaux jours,
Ceint encore des fleurs qu'effeuillaient les amours.

(S'approchant des tombeaux.)

Nonnes, qui reposez sous cette froide pierre,
      M'entendez-vous?
Pour une heure quittez votre lit funéraire,
      Relevez-vous?
Ne craignez plus d'une sainte immortelle,
      Le terrible courroux!
Roi des enfers, c'est moi qui vous appelle,
      Moi, damné comme vous!
Nonnes, qui reposez sous cette froide pierre
      M'entendez-vous?
Pour une heure quittez votre lit funéraire,
      Relevez-vous!

(Pendant l'air précédent, des feux follets ont parcouru ces longues galeries, et s'arrêtent pour s'éteindre sur les tombeaux des nonnes ou sur les pierres tumulaires de la cour. Alors les figures de pierre, se soulevant avec effort, se dressent et glissent sur la terre. Des nonnes aux vêtemens blancs apparaissent sur les degrés de l'escalier, montent et s'avancent en procession sur le devant du théâtre. Pas le moindre mouvement ne trahit encore leur nouvelle existence. Des murs qui supportent les arcades ne peuvent arrêter la marche de celles qui désertent les tombes de la cour. La pierre s'est amollie pour leur livrer passage : bientôt elles ont rejoint leurs compagnes, et s'arrêtent vers le tombeau de sainte Rosalie, qu'elles ne peuvent dépasser. Dans ce moment leurs yeux commencent à s'ouvrir, leurs membres reçoivent le mouvement, et si ce n'est leur pâleur mortelle, toutes les apparences de la vie leur sont rendues. Pendant ce temps le feu des lampes s'est aussi de lui-même rallumé. L'obscurité a cessé.)

      BERTRAM, aux nonnes qui l'entourent.

Jadis filles du ciel, aujourd'hui de l'enfer,
      Écoutez mon ordre suprême!
Voici venir vers vous un chevalier que j'aime...
      Il doit cueillir ce rameau vert;

Mais si sa main hésite et trompe mon attente,
    Par vos charmes qu'il soit séduit;
Forcez-le d'accomplir sa promesse imprudente,
En lui cachant l'abîme où ma main le conduit.

> (Toutes les nonnes, par un salut, donnent leur assentiment à la demande de Bertram, qui se retire. Aussitôt l'instinct des passions revient à ces corps naguère inanimés. Les jeunes filles, après s'être reconnues, se témoignent le contentement de se revoir. Héléna, la supérieure, les invite à profiter des instans, et à se livrer au plaisir. Cet ordre aussitôt est exécuté. Les nonnes tirent des tombeaux les objets de leurs passions profanes; des amphores, des coupes, des dés sont retrouvés. Quelques-unes font des offrandes à une idole, tandis que d'autres arrachent leurs longues robes et se parent la tête de couronnes de cyprès pour se livrer à la danse avec plus de légèreté. Bientôt elles n'écoutent plus que l'attrait du plaisir, et la danse devient une bacchanale ardente.— La ritournelle annonçant l'arrivée de Robert interrompt les jeux; toutes les nonnes se dérobent à sa vue, en se cachant derrière la colonnade et les tombeaux.)

         ROBERT avance en hésitant.

Voici le lieu témoin d'un terrible mystère!
Avançons... mais j'éprouve une secrète horreur:
Ces cloîtres, ces tombeaux font naître dans mon cœur
    Un trouble involontaire.
J'aperçois ce rameau, talisman redouté,
    Qui doit me donner en partage
  Et la puissance et l'immortalité.
Quel trouble! vain effroi! Grand Dieu! dans cette image,
De ma mère en courroux, oui, j'ai revu les traits!
Ah! c'en est fait, fuyons, je ne pourrais jamais...

> (Au moment où Robert veut sortir, il se trouve entouré de toutes les nonnes; une d'elles lui présente une coupe, mais il la refuse. Héléna, qui s'en aperçoit, s'approche de lui, et par ses poses gracieuses cherche à le séduire. Robert la contemple avec admiration; bientôt il ne peut résister, et accepte la coupe offerte par sa main. Héléna, voyant qu'elle a réussi, l'entraîne vers le tombeau de sainte Rosalie; toutes les nonnes, croyant que Robert va détacher le rameau, se félicitent de leur triomphe; mais le chevalier recule avec effroi.— Héléna cherche de nouveau, par ses charmes, à exciter les passions de Robert. D'autres jeunes filles lui présentent des dés; au

premier moment, il est tenté de se mêler a leurs jeux ; mais bientôt il s'éloigne avec répugnance. Héléna, qui ne cesse de l'observer, le ramène en dansant autour de lui avec grâce. Robert, subjugué par tant de charmes, oublie toutes ses craintes ; elle le conduit insensiblement près du tombeau de sainte Rosalie, et se laisse ravir un baiser, en lui indiquant du doigt le rameau qu'il doit cueillir. Robert, enivré d'amour, saisit le talisman ; alors toutes les nonnes forment autour de lui une chaîne désordonnée. Il se fraie un chemin au milieu d'elles, en agitant le rameau. Bientôt la vie qui les animaient s'éteint par degrés, et chacune d'elles vient retomber auprès de son tombeau ; un démon qui sort de chaque tombe s'assure de sa proie. En ce moment on entend au milieu des cloîtres un cœur infernal.)

LE CHOEUR.

Il est à nous.
Accourez tous ;
Spectres, démons,
Nous triomphons.

FIN DE TROISIÈME ACTE.

ACTE QUATRIÈME.

Le théâtre représente la chambre à coucher de la princesse ; trois grandes portes dans le fond, qui, quand elles s'ouvrent, laissent voir de longues galeries. Au lever du rideau, la princesse est assise devant sa toilette. Ses femmes la déshabillent, et distribuent aux six jeunes filles qui ont été mariées le matin, son voile, sa couronne de mariée et ses autres ajustemens de noce.

SCÈNE PREMIÈRE.

ISABELLE, ALICE, DAMES ET JEUNES FILLES, LE MAITRE DES CÉRÉMONIES, TOUTE LA COUR, PAGES PORTANT DES PRÉSENS.

LE CHOEUR.

Frappez les airs, cris d'allégresse ;
Cris de victoire et chants d'amour !
Par nos accens, par notre ivresse,
Célébrons tous un si beau jour.

LE MAITRE DES CÉRÉMONIES.

Je viens vous présenter, noble et belle princesse,
Au nom du jeune époux
Qui ce soir doit s'unir à vous,
Ces présens précieux, gages de sa tendresse,

LE CHOEUR.

Frappez les airs, cris d'allégresse, etc., etc.

ACTE IV, SCÈNE II.

LE MAITRE DES CÉRÉMONIES.

Nobles et chevaliers, venez, retirons-nous.

(Tout le monde sort. — En ce moment Robert paraît sur la galerie du fond avec le rameau de cyprès ; aussitôt tous les personnages, frappés de stupeur, restent immobiles dans la position où ils se trouvaient; la princesse tombe sur les degrés qui conduisent à son lit. Robert entre dans l'appartement ; les portes se referment derrière lui d'elles-mêmes.)

SCÈNE II.

ISABELLE, ROBERT.

ROBERT.

Du magique rameau qui s'abaisse sur eux
L'invincible pouvoir vient de fermer leurs yeux ;
Ta voix, fière beauté, ne peut être entendue
De ces lieux où me guide un ascendant fatal.
Dussé-je te ravir, menaçante, éperdue,
    Tu me suivras loin d'un rival.
Mais non, tu vas céder!...Approchons...qu'elle est belle!
Ce paisible sommeil, le calme de ses sens...
Prête un charme plus doux à ses traits innocents.
Hâtons-nous, il le faut... Isabelle !... Isabelle!
Pour toi je romps le charme où sont plongés leurs sens.

ISABELLE, s'éveillant.

Où suis-je? et quelle voix m'appelle ?
Quel sommeil effrayant avait fermé mes yeux?
    Que vois-je? est-ce une erreur nouvelle ?
    Quoi! Robert en ces lieux!

DUO.

ISABELLE.

Mon Dieu ! toi qui vois mes alarmes,
De ton secours daigne m'aider.

ROBERT.

Voilà donc ces attraits, ces charmes
Qu'un rival devait posséder !
Je sens une joie infernale
A voir son trouble et son effroi.

ISABELLE.

Quels regards il jette sur moi !

(A Robert.)

Une puissance et magique et fatale
Vous a fait de l'honneur oublier le serment.

ROBERT.

Eh bien ! oui... oui... l'enfer qui me sert et m'entend,
Va me venger d'un rival que j'abhorre.

ISABELLE.

C'est ce matin en combattant
Qu'avec honneur vous le pouviez encore.

ENSEMBLE.

ISABELLE.

Dieu tout-puissant ne m'abandonne pas,
Au désespoir je crains de le réduire.
Tout, dans ces lieux, reconnaît son empire ;
Toi seul, grand Dieu ! peux enchaîner son bras.

ROBERT.

Crains ma fureur, ne me repousse pas ;
Au désespoir tremble de me réduire.
Tout, dans ces lieux, reconnaît mon empire,
Et rien ne peut t'arracher de mes bras.

ACTE IV, SCÈNE II.

ISABELLE.

Fuyez, retirez-vous, votre espérance est vaine.

ROBERT.

Je cède au transport qui m'entraîne.
Isabelle, tu m'appartiens!

ISABELLE.

Robert!...

ROBERT.

Aucun pouvoir ne peut briser ta chaîne,
Ne me résiste plus!

ISABELLE.

Ah! laisse-moi.

ROBERT.

Non, viens.

ISABELLE.

Arrête!

CAVATINE.

Robert, toi que j'aime
Et qui reçus ma foi,
Tu vois mon effroi :
Grâce pour toi-même,
Et grâce pour moi!

Quoi! ton cœur se dégage
Des sermens les plus doux?
Tu me rendis hommage,
Je suis à tes genoux.

Robert, toi que j'aime
Et qui reçus ma foi,
Tu vois mon effroi :

Grâce pour toi-même,
Et grâce pour moi !

ROBERT.

Pour résister je fais de vains efforts.

ISABELLE.

Cesse de vains efforts.

ROBERT.

Mon cœur s'emeut à cette voix touchante.

ISABELLE.

Entends ma voix tremblante.

ROBERT.

Non, je ne puis maîtriser mes transports.

ISABELLE.

Maîtrise ces transports.

ROBERT.

Ah! saüvons-la de ma propre furie.

ISABELLE.

Robert, je te supplie !

ROBERT.

Dans un moment tu vas m'être ravie ;
En te perdant, je vais perdre le jour.
　Tu ne veux plus de mon amour,
　Cruelle ! eh bien ! prends donc ma vie.

ISABELLE.

Que me dis-tu ?

ROBERT.

Tel est mon sort.

ISABELLE.

Quoi ! plus d'espoir ?

ROBERT.

Un seul me reste.

ACTE IV, SCÈNE II.

ISABELLE.

Sauve tes jours.

ROBERT.

Je les déteste.

ISABELLE.

Fuis, tu le peux!

ROBERT.

Plutôt la mort.

(Se jetant à genoux.)

Dussé-je périr sous leurs coups,
Isabelle, j'attends mon sort à tes genoux.

(Il brise le rameau.)

LE CHOEUR, s'éveillant et s'animant par degrés.

Quelle aventure!... est-ce un prestige?
Quelle langueur nous glaçait tous?
Sommeil étrange!... où sommes-nous?
Mon cœur se trouble à ce prodige,
Et ma raison vraiment s'y perd.
Que vois-je! O ciel!... Robert! Robert!

ENSEMBLE.

CHOEUR.

Arrêtons, saisissons ce guerrier téméraire;
C'est en vain qu'il voudrait s'échapper de nos bras.
Au destin qui l'attend rien ne peut le soustraire,
Et le jour doit demain éclairer son trépas.

ROBERT.

Approchez, je me ris d'une vaine colère,
Dût la foudre en éclats me frapper à vos yeux.
Mon cœur ne connaît pas une crainte vulgaire,
Il défie avec joie et la terre et les cieux.

ISABELLE.

C'est pour moi qu'en ces lieux il brave leur colère,
Hélas ! et je ne peux l'arracher de leurs bras !
Au destin qui l'attend rien ne peut le soustraire,
Et le jour doit demain éclairer son trépas.

ALICE ET RAIMBAUT.

C'en est fait, vainement il brave leur colère ;
Rien, hélas ! ne pourrait l'arracher de leurs bras.
Au destin qui l'attend rien ne peut le soustraire,
Et le jour va demain éclairer son trépas.

(Les hommes d'armes se précipitent sur Robert et l'entraînent, tandis qu'Isabelle retombe évanouie sur son lit de repos. Les femmes s'empressent autour d'elle, et Alice, à genoux et soutenue par Raimbaut, semble encore prier pour Robert.)

FIN DU QUATRIÈME ACTE.

ACTE CINQUIÈME.

Le théâtre représente le vestibule de la cathédrale de Palerme. Au fond, un rideau qui sépare le vestibule du sanctuaire; à gauche, une niche et une image de madone, indiquant que c'est un lieu d'asile. Au lever du rideau, des moines.

SCÈNE PREMIÈRE.

CHŒUR DE MOINES.

Malheureux ou coupable,
Hâtez-vous d'accourir
En ce lieu redoutable,
Ouvert au repentir !

Ici, de l'humaine justice
Vous pouvez braver le courroux.
De la madone protectrice
L'image veillera sur vous.

Malheureux ou coupable,
Hâtez-vous d'accourir,
En ce lieu redoutable,
Ouvert au repentir !

(Pendant le chœur, plusieurs fugitifs viennent demander asile ; après le chœur tous rentrent dans l'église.)

SCÈNE II.

ROBERT, ENTRANT VIVEMENT, BERTRAM.

ROBERT.
Viens !

BERTRAM.
Pourquoi dans ce lieu me forcer à te suivre?

ROBERT.
Cet asile est sacré, l'on ne peut m'y poursuivre.
Délivré par tes soins, j'ai cherché mon rival,
Ce prince de Grenade.

BERTRAM.
Eh bien !

ROBERT.
O sort fatal !
Je suis vaincu.

BERTRAM.
Toi !

ROBERT.
Mon glaive lui-même
Dans ce combat m'a trahi !
Tout me trahit aujourd'hui.

BERTRAM.
Excepté moi qui t'aime,
Et qui veux ton bonheur. Ne le comprends-tu pas?
Oui, puisque tu brisas d'une main imprudente
Ce rameau qui devait te livrer ton amante,
Elle est à ton rival !

ACTE V, SCÈNE II.

ROBERT.
Pour l'ôter de ses bras,
Quel moyen ? parle !

BERTRAM.
Un seul offert à ta vengeance.

ROBERT.
Quel qu'il soit, je le veux !

BERTRAM.
Sois à nous ! sois à moi !
Qu'un écrit solennel nous engage ta foi !

ROBERT.
Pourvu que je me venge ! il suffit... donne...

(On entend en ce moment les chants religieux qui partent de l'église qui est au fond. Robert étonné s'arrête.)

BERTRAM.
Eh quoi !
Déjà ton cœur balance !

ROBERT, écoutant.
N'entends-tu pas ces chants ?

BERTRAM, voulant l'entraîner.
Ils nous importent peu.

ROBERT, avec émotion.
Ils frappaient mon oreille aux jours de mon enfance,
Lorsque pour moi, le soir, ma mère priait Dieu.

ENSEMBLE.

CHOEUR, ROBERT, BERTRAM.

LE CHOEUR, au dehors.
Gloire à la Providence !
Gloire au Dieu tout-puissant
Qui sauva l'innocence
Des pièges du méchant !

ROBERT.

O divine harmonie !
O célestes accords !
D'une aveugle furie
Vous calmez les transports.

BERTRAM, à part.

Sur son ame attendrie
Redoublons nos efforts ;
D'une aveugle furie
Excitons les transports.

ROBERT.

C'est Dieu lui-même qui rappelle
L'ingrat prêt à l'abandonner.

BERTRAM, à part.

De ces lieux il faut l'entraîner.
(Haut.)
Daigne en croire un ami fidèle.

ROBERT, écoutant les chants qui continuent.

Entends-tu ?

BERTRAM.

Qui peut t'effrayer ?

Suis-moi.

ROBERT.

Si je pouvais prier !

ENSEMBLE.

CHOEUR, ROBERT, BERTRAM.

CHOEUR, en dehors.

Gloire à la Providence !
Gloire au Dieu tout-puissant, etc.

ROBERT.

O divine harmonie !
O célestes accords, etc.

ACTE V, SCÈNE II.

BERTRAM.

Sur son ame attendrie
Redoublons nos efforts, etc.

BERTRAM.

Je conçois que ces chants puissent troubler ton ame;
Pour ton heureux rival ce peuple fait des vœux.

ROBERT.

Que dis-tu?

BERTRAM.

Dans ce temple où l'hymen les réclame
Que ne vas-tu prier comme eux?

ROBERT.

Ah! ce mot seul a ranimé ma rage;
Va-t'en! tu n'es qu'un ennemi!

BERTRAM.

Qui? moi?
Ton ennemi! moi, qui n'aime que toi!
Moi, qui dans tous les temps protégeai ton jeune âge!
Moi, qui voudrais avoir tous les biens en partage
Pour te les donner tous!

ROBERT.

O ciel! qui donc es-tu?

BERTRAM.

Ce trouble, cet effroi... dont mon cœur est ému,
Ne te l'ont-ils pas dit? n'as-tu pas entendu
Ce matin... ce Raimbaut... et ce récit funeste
Des malheurs de ta mère... ils n'étaient que trop vrais!

ROBERT.

Dieu!

BERTRAM.

Je fus son amant! son époux! je l'atteste.

ROBERT.

Qu'entends-je?

BERTRAM.

Et maintenant, Robert, tu me connais!

ROBERT.

Malheureux que je suis!

BERTRAM.

AIR.

Jamais, c'est impossible,
Ton malheur, ô mon fils, n'égalera le mien.
Notre tourment à nous, c'est de vivre insensible,
De ne pouvoir aimer, de n'aimer jamais rien.
Tel est l'enfer. Eh bien! quand le souverain maître
Eut lancé dans l'abîme un ange révolté,
Dans mon cœur un instant le repentir vint naître;
Et ce Dieu dans sa bonté,
Dans sa vengeance peut-être,
Me permit d'aimer! oui, depuis ce jour cruel,
Où par toi seul, Robert, mon cœur a pu connaître
Les craintes, le bonheur, les tourmens d'un mortel;
Et toi seul à présent es ma vie et mon être.

O mon fils! ô Robert! ô mon unique bien!
D'un seul mot va dépendre et ton sort et le mien!
Je t'ai trompé, je fus coupable :
Tu sauras tout : avant minuit,
Si tu n'as pas signé ce pacte irrévocable
Qui pour l'éternité tous les deux nous unit,
Ce Dieu qui me poursuit, ce Dieu qui nous accable,
Reprend sur toi tout son pouvoir;

Je te perds à jamais, je ne dois plus te voir !
Minuit !... minuit !... tel est son arrêt immuable...

O mon fils ! ô Robert ! ô mon unique bien !
De ce mot va dépendre et ton sort et le mien !
  De ton rival je suis le maître,
   Un des miens avait pris ses traits ;
   Dis un mot, il va disparaître.
   L'hymen va combler tes souhaits ;
   Et les honneurs et la richesse,
   Et les plaisirs et les amours,
   Dans une éternelle jeunesse,
  Vont près de moi charmer tes jours !
Et ne crois pas qu'ici je veuille te séduire.
C'est pour ton seul bonheur qu'à présent je respire ;
Et si ce bonheur même est ailleurs qu'avec moi,
Va... fuis... Je t'aime assez pour renoncer à toi !

ROBERT.

L'arrêt est prononcé, l'enfer est le plus fort,
  Ne crains pas que je t'abandonne.

BERTRAM.

O bonheur !

ROBERT.

  Maintenant le devoir me l'ordonne,
Qui que tu sois, je partage ton sort.

SCÈNE III.

Les précédens, ALICE.

ALICE, qui a entendu les derniers mots.

Robert, qu'ai-je entendu?

BERTRAM, à Alice.

Dans ce lieu qui t'amène?

ALICE.

Une heureuse nouvelle!... Ah! je respire à peine.

(A Robert.)

Vous pouvez maintenant compter sur le succès,
Et rendre grâce au ciel qui vous protége :
Le prince de Grenade et son brillant cortége
N'ont pu franchir le seuil du lieu saint.

ROBERT.

Je le sais.

ALICE.

Et la noble princesse, à votre amour ravie,
Vous attend à l'autel.

BERTRAM.

Pars, il faut t'éloigner.

ALICE, à Robert.

Pourriez-vous donc l'abandonner?
Avez-vous oublié le serment qui vous lie?

BERTRAM, à Robert.

Hâtons-nous, le temps presse, et l'heure va sonner.

ACTE V, SCÈNE III.

TRIO.

ROBERT, à Bertram.

A tes lois je souscris d'avance.
Que faut-il faire ?

ALICE.

(A Robert.)

O ciel ! Avant de vous quitter
Je voudrais vous parler.

ROBERT.

Silence !

ALICE.

D'un devoir rien ne vous dispense,
D'un dernier je dois m'acquitter.

ENSEMBLE.

BERTRAM, ALICE, ROBERT.

BERTRAM.

O tourment ! ô supplice !
Mon fils, mon seul bonheur !
A mes vœux sois propice,
J'en appelle à ton cœur.

ALICE.

Dieu puissant, ciel propice,
Que ton nom protecteur
Dans son cœur retentisse,
Et le rende au bonheur !

ROBERT.

O tourment ! ô supplice !
Qui déchirent mon cœur,
Faut-il que je périsse
D'épouvante et d'horreur !

BERTRAM.

Hâtons-nous.

(Tirant de son sein un rouleau de parchemin et un stylet de fer.)

Tiens, voici cet écrit redoutable
Qui peut seul engager ta foi!

ALICE, à part.

O ciel! inspire-moi!

ROBERT, tendant la main du côté de Bertram.

Donne donc!

ALICE en ce moment tire de son sein le testament de la mère de Robert; elle s'élance entre Bertram et Robert, et le donne à celui-ci.

Le voici! fils ingrat, fils coupable!
Lisez!

ROBERT.

O ciel! c'est la main de ma mère!

(Lisant en tremblant.)

« Mon fils, ma tendresse assidue
« Veille sur toi du haut des cieux.
« Fuis les conseils audacieux
« Du séducteur qui m'a perdue. »

(Robert laisse tomber le papier qu'Alice se hâte de ramasser.)

BERTRAM.

Eh quoi! ton cœur hésite entre nous deux?

ROBERT.

Je tremble... je frémis... Que décider? ô cieux!

ALICE, sans regarder Robert et Bertram, et relisant à haute voix le papier qu'elle a ramassé.

« Mon fils! mon fils! ma tendresse assidue
« Veille sur toi du haut des cieux. »

BERTRAM, à Robert

Mon fils! mon fils! jette sur moi la vue,
Vois mes tourmens, entends mes vœux;
D'un vain écrit ton ame est-elle émue?

ACTE V, SCÈNE III.

ALICE, de même.

« Fuis les conseils audacieux
« Du séducteur qui m'a perdue. »

ROBERT, entre les deux.

Prenez pitié de moi !

BERTRAM.

Non, partons à l'instant.
Tu me vois à tes pieds.

ALICE, de l'autre côté.

Vois le ciel qui t'attend.

ENSEMBLE.

BERTRAM, ALICE, ROBERT.

BERTRAM.

O tourment ! ô supplice !
Mon fils, mon seul bonheur, etc.

ALICE.

Dieu puissant, ciel propice !
Que ton nom protecteur, etc.

ROBERT.

O tourment ! ô supplice !
Qui déchirent mon cœur, etc.

ROBERT, prenant la main d'Alice.

Viens.

ALICE, de même.

Viens.

(Un coup de tam-tam se fait entendre.)

C'est minuit... ô bonheur !

BERTRAM, poussant un cri terrible.

Ah ! tu l'emportes, Dieu vengeur !

(La terre s'entr'ouvre, il disparaît. Robert, hors de lui, éperdu, tombe évanoui aux pieds d'Alice, qui cherche à le rappeler à la vie A la musique terrible qu'on entend encore gronder dans le lointain, succèdent des chants célestes et une musique religieuse. Les rideaux du fond, qui se sont ouverts, laissent apercevoir l'intérieur de la cathédrale de Palerme remplie de fidèles qui sont en prières. Au milieu du rond-point, la princesse, à genoux avec toute sa cour ; à côté d'elle un siége vide destiné à Robert.)

CHOEUR AÉRIEN.

Chantez, troupe immortelle,
Reprenez vos divins concerts :
Il nous est resté fidèle,
Que les cieux lui soient ouverts !

ISABELLE, ALICE ET LE CHOEUR.

Gloire, gloire immortelle
Au Dieu de l'univers !

(Montrant Robert.)

Il est resté fidèle !
Les cieux lui sont ouverts.

FIN DE ROBERT-LE-DIABLE.

GUSTAVE III,

OU

LE BAL MASQUÉ,

OPÉRA EN CINQ ACTES,

Représenté pour la première fois sur le théâtre de l'Académie royale de musique, le 27 février 1833.

MUSIQUE DE M. AUBER.

PERSONNAGES.

GUSTAVE III.
ANKASTROM.
DEHORN,
WARTING, } conjurés.
Un Chambellan.
Ministre de la justice.
Ministre de la guerre.
CHRISTIAN.
Un Domestique d'Ankastrom.
AMÉLIE, comtesse d'Ankastrom.
OSCAR, page du roi.
ARVEDSON, devineresse.
ROSLIN, peintre.
SERGELL, sculpteur.
Courtisans et Députés aux états.
Officiers de service auprès du roi.
Gardes du roi, Matelots, Soldats, Peuple.

La scène se passe à Stockholm, les 15 et 16 mars 1792.

ARVEDSON.

ET TU MOURRAS....ASSASSINÉ!

GUSTAVE III,

ou

LE BAL MASQUÉ.

ACTE PREMIER.

Le palais du roi à Stockholm. Un vaste et riche salon d'attente. Aux portes extérieures, des grenadiers suédois se promènent. A droite, une porte qui conduit à l'appartement du roi; du même côté, le corps diplomatique et plusieurs officiers-généraux. Au fond, des députés de la bourgeoisie et de l'ordre des paysans, en habit national (1). A gauche, les comtes Dehorn et de Warting, plusieurs conjurés; près d'eux, Roslin le peintre, Sergell le statuaire, et un maitre de ballets : tous attendent le lever du roi.

SCENE PREMIÈRE.

Les comtes DEHORN et DE WARTING, plusieurs conjurés, ROSLIN, SERGELL, un Maître de ballets.

CHOEUR.

Repose en paix, honneur de la Suède !.
Toi, notre père et notre roi !

---

(1) Costume national inventé par Gustave III lui-même, et que portaient à la cour de Stockholm toutes les personnes présentées, excepté les officiers de service et les ministres étrangers.

Qu'un doux sommeil à tes travaux succède !
Ton peuple heureux veille sur toi.

DEHORN, WARTING ET LES CONJURÉS, à part.

Toi, dont le joug opprime la suède,
  Tyran, qui prends le nom de roi...
Que la vengeance à la honte succède ;

(Montrant leur épée.)

  Ce fer parviendra jusqu'à toi !

DEHORN.

Nous faire attendre ainsi, nous les grands de l'empire,
Confondus sans égards avec tous ses sujets,
Des bourgeois, des soldats, des maîtres de ballets !

WARTING.

Artiste-roi que le vulgaire admire,
Et qui fait, pour régir et charmer ses états,
Des conquêtes, des lois et des vers d'opéras.

CHOEUR.

Repose en paix, honneur de la Suède, etc.

DEHORN, WARTING.

Toi, dont le joug opprime la Suède.

OSCAR, page du roi, sortant de la chambre de Gustave.

Le roi, messieurs !

TOUS, se découvrant avec respect.

  C'est le roi, c'est le roi !

SCÈNE II.

Les précédens ; GUSTAVE, en robe de chambre de velours, garnie de fourrure. Il s'approche des différens groupes qu'il salue.

GUSTAVE, aux officiers-généraux, leur tendant la main.

Mes soldats, mes amis, mes nobles frères d'armes!
(Aux députés de la bourgeoisie et de l'ordre des paysans.)

Et vous tous, mes enfans!
(Ils lui présentent des pétitions qu'il prend avec empressement.)

       Ah! donnez!... c'est à moi
D'écouter vos chagrins et de tarir vos larmes;
  C'est pour cela que je suis roi!
(S'approchant de Roslin à qui il frappe sur l'épaule.)

Salut! et qu'Apollon te soit toujours en aide;
Mon jeune peintre, il faut préparer tes pinceaux.
(Se retournant vers Sergell.)

Et toi, grand statuaire, honneur de la Suède,
Je veux te commander des chefs-d'œuvre nouveaux (1).
(Aux autres artistes.)

 Tous vos talens dont l'éclat m'environne
Seront, dans l'avenir, mes titres les plus beaux;
Des palmes, qu'à chacun la gloire ici vous donne,
Détachez un laurier pour former ma couronne!

---

(1) Jean-Tobie Sergell, fils d'un paysan suédois, le plus grand statuaire de la Suède, ami de Canova, qu'il a surpassé en certaines parties. Il fut le favori et le protégé de Gustave III pour qui il composa ses plus beaux ouvrages, le groupe de Cupidon et Psyché, Diomède enlevant le Palladium, etc., etc.

AIR.

O vous qui consolez mon cœur!
   Doux charme de ma vie,
   Beaux-arts, par qui j'oublie
   Les soins de la grandeur,
   Venez! je vous implore;
   Que par vous seuls encore
   Je rêve le bonheur!

(A part, s'avançant au bord du théâtre.)

Et toi, dont l'image chérie
Me poursuit de son souvenir,
Amélie!... hélas! Amélie!
L'honneur m'ordonne de te fuir!
Et de mon cœur pour te bannir...
   Doux charme de ma vie,
   Beaux-arts, par qui j'oublie
   Les soins de la grandeur,
   Venez! je vous implore;
   Vous seuls pouvez encore
   Consoler ma douleur!

LE GÉNÉRAL KAULBART, ARMFELT, s'approchant du roi.

Sire...

GUSTAVE.

Que voulez-vous?

KAULBART.

     Le travail de la guerre.

ARMFELT.

Celui de la justice.

OSCAR.

    Et le bal de demain.

ACTE I, SCÈNE II.

GUSTAVE.

C'est pour toi, mon beau page, une importante affaire.

(A Kaulbart, à Armfelt et à Oscar, prenant les papiers qu'ils lui présentent.)

Donnez !... donnez !

OSCAR.

Oh ! notre souverain
Dicte comme César, à plus d'un secrétaire !

GUSTAVE, lisant.

« Armer sur-le-champ nos vaisseaux :
« Mettre en état nos arsenaux. »

(A part.)

Oui, la fortune moins jalouse,
Sur les rives de la Néva,
Bientôt vengera Charles-Douze
Et les affronts de Pultawa !

(Lisant un autre papier.)

« Nous octroyons le privilége
« Promis par notre aïeul Vasa ; »

(A part.)

Et du peuple que je protège
L'amour seul me protégera.

(A Oscar.)

Des dames je veux voir la liste.

OSCAR, la lui donnant.

Oh ! rien que des beautés !

GUSTAVE.

Sur ce point-là j'insiste.

(Lisant.)

La duchesse d'Holberg et celle de Gothland...
La comtesse Ankastrom !...

OSCAR, à part et le regardant

D'honneur, c'est étonnant;
Oui... depuis quelque temps, j'ai cru le reconnnaître,
Ce nom-là fait toujours de l'effet sur mon maître.

(Gustave reste plongé dans la rêverie.)

ENSEMBLE.

GUSTAVE, rêvant.

Elle y viendra... par sa présence
Cette fête s'embellira.
Je dois la voir!... et d'espérance
Je sens mon cœur battre déjà.

CHOEUR de tous ceux qui assistent au lever et qui contemplent le roi.

Voyez; il médite en silence
De grands et d'utiles projets.
Ne le troublons pas, car il pense
Au bonheur de tous ses sujets.

DEHORN, WARTING, LES CONJURÉS.

Voyez comme il rêve en silence;
S'il se doutait de nos projets!
Amis, redoublons de prudence
Pour en assurer le succès.

(Sur un geste du roi, tout le monde sort de la scène par le fond.)

SCÈNE III.

GUSTAVE, OSCAR, puis ANKASTROM.

GUSTAVE, à Oscar.

Que je sois seul!

(Au moment de se retirer, Oscar aperçoit Ankastrom qui entre par la porte à gauche; il va à lui et lui dit à demi-voix :)

ACTE I, SCÈNE III.

OSCAR.

Le roi ne voulait voir personne ;
Mais le comte Ankastrom, mais son meilleur ami,
A toujours accès près de lui.

(Il sort en lui montrant le roi qui est près de la table, la tête appuyée dans ses mains.)

ANKASTROM.

Quel air sombre et rêveur !

GUSTAVE, à part.

A toi je m'abandonne,
Amélie ! Amélie !...

(Levant les yeux et apercevant Ankastrom qui s'incline devant lui.)

O ciel ! c'est son mari !

ANKASTROM.

Quel désir en son cœur pourrait former Gustave,
Quand l'empire des czars qu'il menace et qu'il brave (1),
Et quand l'Europe entière admire sa valeur ?

GUSTAVE.

C'est beaucoup pour la gloire et rien pour le bonheur.

DUO.

ANKASTROM.

O Gustave ! ô mon noble maître !
O vous qu'en mon cœur je chéris !
Mon zèle ne peut-il connaître
Et partager tous vos ennuis ?

GUSTAVE.

Une vague mélancolie,

---

(1) La célèbre bataille de Svensk-Sund où Gustave commandait en personne la flotte suédoise, et où il remporta une victoire complète sur l'escadre russe commandée par le prince de Nassau.

Des tourmens cruels et secrets
Consument lentement ma vie,
Qui me fatigue et que je hais!

ANKASTROM.

De grâce! achevez...

GUSTAVE.

Ah! je n'ose.

(A part.)

Craignons de rougir à ses yeux!

ANKASTROM.

Eh bien! et quoique je m'expose
En vous faisant de tels aveux,
De vos chagrins je sais la cause.

GUSTAVE, avec effroi.

O ciel!

ANKASTROM, froidement.

Je la sais.

GUSTAVE.

Toi? grands dieux!

ENSEMBLE.

GUSTAVE, ANKASTROM.

GUSTAVE.

Par sa seule présence
Je tremble humilié;
Car malgré moi j'offense
L'honneur et l'amitié.

ANKASTROM.

Je romprai le silence;
Car je suis sans pitié,
Alors que l'on offense
L'honneur et l'amitié

ANKASTROM, à demi-voix.

Sachez donc qu'ici même, et je vous le confie,
Parmi vos courtisans, vos amis, vos flatteurs,
Il se trame un complot pour vous ôter la vie !

GUSTAVE, avec joie.

Ah! ce n'est que cela?

ANKASTROM.

J'en connais les auteurs ;
Je les ai devinés.

GUSTAVE, de même.

Grâce au ciel, je respire!

ANKASTROM.

Dans l'ombre je veillais et je puis tout vous dire...

GUSTAVE.

Non, non, tais-toi.

ANKASTROM.

Parler est mon devoir.

GUSTAVE.

Il faudrait les punir ; je ne veux rien savoir.

ENSEMBLE.

GUSTAVE, ANKASTROM.

GUSTAVE, à part.

Qu'un amour qui l'offense
Par moi soit oublié :
Dans ma reconnaissance
Respectons l'amitié!

ANKASTROM.

Ah! c'est trop de clémence!
Non, jamais de pitié,
Alors que l'on offense
L'honneur et l'amitié!

GUSTAVE.
Ne cherche pas dans ton zèle
A punir d'obscurs complots,
Quand la gloire nous appelle
A de plus nobles travaux.

ENSEMBLE.

GUSTAVE.
Oui, le fier Moscovite
Aux combats nous invite!
Marchons, et contre lui dirigeons nos soldats!
Si je meurs, que ce soit au milieu des combats :
La victoire me doit un semblable trépas!

ANKASTROM.
Oui, le fier Moscovite
Aux combats nous invite;
Marchons, et contre lui dirigez vos soldats.
Il est beau de mourir au milieu des combats;
Et la gloire vous doit un semblable trépas!

ANKASTROM.
Mais ces conspirateurs dont le bras vous menace,
Comment, sans les punir, déjouer leurs projets?

GUSTAVE.
Qu'ils sachent que je les connais;
Cela seul suffira.

ANKASTROM.
C'est doubler leur audace.

GUSTAVE.
Je sais que leurs poignards sont levés sur mon sein;
Mais redouter toujours le fer d'un assassin,
C'est mourir mille fois! et bravant leur atteinte,
J'aime mieux m'y livrer sans défense et sans crainte;

ACTE I, SCÈNE III.

Peut-être ils n'oseront!... La main tremble, crois-moi,
Quand on veut immoler et son père et son roi!

(Oscar rentre par la porte du fond.)

OSCAR, à Gustave.

Le grand surintendant qui dirige la fête
A votre majesté veut parler sur-le-champ.

GUSTAVE, à part, souriant.

Mon *Gustave Wasa*(1) qu'aujourd'hui l'on répète!

OSCAR.

Le maître des ballets l'accompagne et prétend
Qu'on ne peut rien en votre absence

GUSTAVE.

Je ne puis cependant sortir en ce moment;
Alors, qu'ils viennent tous, et le chant et la danse!

(Mouvement de surprise d'Ankastrom.)

La salle d'opéra que ma main fit bâtir
Attient à ce palais : ainsi tout se compense;

---

(1) Gustave était lui-même un écrivain dramatique élégant et spirituel. Il eût été probablement un des premiers acteurs de la Suède et incontestablement son meilleur directeur de théâtre. Il créa et protégea l'opéra suédois. Les décorations égalaient, si elles ne surpassaient pas, ce qu'il y avait de plus beau dans ce genre en Europe Elles étaient dessinées sous son inspection immédiate : car il était en état de donner des leçons aux premiers maîtres. Le goût et la magnificence régnaient dans les costumes.

Si un étranger avait vu le roi entouré de ses chanteurs, de ses danseurs et de ses costumiers, il l'aurait cru tellement absorbé par son goût pour le théâtre qu'il ne lui restait pas le temps de s'occuper d'affaires plus importantes. Mais, après avoir écouté une répétion et donné d'utiles leçons aux acteurs, Gustave donnait audience tantôt à un archevêque à qui il donnait son avis sur une nouvelle version de la Bible; tantôt à un ingénieur qui venait le consulter sur les travaux de Carlscroen, de Sweabozg ou de Trolhatta; tantôt à ses manufacturiers de toute espèce, etc., etc.

(Cours du Nord, tom. II, page 240.)

Ainsi près des ennuis j'ai placé le plaisir.

(Oscar qui était sorti rentre avec le maître des ballets ; tous les acteurs et danseurs habillés en paysans dalécarliens entrent aussi ; le grand surintendant, le maréchal du palais et un chambellan qui se placent derrière le roi.)

(Au maître des ballets.)

Voici tous nos acteurs. Devant nous qu'on commence !

(A Ankastrom, lui faisant signe de s'asseoir à droite à côté de lui.)

Toi, tu peux critiquer sans façons, sans égards,
Car il n'est plus de roi où règnent les beaux-arts !

(Se tournant vers les seigneurs de la cour qui sont derrière lui)

Nous sommes dans les champs de la Dalécarlie,
Où Gustave Wasa, dont les jours sont proscrits,
Vient chercher un asile (1).

ANKASTROM.

Et sauver son pays...

Comme vous, sire...

GUSTAVE, l'interrompant, et s'adressant au maître des ballets.

Allons, commençons, je vous prie.

(Le maître des ballets prend les ordres du roi, et la répétition commence au milieu du salon. Paraît d'abord un acteur représentant Wasa ; il est en costume de paysan dalécarlien : poursuivi et accablé de fatigue, il peut à peine se soutenir. Des valets de pied ont apporté de la salle d'opéra un banc de gazon. Wasa s'y assied et s'endort ; une musique harmonieuse se fait entendre, des songes heureux viennent entourer Wasa et lui montrent le Génie de la Suède qui lui apparaît et lui promet la victoire. Le roi se lève et fait au maître des ballets des observations sur la manière dont les groupes sont formés ; il demande d'autres poses, d'autres pas que l'on exécute. Les songes disparaissent, et les jeunes danseuses qui les représentaient viennent recevoir les complimens du roi et des seigneurs qui l'entourent. — Deuxième entrée : une musique joyeuse annonçant une noce dalécarlienne ; à ce bruit Wasa se réveille ; les paysans et paysannes lui offrent l'hospitalité et le font asseoir à leur table ; il accepte : l'on danse. Pendant ce temps, le roi a expliqué aux seigneurs qui l'entourent les différentes scènes du ballet. — Troi-

(1) Gustave III a composé un opéra de *Gustave Wasa*, qui fut représenté à Stockholm avec un grand succès, et que l'on peut voir dans le recueil de ses Œuvres imprimées à Paris, chez Schœll, en 1805.

ACTE I, SCÈNE III.

sième entrée. Les ouvriers qui travaillent aux mines arrivent, et l'un d'eux reconnaît Wasa; il le montre à ses compagnons, qui tombent à ses pieds et jurent de le prendre pour chef, de le défendre et de le suivre. — Ankastrom et les seigneurs de la cour applaudissent. — En ce moment paraît au milieu du salon le ministre de la justice tenant à la main plusieurs ordres à signer. A sa vue, le roi se lève, interrompt la répétition, et fait signe au maître des ballets et aux acteurs de se retirer.)

GUSTAVE, se levant.

(Au maître des ballets et aux artistes.)

Des ordres à signer. C'est bien! que l'on nous laisse!

(Tous sortent par les portes du fond. Gustave lit deux ou trois ordres qu'il signe, puis s'arrête en en lisant un quatrième.)

Mais que vois-je? un arrêt d'exil?
Contre une femme encor!... Quel crime, quel péril
Dicta cet ordre?

ARMFELT.

C'est une devineresse,
Une femme du peuple; Arvedson est son nom.

OSCAR, vivement.

Arvedson, dites-vous? la célèbre sibylle
Qui voit venir chez elle et la cour et la ville!

ARMFELT.

Sur le port de Stockholm je sais que sa maison
 Est le rendez-vous et l'asile
 De gens suspects et turbulens.
Je bannis Arvedson!

OSCAR.

Et moi je la défends!

COUPLETS.

PREMIER COUPLET.

Aux cieux elle sait lire;
Et dans sa docte main

Les cartes vont prédire
L'avenir incertain.
Fillette qui désire,
Duchesse qui soupire
Pour ce qu'elle n'a pas,
Disent tout bas, tout bas :

Allons, allons chez la devineresse;
Et par son adresse,
Pour nous l'avenir
Va se découvrir !
Elle est de concert
Avec Lucifer !

LE CHOEUR, en riant.

D'honneur, c'est charmant !
Quel rare talent !
Elle est de concert
Avec Lucifer !

OSCAR.

DEUXIÈME COUPLET.

Chez elle on trouve encor
Des philtres inconnus,
Qui font que l'on s'adore
Ou qu'on ne s'aime plus.
Amans qu'on désespère,
Maris qu'on n'aime guère,
Si vous doutez encor,
Pour savoir votre sort...

Allez, allez chez la devineresse;
　　Et, par son adresse,
　　Pour vous l'avenir
　　Va se découvrir!
　　Elle est de concert
　　Avec Lucifer!

LE CHOEUR.

D'honneur, c'est charmant!
Quel rare talent!
Elle est de concert
Avec Lucifer!

ARMFELT.

Il faut la condamner!

OSCAR.

Il faut lui faire grâce!

GUSTAVE.

L'alternative m'embarrasse;
　Et, pour juger plus sainement,
J'imagine un moyen dicté par la sagesse.

TOUS.

Et lequel?

GUSTAVE.

Aujourd'hui, sous un déguisement,
Rendons-nous tous chez la devineresse (1).

ANKASTROM.

Y pensez-vous?

GUSTAVE.

Eh! oui vraiment!

---

(1) Voir dans l'ouvrage intitulé *Les Cours du Nord*, par John Brown, et traduit par M. Cohen, les visites de Gustave III à mademoiselle Arvedson, la célèbre tireuse de cartes. Tome III, page 157 et suivantes.

Moi je pense, c'est mon système,
Qu'un roi doit tout voir par lui-même.

OSCAR.

La bonne idée! ah! ce sera charmant!

GUSTAVE.

N'est-il pas vrai! le plaisir nous attend.

TOUS.

Sous les grelots de la folie
Qu'aujourd'hui chacun se rallie!
Quittons les grandeurs et la cour,
Et soyons heureux pour un jour!
Un seul jour!

DEHORN, bas à Warting.

Ah! si cette aventure aujourd'hui faisait naître
L'occasion propice!

WARTING, de même.

Il ne faut qu'un moment.

ANKASTROM, bas à Gustave.

Quel projet imprudent!

GUSTAVE.

Je le trouve divin!

ANKASTROM.

On peut vous reconnaître!

DEHORN ET WARTING, riant.

Ankastrom est toujours tremblant!

ANKASTROM, haut, les regardant.

Oui, dès qu'il s'agit de mon maître.

ACTE I, SCÈNE III.

(A part.)

Mais sur eux tous je veille, et de nombreux soldats,
Par mes soins disposés,

(Montrant le roi.)

De loin suivront ses pas.

GUSTAVE, aux courtisans.

Pour ne pas être vus en traversant la ville!
Séparément chez la sibylle
Nous nous rendrons.

(A Oscar.)

Pour moi dispose ce qu'il faut,
Un habit de soldat ou bien de matelot.

OSCAR.

En serai-je?

GUSTAVE.

(Aux courtisans.)

Oui vraiment. Ainsi, quoi qu'il arrive,
A deux heures le rendez-vous
Chez Arvedson; et qui m'aime me suive!

OSCAR, montrant les courtisans qui s'inclinent tous devant le roi.

Oh! sire, ils vous suivront tous!

ENSEMBLE

GUSTAVE ET LES COURTISANS.

Sous les grelots de la folie
Qu'aujourd'hui chacun se rallie!
Quittons les grandeurs et la cour,
Et soyons heureux pour un jour!

ANKASTROM.

Sous les grelots de la folie
Peut se cacher la perfidie ;
Au prix des miens sauvons ses jours,
Et sur mon roi veillons toujours.

FIN DU PREMIER ACTE.

ACTE DEUXIÈME.

La maison de la devineresse. Sur le second plan à gauche, une large cheminée dans laquelle on a construit un poêle : le feu est allumé ; une chaudière bout sur un trépied. Du même côté, et sur le premier plan, un cabinet. Sur le second plan, à droite, une petite porte secrète au haut d'un escalier. Au fond, une porte et une croisée à travers laquelle on aperçoit une partie du port et de la rade de Stockholm.

SCÈNE PREMIÈRE.

ARVEDSON, CHRISTIAN, Gens du peuple.

(La devineresse est devant sa table ; près d'elle et debout, un garçon et une jeune fille lui demandent la bonne aventure : dans le fond, des gens du port, des matelots et des femmes du peuple attendent leur tour.)

LE CHOEUR, regardant Arvedson avec crainte et respect.

Gardons-nous bien de la troubler,
C'est Belzébuth qui va parler.

ARVEDSON, jetant quelques plantes dans la chaudière.

O Belzébuth ! ô roi des noirs abîmes !
Sois aujourd'hui mon guide et mon soutien ;
A ton aspect les cœurs pusillanimes
Tremblent d'effroi ; mais moi, je ne crains rien !
O mon maître ! maître suprême,
Dont j'invoque les lois,

De l'enfer viens toi-même,
Et réponds à ma voix !

(Gustave, habillé en matelot, entre seul par la porte du fond, et se mêle à droite parmi les gens du peuple.)

GUSTAVE.

Au rendez-vous j'arrive, et le premier, je crois.

(Il aperçoit la devineresse et veut la regarder de plus près. Les femmes du peuple le repoussent rudement, et le roi s'éloigne d'elle en souriant.)

ARVEDSON, continuant son évocation.

Prince des nuits, préside à ces mystères ;
Je crois en toi, je crois en ton pouvoir ;
Pourquoi, souvent rebelle à mes prières,
As-tu trompé mes vœux et mon espoir ?
O mon maître ! maître suprême
Dont j'invoque les lois,
De l'enfer viens toi-même,
Et réponds à ma voix !
Je l'entends... c'est lui-même,
Il répond à ma voix.

(Elle se frotte les mains et le front avec le philtre qu'elle vient de composer.)

LE CHOEUR, l'entourant.

Vive la devineresse ;
Dont le pouvoir redouté
Nous dispense la richesse,
Le plaisir et la santé !

ARVEDSON.

Silence ! je l'ai dit.

TOUS, à voix basse, et la pressant davantage en tendant leur main.

A mon tour maintenant.
Voilà mon argent !
Voilà, voilà mon argent.

CHISTIAN, matelot, fendant brusquement la foule.

Place, vous dis-je! à mon tour! c'est à moi,
Christian, matelot du roi!
Je veux savoir mon sort et mes chances futures.
Au service du roi j'ai bravé le trépas,
Et depuis dix-huit ans que pour lui je me bats,
Je n'ai rien reçu!

ARVEDSON.

Rien?

CHRISTIAN.

Que trois larges blessures.
Aurai-je mieux un jour?

ARVEDSON.

Donnez-moi votre main!

CHRISTIAN, présentant sa main.

Je paierai bien; tâchez que ce soit bon.

GUSTAVE, à part.

Brave homme.

ARVEDSON, examinant la main de Christian.

Vous recevrez un jour, de notre souverain,
Un beau grade, et, de plus, une assez forte somme.

GUSTAVE, tirant de sa poche un rouleau d'or sur lequel il écrit quelques
mots au crayon.

Je veux qu'elle ait dit vrai.

(Il glisse le rouleau dans la poche de la veste de Christian, et se remet tranquillement à fumer sa pipe.)

CHRISTIAN, à Arvedson.

Sorcière! grand merci.

(A part.)

Pour moi, pour mes enfans, quelle heureuse nouvelle!

(A Arvedson.)

Combien?

ARVEDSON.

Deux rixdallers.

CHRISTIAN.

C'est cher,

(Fouillant dans sa poche.)

Car l'escarcelle.
N'est pas trop bien garnie.

(Retirant le rouleau qu'il regarde avec étonnement.)

O ciel! que vois-je ici?

(Lisant.)

« Le roi Gustave, à son vieux camarade,
« Christian, l'officier. » A moi de l'or!... un grade!
O miracle! ô bonheur! la sorcière a raison;
Je vanterai partout ses talens et son nom!

ENSEMBLE.

ARVEDSON, CHRISTIAN, TOUT LE CHOEUR, GUSTAVE.

ARVEDSON, avec enthousiasme.

Du maître à qui je m'adresse
Mon cœur n'a jamais douté:
Par moi qui suis sa prêtresse
Son pouvoir est respecté.

CHRISTIAN ET TOUT LE CHOEUR.

Vive la devineresse
Dont le pouvoir redouté
Nous accorde la richesse,
Le plaisir et la santé!

(L'entourant.)

Pour qu'on m'en donne autant,
Voilà, voilà mon argent!

ACTE II, SCÈNE I.

GUSTAVE.

Oui, oui... la devineresse
Sur moi n'avait pas compté ;
De son art, de son adresse,
Elle doute en vérité.
Ce miracle étonnant
A doublé son talent.

(Dans ce moment on frappe en dehors de la petite porte à droite : tout le monde s'arrête et écoute.)

GUSTAVE.

On a frappé !

ARVEDSON, à part, montrant la petite porte.

Souvent, par ce secret passage,
Se rend chez moi plus d'un grand personnage,
Qui veut, à tous les yeux, garder le décorum.

(Elle va ouvrir : entre un domestique sans livrée.)

GUSTAVE, le regardant.

Que vois-je ? Un valet d'Ankastrom,
Sans livrée, en ces lieux !

LE VALET, s'adressant à Arvedson.

Madame, ma maîtresse
Vers vous m'envoie.

GUSTAVE, à part.

O ciel ! c'est la comtesse !

LE VALET.

En dehors elle attend.

ARVEDSON.

Eh bien ?

LE VALET.

Elle voudrait
Vous consulter seule en secret.

GUSTAVE, faisant un geste de joie.

Dieux!

ARVEDSON.

Elle peut venir sans crainte et sans scrupule.
J'aurai soin d'éloigner tous les yeux indiscrets.

(Le valet sort.)

GUSTAVE, à part.

Exaltée, et pourtant faible, tendre et crédule,
  C'est elle!... je la reconnais!
Mais quels sont ses désirs et surtout ses projets?

ARVEDSON, qui pendant cet aparté s'est approchée des gens du peuple.

Pour vous répondre à tous, il faut qu'avec adresse
Mon démon familier par moi soit consulté.
Vous reviendrez plus tard! je le veux! qu'on me laisse!

LE CHOEUR.

  Vive la devineresse,
  Dont le pouvoir redouté,
  Nous dispense la richesse,
  Le plaisir et la santé!

(Ils sortent tous par la porte du fond: Gustave a l'air de les suivre, passe derrière Arvedson et se cache dans le cabinet à gauche, où il est caché par le rideau que forme la voile du navire. Arvedson a reconduit tous les gens du peuple jusqu'à la porte du fond, qu'elle ferme sur eux à double tour, puis va ouvrir la porte à droite; paraît Amélie qui entre en tremblant et regarde avec crainte autour d'elle.)

SCÈNE II.

ARVEDSON, AMÉLIE, GUSTAVE, caché.

ARVEDSON.
Rassurez-vous : vers moi qui vous amène ?

AMÉLIE, timidement.
Puisque votre science est, dit-on, souveraine...
Ce qui m'amène ici, vous devez le savoir.

ARVEDSON.
Laissez-moi de mon art consulter le pouvoir.

TRIO.

ARVEDSON, à part, réfléchissant.
C'est sans doute une grande dame ;
Oui, quelque dame de la cour ;
Et le trouble agite son ame.

(Haut.)
Il s'agit de chagrin d'amour !.

AMÉLIE.
O ciel vous savez mon secret !

ARVEDSON.
J'en étais sûre !

GUSTAVE, à part.
Elle aimerait !

ARVEDSON.
C'est bien, achevons !

GUSTAVE, à part.
Écoutons !

AMÉLIE.

J'ai vu briller, au rang suprême,
Un amant qui m'a su charmer.
Je lutte en vain! hélas! je l'aime,
Et je voudrais ne plus l'aimer!

ARVEDSON.

Quoi! vous aimez!

AMÉLIE.

Sans le vouloir;
Et comment, fidèle au devoir,
De mon souvenir
Le bannir?

ENSEMBLE.

AMÉLIE, ARVEDSON, GUSTAVE.

AMÉLIE.

Mon ame émue
Résiste en vain;
Flamme inconnue
Brûle mon sein;
Hélas! madame,
Comment guérir
Si douce flamme
Qui fait mourir?

ARVEDSON.

Son ame émue
Résiste en vain;
Feu qui la tue
Brûle son sein.
Cessez, madame,
De tant gémir;
De cette flamme
On peut guérir.

ACTE II, SCÈNE II.

GUSTAVE, à part.

Voix que j'adore,
Rêve enchanteur !
Je doute encore
De mon bonheur !
Ami fidèle,
Je devrais fuir !
Mais fuir loin d'elle
Serait mourir.

ARVEDSON.

Je sais un magique breuvage,
D'un infaillible effet !

AMÉLIE.

Au prix de tout mon or...

(Lui donnant une bourse.)

Tenez, et cent fois plus encor !

ARVEDSON.

Mais pour le composer il vous faut du courage !

AMÉLIE.

Du courage... j'en aurai !

ARVEDSON.

Hors des murs de la ville il est un lieu terrible,
Sauvage, épouvantable, et du peuple abhorré ;
De la loi qui punit la rigueur inflexible
Au châtiment l'a consacré !
Et là, des condamnés, quand siffle la tourmente,
Se heurte dans les airs la dépouille flottante !
C'est là qu'il faut aller... ce soir, seule, à minuit !

AMÉLIE.

Je n'oserai jamais.

ARVEDSON.

Déjà ton front pâlit !

AMÉLIE, avec exaltation et s'armant de courage.

J'irai, j'irai ! Que dois-je faire ?

ARVEDSON.

De ta main il faut arracher
Une plante magique, une verte bruyère
Qui ne croît que sur ce rocher.

AMÉLIE.

O ciel !

ARVEDSON.

Eh quoi ! ton cœur frissonne !

AMÉLIE.

Oui ; mais pour l'oublier, le devoir me l'ordonne,
J'irai, je le promets.

GUSTAVE, à part.

Et moi,
Je t'y suivrai, j'y veillerai sur toi.

ENSEMBLE.

AMÉLIE, ARVEDSON, GUSTAVE.

AMÉLIE.

Mon ame émue
Résiste en vain ;
Flamme inconnue
Brûle mon sein.
Oui, de mon ame
Il faut bannir
Coupable flamme
Qui fait mourir.

A mon devoir fidèle,
Je brave le danger,
Oui, c'est Dieu qui m'appelle ;
Il doit me protéger.

ACTE II, SCÈNE II.

ARVEDSON.

Son ame émue
Résiste en vain ;
Feu qui la tue
Brûle son sein.
Cessez, madame,
De tant gémir ;
De cette flamme
On peut guérir.

A mes avis fidèle,
Bravez un tel danger :
Celui qui vous appelle
Saura vous protéger.

GUSTAVE, à part.

Voix que j'adore,
Rêve enchanteur !
Je doute encore
De mon bonheur.
Ami fidèle,
Je devrais fuir ;
Mais fuir loin d'elle
Serait mourir.

Du moins je veux, loin d'elle,
Écarter le danger,
Et son amant fidèle
Saura la protéger.

(A la fin de ce trio l'on entend plusieurs voix crier en dehors à la porte du fond.)

Fille d'enfer dont les jours sont maudits !
Sorcière, ouvre-nous ton logis !

ARVEDSON, reconduisant Amélie jusqu'à la porte à droite.

Partez ! partez !

AMÉLIE.

Adieu ! toi, songe à ta promesse !

(Elle sort ; Arvedson referme la porte à droite, puis va ouvrir celle du fond. Gustave est rentré dans le cabinet à gauche, et, lorsque Warting et les courtisans ont descendu le théâtre, il sort et se mêle à la foule sans être aperçu.)

SCÈNE III.

ARVEDSON, GUSTAVE, DEHORN, WARTING, OSCAR, COURTISANS, DÉGUISÉS EN GENS DU PEUPLE.

LE CHOEUR, à Arvedson.

De Belzébuth digne prêtresse
En son temple nous venons tous
Interroger sa prophétesse ;
Au nom de l'enfer, réponds-nous !

OSCAR.

Mais le roi, dans ces lieux, tarde bien à paraître.
(L'apercevant.)   (Souriant.)
C'est lui, c'est notre auguste maître,
Sous cet habit de matelot !...

GUSTAVE, à demi-voix et lui faisant signe de se taire.

Tais-toi ! pas un mot !

(S'adressant à Arvedson.)

PREMIER COUPLET.

Vieille sibylle !
Qu'on dit habile ;
Par Belzébuth, apprends-moi mon destin ?
Quel qu'il puisse être,
Fais-le connaître ;
Nous en rirons le verre en main.

Près de l'objet de ma tendresse,
Dis-moi si l'amour
M'attend au retour.

Mais l'Océan ou ma maîtresse
   Devraient-ils tous deux
     Trahir mes vœux,
    Du ciel, des mers,
    Et des enfers
    Je braverais
      Les décrets !

     Allons,
      Réponds,
   Nous entendrons
   Notre avenir
    Sans frémir !

LE CHOEUR.

Par Belzébuth, réponds sans hésiter !
Oui, rien de toi ne peut m'épouvanter !
    Du ciel, des mers,
    Et des enfers
    Je braverais
     Les décrets !

     Allons,
      Réponds,
   Nous entendrons
   Notre avenir
    Sans frémir.

GUSTAVE.

DEUXIÈME COUPLET.

Quand la tempête.
  Sur notre tête,
Gronde, mugit, et soulève les flots,

Notre équipage
Brave l'orage,
Et nous chantons en joyeux matelots :

Loin du beau ciel de la patrie
S'il faut demeurer
Ou bien expirer,
Ou s'il faut dire à son amie :
Adieu mes amours
Pour toujours;
Du ciel, des mers,
Et des enfers
Nous braverons tous
Le courroux!

Allons,
Réponds,
Nous entendrons
Notre avenir
Sans frémir!

CHOEUR.

Par Belzébuth, réponds sans hésiter!
Oui, rien de toi ne peut m'épouvanter!
Du ciel, des mers,
Et des enfers
Nous braverons tous
Le courroux!

Allons,
Réponds,
Nous entendrons
Notre avenir
Sans frémir!

ACTE II, SCÈNE III.

ARVEDSON.

Oh! qui que vous soyez! vous tous, dont l'arrogance
Vient jusqu'en ce logis insulter ma puissance,
Du sort que votre voix me force à révéler
Peut-être les arrêts vont vous faire trembler.

GUSTAVE, aux courtisans.

Eh bien! mes chers amis, vous gardez le silence!

WARTING.

Qui voudra le premier tenter l'épreuve?

OSCAR, vivement.

        Moi!

TOUS.

C'est moi! c'est moi! c'est moi!

GUSTAVE.

J'en réclame l'honneur!

OSCAR, à part.

      C'est juste, il est le roi.

ARVEDSON, prenant la main de Gustave et en examinant les lignes.

Si le sort ne m'a trompée,
Cette main est vaillante et sait porter l'épée.

OSCAR, vivement.

Elle a dit vrai!

GUSTAVE, à part.

      (A Arvedson.)

  Silence! achève!

ARVEDSON, regardant encore la main du roi et détournant les yeux en poussant un soupir.

        Hélas!

Retire-toi... ne m'interroge pas.

GUSTAVE, avec fermeté.

Je persiste pourtant ; je le veux !

(Se reprenant avec douceur.)

Je t'en prie.

TOUS.

Parlez, parlez.

ARVEDSON.

Eh bien ! avant peu tu mourras !

GUSTAVE, avec enthousiasme.

Si c'est au champ d'honneur, ah ! je t'en remercie !

ARVEDSON.

Guerrier ! un tel bonheur ne t'est pas destiné ;
Et tu mourras... assassiné !

TOUS, avec effroi.

Grands dieux !

GUSTAVE, riant.

Ah ! la bonne folie !

DEHORN ET WARTING, troublés.

Quelle horreur !

ARVEDSON, les regardant tous deux d'un air menaçant.

Pourquoi donc, vous que je vois ici,
A ce mot seul tremblez-vous plus que lui ?

ENSEMBLE.

OSCAR, COURTISANS, DEHORN, WARTING, CONJURÉS,
ARVEDSON, GUSTAVE.

OSCAR ET QUELQUES COURTISANS.

O funeste pensée
Dont mon ame est glacée !
Je tremble malgré moi
De surprise et d'effroi.

ACTE II, SCÈNE III.

DEHORN, WARTING, ET LES AUTRES CONJURÉS,
regardant Arvedson.

Malheur à l'insensée
Qui lit dans ma pensée !
Je frémis malgré moi
De surprise et d'effroi.

ARVEDSON.

Sa vie est menacée,
Et son ame insensée
A mon art, je le voi,
Ne peut ajouter foi.

GUSTAVE, *riant.*

Quelle plaisanterie !
Ah ! la bonne folie !
Ah ! je ris malgré moi,
Du trouble où je les voi.

GUSTAVE, à Arvedson.

Achève alors ta prophétie !
Sais-tu quel est celui qui doit m'ôter la vie ?

ARVEDSON, *lentement.*

C'est celui même... à qui le premier aujourd'hui
Tu donneras la main.

GUSTAVE, gaiment.

Vraiment ? nouveau miracle !

(Il fait le tour du cercle et présente en riant sa main à tous les courtisans, qui reculent et refusent de la toucher.)

Eh bien ! messieurs, messieurs, lequel de vous ici
Voudra faire mentir l'oracle ?

SCÈNE IV.

Les précédens; ANKASTROM, paraissant a la porte du fond.

GUSTAVE, courant à lui vivement, et, sans y penser, lui prenant amicalement la main.

Ah! te voilà... viens donc! toi seul es en retard.

TOUS, avec un mouvement de surprise, voyant la main du roi dans celle d'Ankastrom.

Ankastrom!

DEHORN, riant.

Je respire!

WARTING, de même.

Et rends grâce au hasard!

ENSEMBLE.

OSCAR, DEHORN, WARTING, LES CONJURÉS, GUSTAVE, ARVEDSON.

OSCAR, riant.

Malgré son art et sa science,
La sibylle était dans l'erreur.
Ah! je renais à l'espérance,
Le calme rentre dans mon cœur.

DEHORN, WARTING, LES CONJURÉS, riant.

Malgré son art et sa science,
La sibylle était dans l'erreur,
Et de nos projets de vengeance
Rien ne doit ralentir l'ardeur.

GUSTAVE, riant.

Malgré son art et sa science,
La sibylle était dans l'erreur;
Et je ris encor, quand j'y pense.
De leur crainte et de leur terreur.

ACTE II, SCÈNE IV.

ARVEDSON.

Oui, vous méprisez ma puissance,
Vous traitez mon art d'imposteur ;
Mais le destin dans sa vengeance,
Vous punira de votre erreur.

GUSTAVE, serrant de nouveau la main d'Ankastrom.

Oui, cette main que je presse en la mienne
Est celle d'un ami !

ANKASTROM, s'inclinant.

Quoi ! sire ?

ARVEDSON, étonnée.

C'est le roi !

GUSTAVE, souriant.

Ton art, grande magicienne,
Ne te l'avait pas dit ; et même, je le voi,
Tu n'avais pas non plus prévu que de la ville
On voulait te bannir ?

ARVEDSON.

Moi, sire ?

GUSTAVE.

Sois tranquille !
Je te permets de rester en ces lieux.
De plus...

(Lui donnant une bourse.)

Prends cet or... je le veux !

ARVEDSON.

Gustave !... ô mon généreux maître !
Pour reconnaître ici tes bienfaits, je ne puis
Que répéter encore mes sinistres avis...

(A demi-voix regardant Ankastrom.)

L'un d'eux te trahira !

WARTING ET DEHORN.

Grand Dieu!

ARVEDSON, les regardant aussi

Plus d'un, peut-être!

GUSTAVE, avec colère

Quoi! toujours des soupçons!... tais-toi!

(Avec bonté.)

Gustave ne veut pas en instruire le roi!

ENSEMBLE.

DEHORN, WARTING, etc., OSCAR, etc., ARVEDSON,
ANKASTROM, GUSTAVE.

DEHORN, WARTING, etc.

Je tremble que la défiance
Ne se glisse enfin dans son cœur.
Si nous retardons la vengeance,
Il échappe à notre fureur.

OSCAR, etc.

Malgré son art et sa science,
La sibylle était dans l'erreur.
Ah! je renais à l'espérance,
Le calme rentre dans mon cœur.

ARVEDSON.

Oui, vous méprisez ma science,
Vous traitez mon art d'imposteur;
Mais le destin dans sa vengeance,
Vous punira de votre erreur.

ANKASTROM, montrant Arvedson.

En ses discours j'ai confiance,
La crainte se glisse en mon cœur.

(Regardant Dehorn et Warting.)

Des traîtres craignons la vengeance
Et sachons tromper leur fureur.

ACTE II, SCENE IV.

GUSTAVE.

Oui, bannissons la défiance
Qui viendrait troubler mon bonheur.
Et ne pensons qu'à l'espérance
Qui doit régner seule en mon cœur.

ANKASTROM, à quelques seigneurs qui l'entourent.

Venez, messieurs, du roi protégeons la sortie.

(Ils sortent par la porte du fond.)

WARTING, voyant sortir Ankastrom et ses amis.

Eh bien ! sans plus tarder, saisissons ce moment !

Montrant Gustave.)

Déguisé, sans défense, il nous livre sa vie...

(A Dehorn.)

Viens, frappons !.. c'est l'instant !

(Tous les deux, la main cachée dans la poitrine comme pour y prendre leur poignard, s'approchent de Gustave ; les autres conjurés les suivent. Gustave, Arvedson et Oscar sont seuls à gauche du spectateur ; Oscar aide Gustave à mettre un large manteau qu'il vient de lui présenter. Warting et Dehorn qui s'avancent derrière le roi vont le frapper. Dans ce moment on entend en dehors, dans la rue, les cris du peuple.)

LE CHŒUR.

Vive à jamais Gustave !
Vive notre bon roi !
Vive, vive le roi !

(Christian, le matelot, ouvre la porte du fond et, suivi d'un flot de peuple, hommes et femmes, se précipite dans la chambre. Tous les conjurés étonnés reculent de quelques pas.)

CHRISTIAN, apercevant Gustave.

Camarades, c'est lui ! c'est bien lui ! je le vois !
Il est l'appui du peuple, il est l'ami du brave:
Ses sujets, ses soldats diront tous comme moi:

Vive à jamais Gustave !

Vive notre bon roi !
Vive, vive le roi !

(Ils entourent Gustave, s'inclinent devant lui ; d'autres baisent ses mains et ses habits.)

GUSTAVE, à Arvedson et à Ankastrom, qui vient de rentrer suivi de ses amis

Vous voulez qu'aux soupçons mon ame s'abandonne !
Voilà les seuls remparts qui défendent un roi !

(Prenant la main de Christian et des autres matelots.)

Et de mon peuple heureux quand l'amour m'environne,
Les poignards ne sauraient arriver jusqu'à moi.

ENSEMBLE.

WARTING, DEHORN, LES CONJURÉS.

Grand Dieu ! leur funeste présence.
A trompé nos justes fureurs !
Mais suivons ses pas en silence :
Qu'il tombe sous nos bras vengeurs !

LE CHOEUR.

Vive à jamais Gustave !
Vive notre bon roi !
Vive, vive le roi !

(Les matelots et les gens du peuple entourent Gustave ; Dehorn, Warting et les autres conjurés sortent lentement et d'un air sombre au milieu des transports de joie, des chapeaux et bonnets jetés en l'air, etc.)

FIN DU DEUXIÈME ACTE.

ACTE TROISIÈME.

Un site affreux et sauvage aux environs de Stockholm. A gauche, on aperçoit deux piliers réunis au sommet par d'épaisses barres de fer : c'est là qu'on suspend les suppliciés. A l'entour sont des rochers, des arbres verts très élevés, qui donnent à ce paysage une apparence lugubre ; plusieurs parties en sont éclairées par la lune.

SCÈNE PREMIÈRE.

(Au lever du rideau ce lieu est désert ; on voit tomber la neige, on entend le sifflement du vent. Minuit sonne dans le lointain ; c'est l'horloge du dernier faubourg de Stockholm. — Paraît sur la montagne une femme enveloppée d'une pelisse ; elle avance en tremblant, s'arrête à chaque pas et paraît près de se trouver mal ; c'est Amélie. Elle aperçoit les deux piliers, elle tressaille d'effroi et tombe presque inanimée sur un banc de rochers qui est à droite.)

AMÉLIE, SEULE.

RÉCITATIF.

Mon Dieu ! secourez-moi ! la force m'abandonne !
(Essayant de se lever.)
Dans cet affreux séjour du crime et du trépas,
Tout me glace d'effroi... jusqu'au bruit de mes pas.
Je suis seule... avançons !... quelle horreur m'environne !
(Regardant les piliers.)
Oui, si je me souviens de son ordre formel,
Là... parmi ces rochers... près de ce temple antique,

Il faut chercher ces fleurs dont le pouvoir magique
Doit bannir de mon cœur un amour criminel.

(Elle va pour les cueillir, s'arrête et laisse tomber sa tête sur son sein.)

CANTABILE.

Et lorsque d'une main tremblante
J'aurai cueilli ce talisman,
Pour que la sibylle savante
En compose un philtre puissant,

De l'amour dont je suis esclave
Tous souvenirs seront perdus!
Plus d'espoir! plus d'amour!... Gustave,
Hélas! je ne t'aimerai plus!

O peine secrète!
Mon ame inquiète,
Malgré moi regrette
Ce que je vais fuir :
Et mon cœur rebelle
Ici me rappelle
L'image cruelle
Que je dois bannir!

Oui, cette haine que j'implore
Est pour moi plus cruelle encore
Que les tourmens
Que je ressens!
O peine secrète!
Mon ame inquiète
Malgré moi regrette
Ce que je vais fuir;
Et mon cœur rebelle,

Hélas! me rappelle
L'image cruelle
Que je veux bannir!

Eh quoi! ma main balance
Quand la voix de l'honneur
Retentit à mon cœur!
Dieu, qui vois ma souffrance,
Ne m'abandonne pas,
Et viens guider mes pas!
Viens! viens! et guide mes pas!

(Elle passe sous les piliers et va s'approcher des rochers lorsque paraît Gustave; elle pousse un cri d'effroi et veut s'enfuir; Gustave la retient par la main.)

SCÈNE II.

AMÉLIE, GUSTAVE.

GUSTAVE.

Calmez votre frayeur! c'est moi, c'est votre roi
Qui vient veiller sur vous...

AMÉLIE, retirant sa main et s'éloignant.

Ah! sire, laissez-moi!

DUO.

GUSTAVE.

Ainsi donc à l'enfer lui-même
Vous demandez de me haïr;
Moi qui gémis, moi qui vous aime,
Moi qui jure de vous chérir!

AMÉLIE.

Je me suis trahie! ah! Gustave!...

(S'arrêtant et cachant sa tête dans ses mains.)

Comment supporter son aspect?

GUSTAVE.

Ne craignez rien; votre humble esclave
Vous entoure de son respect!

(S'aprochant d'elle et avec tendresse.)

Mais si l'amour règne en votre ame...

AMÉLIE, joignant les mains.

Grâce et pitié! je suis la femme
De votre ami!

GUSTAVE, avec remords et détournant la tête.

Tais-toi! tais-toi!

AMÉLIE, de même.

Je suis la compagne chérie
De celui qui pour son roi
Donnerait son sang et sa vie!

GUSTAVE, de même.

Va-t'en! va-t'en! laisse-moi!
Et, puisque tu veux que j'expire,
Emporte ma vie avec toi!

ENSEMBLE.

GUSTAVE.

O tourment! ô délire!
Le remords me déchire;
Pour moi point de pardon!
Sans toi je ne peux vivre;
Et l'amour qui m'enivre
Égare ma raison.

ACTE III, SCÈNE II.

AMÉLIE.

O tourment ! ô délire !
A peine je respire !
Pour moi grâce et pardon !
Je n'y pourrai survivre ;
Cet amour qui l'enivre
Égare ma raison.

GUSTAVE, avec passion.

Sais-tu qu'en horreur à moi-même
Contre toi j'ai lutté long-temps?
Sais-tu que malgré moi je t'aime,
Et que je chéris mes tourmens?

AMÉLIE, troublée.

Laissez-moi fuir !

GUSTAVE, la retenant.

Plutôt mourir !
Dis un seul mot, et j'abandonne
Ce rang et ce titre de roi,
Mes jours, mon bonheur, ma couronne,
Tout, pour un seul regard de toi !

AMÉLIE, hors d'elle-même, et cherchant à se dégager de ses bras.

Je succombe à mon trouble extrême...
Ah ! laissez-moi quitter ces lieux !...
Gustave ! eh bien ! oui, oui, je t'aime !
Mais sois noble, sois généreux,
Et défends-moi contre moi-même !

GUSTAVE.

Amélie ! ô bonheur !

AMÉLIE, suppliante.

Grâce !

GUSTAVE, hors de lui et dans l'ivresse.

Plus de pitié!
Plus de remords! plus d'amitié!
Hormis l'amour, que tout soit oublié!

GUSTAVE.

O bonheur! ô délire!
A peine je respire!
Son cœur au mien répond.
Sans toi je ne puis vivre;
Et l'amour qui m'enivre
Égare ma raison.

(La pressant contre son cœur.)

Cède à ma tendresse,
Demeure en mes bras;
Un moment d'ivresse,
Et puis le trépas.

AMÉLIE.

O tourment! ô délire!
De l'amour je respire
Le dangereux poison;
Malgré moi je m'y livre,
Et l'amour qui m'enivre
Égare ma raison.

(Cherchant à se dégager.)

D'un instant d'ivresse,
Ah! n'abuse pas!
Craignons ma faiblesse,
Fuyons de ses bras.

AMÉLIE, écoutant, et avec effroi.

Taisez-vous! taisez-vous!

GUSTAVE, écoutant aussi.

Quel bruit se fait entendre?

AMÉLIE, de même.

Des pas précipités se dirigent vers nous!

GUSTAVE.

A cette heure, en ce lieu, qui peut ainsi se rendre ?
O ciel ! Ankastrom !

AMÉLIE, avec terreur, et baissant son voile.

Mon époux !

SCÈNE III.

Les precédens ; ANKASTROM, enveloppé d'un manteau.

ANKASTROM.

Vous, sire ! dans ces lieux ! vous auprès d'une femme !
Il est donc vrai, c'est pour un rendez-vous
Que vous risquez des jours que le pays réclame,
Des jours qui nous sont chers à tous !
Et moi qui par devoir sur vous veille sans cesse,
J'apprends que de Stockholm seul vous êtes sorti ;
Et vers ces lieux, dit-on...

GUSTAVE, avec impatience.

Pourquoi m'avoir suivi ?

ANKASTROM.

Je ne suis pas le seul ; la haine vengeresse
Veille aussi bien que l'amitié !

(A demi-voix.)

Ils étaient sur vos pas, ils vous ont épié :
Là, parmi ces rochers.

AMÉLIE, à part.

Ah ! tous mes sens frissonnent !

ANKASTROM.

Ils attendent leur proie ainsi que des bandits !

Caché par ce manteau dont les plis m'environnent,
Pour un des conjurés sans doute ils m'auront pris.

TRIO.

« Oui, disaient-ils, je l'ai vu c'est le roi,
  « Près d'une femme jeune et belle,
« Et, quand il va s'éloigner avec elle,
  « Nous frapperons! »

AMÉLIE, à part.

Je meurs d'effroi !

GUSTAVE, bas à Amélie.

Par pitié, calmez votre effroi !

ANKASTROM, montrant à droite un sentier parmi les rochers:

Mais vous pouvez encor par cette seule issue,
(Lui donnant son manteau.)
Sous ce déguisement échapper à leur vue.

AMÉLIE, bas à Gustave.

Partez au nom du ciel !

GUSTAVE, la prenant par la main.

Je guiderai vos pas !
Venez ! éloignons-nous !

ANKASTROM, l'arrêtant.

Non pas !

(S'adressant à Amélie, qui est toujours voilée.)

Ils savent que Gustave est avec vous, madame ;
Et le seul aspect d'une femme
Montrerait à leurs coups celui qu'il faut frapper !

ACTE III, SCÈNE III.

AMÉLIE, à demi-voix, à Gustave.

Il a raison, et, pour leur échapper,
Partez seul.

GUSTAVE.

Moi, jamais! plutôt perdre la vie
Que de t'abandonner!

AMÉLIE, de même.

Ah! je vous en supplie!

ANKASTROM, de l'autre côté.

Partez? ils vont venir!

GUSTAVE.

Je brave leur fureur!

(A part.)

Et mourir auprès d'elle est encore un bonheur!

ENSEMBLE.

AMÉLIE, GUSTAVE, ANKASTROM.

AMÉLIE.

Mon sang se glace dans mes veines!
Je suis perdue et pour toujours!
O Dieu puissant, qui vois mes peines,
De Gustave sauve les jours!

GUSTAVE.

Hélas! dans mon ame incertaine
A quel moyen avoir recours?
O Dieu puissant, qui vois ma peine,
Du moins ne frappe que mes jours!

ANKASTROM.

C'en est fait: sa perte est certaine!
Il refuse, hélas! mon secours.
Contre les poignards de la haine,
Dieu puissant, protége ses jours!

AMÉLIE prend Gustave par la main, le tire à part, et lui dit à voix basse.

Eh bien! puisque pour vous la crainte ne peut naître,
Pour moi, du moins, tremblez! oui, soudain à ses yeux

(Montrant Ankastrom.)

Je déchire ce voile, et me fait reconnaître
Si vous ne partez pas!

GUSTAVE.

Que dites-vous, grands dieux!

AMÉLIE, de même.

Choisissez! voulez-vous qu'il m'immole en ces lieux?

GUSTAVE.

Au nom du ciel!...

AMÉLIE, d'un geste impératif et avec dignité.

Partez! je l'ai dit! je le veux!

ENSEMBLE.

AMÉLIE, GUSTAVE, ANKASTROM.

AMÉLIE.

Mon sang se glace dans mes veines!
Je suis perdue et pour toujours!
O Dieu puissant, qui vois mes peines,
De Gustave sauve les jours!

GUSTAVE.

Hélas! dans mon ame incertaine
A quel moyen avoir recours?
O Dieu puissant qui vois ma peine,
Du moins ne frappe que mes jours!

ANKASTROM.

C'en est fait : sa perte est certaine!
A quel moyen avoir recours?

ACTE III, SCÈNE III.

Contre les poignards de la haine,
Dieu puissant, protége ses jours !

(Gustave hésite encore ; Amélie lui renouvelle de la main l'ordre de s'éloigner : le roi semble alors prendre une grande résolution, et s'approche d'Ankastrom.)

GUSTAVE, d'un ton solennel.

Ankastrom, écoute-moi :
Je connais dès long-temps ton amour pour ton roi,
Ta loyauté, ta foi dans tes sermens.

ANKASTROM.

Ah ! sire !...

GUSTAVE, montrant Amélie.

Aux portes de Stockholm jure de la conduire.

ANKASTROM.

Je le promets !

GUSTAVE.

Sans lui rien dire.
Sans chercher même à deviner ses traits.

ANKASTROM.

Je le promets !
Et qu'à l'instant même j'expire
Si j'y manquais !

GUSTAVE.

Tu le jures à moi
Sur la vie et l'honneur !

ANKASTROM.

Mieux encore : par mon roi !

ENSEMBLE.

AMÉLIE.

Du haut de cette roche
Ne l'entendez-vous pas ?
Ce bruit sourd qui s'approche
Annonce le trépas !
Oui, leurs pas retentissent ;
Tous mes sens en frémissent !
Partez !... je les entends :
Songez à vos sermens !..
Partez, je les entends !

GUSTAVE.

A la mort qui s'approche,
Oui, dérobons nos pas !
Si j'étais sans reproche,
Je ne la craindrais pas.
Pour elle quel supplice !
Grand Dieu ! sois-moi propice !...

(A Ankastrom.)

Toi, songe qu'en tous temps
Je crois à tes sermens :
Tu tiendras tes sermens.

ANKASTROM.

Du haut de cette roche
Je crois entendre, hélas !
Leur troupe qui s'approche
Apportant le trépas.
Oui, leurs pas retentissent ;
Tous mes sens en frémissent !
Partez !... je les entends !
Je tiendrai mes sermens !
Je tiendrai mes sermens !

(Gustave s'éloigne par la droite et disparaît à travers les rochers ; Amélie le suit long-temps des yeux avec inquiétude, tandis qu'Ankastrom remonte le théâtre pour s'assurer que les meurtriers ne viennent pas encore.)

SCÈNE IV.

ANKASTROM, AMÉLIE.

ANKASTROM, redescendant le théâtre et s'approchant d'Amélie.

Hâtons-nous de quitter ce lieu sombre et sauvage;
Jusqu'aux murs de Stockholm, je l'ai juré, je doi
Guider vos pas.

AMÉLIE, à part

Je sens défaillir mon courage!

ANKASTROM.

Venez, madame!

(Amélie tressaille d'effroi.)

O ciel! vous tremblez! et pourquoi?
Vous êtes confiée à la garde, à la foi
D'un fidèle sujet; que ce mot vous rassure.

AMÉLIE, à part, se soutenant à peine, et portant la main à son cœur.

Je meurs!

ANKASTROM.

Au nom du ciel qui punit le parjure,
Je tiendrai les sermens que j'ai faits à mon roi!

ENSEMBLE.

ANKASTROM.

Il faut que j'obéisse.
Venez, l'ombre propice
Vous cache à tous les yeux,
Et ma main protectrice,
Sans que rien vous trahisse,
Sur vous veille en ces lieux.

AMÉLIE, à part.

O céleste justice !
Que ta loi me punisse !
Mais permets à ses yeux
Que ce voile propice
Dérobe mon supplice
Et mes tourmens affreux !

SCÈNE V.

Les précédens ; DEHORN, WARTING, Conjurés, descendant de tous les rochers et cernant le théatre.

ANKASTROM, qui a pris la main d'Amélie.

Venez ! venez !

AMÉLIE.

O ciel ! les voici !

ANKASTROM.

Ce sont eux !

(Dehorn, Warting et les autres conjurés s'avancent dans l'obscurité pendant qu'Ankastrom et Amélie se sont réfugiés dans le coin, à gauche du spectateur.)

CHOEUR DES CONJURÉS.

Que le tyran frémisse !
La céleste justice
Va nous l'abandonner ;
Et dans l'ombre propice
L'heure de son supplice
Enfin vient de sonner.

DEHORN.

Oui, nous avons pour nous et l'audace et le nombre ;
En silence avançons !

ACTE III, SCÈNE V.

AMÉLIE, se serrant malgré elle contre Ankastrom.

Mon cœur bat et frémit.

WARTING, bas à Dehorn.

Vois-tu ce voile blanc d'ici briller dans l'ombre?
Près de quelque beauté, comme on nous l'avait dit,
Il est là : c'est Gustave !

DEHORN.

Il se livre lui-même.

(Ils avancent pour entourer Ankastrom et Amélie, qui ont traversé le théâtre, et sont en ce moment placés à droite.)

Frappons !

ANKASTROM, avec fierté et à haute voix.

Qui va là ?

DEHORN et WARTING, s'arrêtant et à demi-voix.

Grands dieux !

Ce n'est pas le roi !

ANKASTROM, de même.

Non, il n'est pas en ces lieux !

TOUS, à demi-voix.

O surprise extrême !
C'est Ankastrom !

ANKASTROM.

Oui, messieurs, c'est lui-même,
Qui pourrait à son tour ici vous nommer tous :
Comte Dehorn, Warting, parlez, que voulez-vous?

ENSEMBLE.

DEHORN, WARTING, CONJURÉS, ANKASTROM, AMÉLIE.

DEHORN, WARTING, CONJURÉS.

Quoi ! le hasard propice
Le dérobe au supplice !

Il échappe à nos coups !
Du sort par quel caprice
Faut-il que tout trahisse
Notre juste courroux !

ANKASTROM.

La céleste justice
A mon maître propice
Le dérobe à leurs coups.
Qu'ici chaque complice
En son ame frémisse
Et craigne mon courroux !

AMÉLIE.

O céleste justice !
Que ta loi me punisse !
Mais fais à tous les yeux
Que ce voile propice
Dérobe mon supplice
Et mes tourmens affreux !

ANKASTROM, élevant la voix.

Vous ne répondez pas, quel projet vous amène?

WARTING, montrant Amélie.

Sans doute comme vous des projets amoureux !

DÉHORN.

Mais notre attente, hélas ! fut vaine :

(Montrant Amélie.)

On manque au rendez-vous; vous fûtes plus heureux.

(En ce moment un ou deux conjurés paraissent avec des torches qu'ils viennent d'allumer.)

WARTING.

Et nous voulons du moins, partageant votre ivresse,
De cette belle maîtresse
Entrevoir un instant les traits mystérieux.

ANKASTROM.

Ah! si de le tenter un seul avait l'audace,
Malheur à lui! ce fer l'en ferait repentir!

WARTING.

De mes regards jaloux c'est doubler le désir;
C'est l'effet que sur moi fit toujours la menace.

ENSEMBLE.

ANKASTROM, AMÉLIE, WARTING.

ANKASTROM.

Malheur à vous! craignez mon bras,
Et près d'elle n'avancez pas!

AMÉLIE, avec effroi.

Que devenir? que faire, hélas!
Mon Dieu, j'implore le trépas!

WARTING.

Pour admirer autant d'appas
On peut bien braver le trépas.

DEHORN ET LES CONJURÉS, riant.

Admirable conquête!
Nos regards curieux
Troublent le tête-à-tête
D'un rival trop heureux.

(Ankastrom tire son épée, chacun des conjurés en fait autant. Amélie effrayée, voyant tous ces bras armés qui menacent son mari, oublie tout, pousse un cri et s'élance au milieu des combattans.)

AMÉLIE.

Arrêtez!... épargnez sa vie!

(Dans ce mouvement brusque et rapide, son voile est tombé sur ses épaules. La lueur rougeâtre des torches éclaire sa figure pâle et presque inanimée. Tous la reconnaissent et s'arrêtent immobiles.)

DEHORN, avec surprise et respect.

La comtesse Ankastrom!

TOUS.

C'est sa femme !

ANKASTROM, à part, et comme frappé de la foudre.

Amélie !

TOUS, gaîment, et à demi-voix entre eux.

Admirable conquête !
Quoi ! ces époux heureux,
Tous deux, en tête-à-tête,
Se trouvaient en ces lieux !

ANKASTROM, à part, lentement, et comme sortant d'un songe.

Je lui donnais ma vie !
Il m'enlevait l'honneur !
Ah ! l'enfer en furie
Fermente dans mon cœur !

ENSEMBLE.

AMÉLIE, ANKASTROM, DEHORN, WARTING, LE CHOEUR.

AMÉLIE, à part.

De honte et d'infamie
Je sens rougir mon front !
Grand Dieu ! prenez ma vie
Pour venger son affront !

ANKASTROM.

Trahison ! infamie
Que mes mains puniront !
C'est trop peu de sa vie
Pour venger mon affront !

DEHORN, WARTING ET LE CHOEUR.

La rencontre est jolie !
Et long-temps, j'en réponds,
D'une telle folie
A la cour nous rirons...
Ah ! ah ! long-temps nous en rirons !

ACTE III, SCÈNE V.

DEHORN, à ses compagnons.

Amis, quittons ces lieux où l'on peut nous surprendre.

WARTING, gaîment.

Que craignons-nous ? pour nous défendre,
N'avons-nous pas l'ami, le favori du roi !

ANKASTROM, à part, avec une rage concentrée.

Son ennemi mortel !

(S'adressant à Warting.)

Ou chez vous, ou chez moi,
Il faut que je vous parle.

WARTING.

A vos ordres ! Serait-ce
Pour demander raison du désir curieux
Qui fit briller tant d'attraits à nos yeux ?

ANKASTROM, brusquement.

N'importe le motif ; à vous seul je m'adresse :
Puis-je y compter ?

WARTING.

Toujours.

ANKASTROM.

Quel lieu ?

WARTING.

Votre demeure !

ANKASTROM.

Quel instant ?

WARTING.

Dès demain, et vers la septième heure.

ANKASTROM.

Vous viendrez l'un et l'autre.

WARTING.

Un seul de nous suffit !

ANKASTROM.

Non, tous deux!

DEHORN ET WARTING.

Volontiers.

ANKASTROM, entre eux deux.

A demain donc!

DEHORN ET WARTING.

C'est dit.

ENSEMBLE.

ANKASTROM, CHOEUR, AMÉLIE.

ANKASTROM.

Trahison! infamie,
Que mes mains puniront! etc.

CHOEUR.

La rencontre est jolie!
Et long-temps, j'en réponds, etc.

AMÉLIE.

De honte et d'infamie
Je sens rougir mon front! etc.

ANKASTROM, traversant le théâtre et allant à Amélie.

Venez, madame, évitons leur présence.

(Avec ironie et lui prenant la main.)

Ne vous en souvient-il pas?
Jusqu'aux murs de Stockholm je dois guider vos pas.

AMÉLIE, à part.

Je me soutiens à peine!

(A Ankastrom d'un ton suppliant.)

Ah! monsieur!

ANKASTROM, à demi-voix, lui serrant la main.

Du silence!

Les prières, les pleurs deviendraient superflus ;
Tes jours ne t'appartiennent plus !

AMÉLIE.

De honte et d'infamie
Je sens rougir mon front !
Grand Dieu ! prenez ma vie
Pour venger son affront !

ANKASTROM.

Trahison ! infamie
Que mes mains puniront !
C'est trop peu de sa vie
Pour venger mon affront !

CHOEUR.

La rencontre est jolie !
Et long-temps, j'en réponds,
D'une telle folie
A la cour nous rirons !
Ah ! ah ! long-temps nous en rirons !

(Ankastrom passe au milieu des conjurés, en entraînant avec force Amélie, qu'il a saisie par la main, et qui a peine à le suivre.)

FIN DU TROISIÈME ACTE.

ACTE QUATRIÈME.

Un appartement de la maison d'Ankastrom. Son cabinet de travail. A droite, une cheminée sur laquelle est une pendule et deux vases en bronze; à côté, une table; au fond, des bibliothèques, un portrait en pied du roi Gustave III. Porte au fond, deux portes latérales. Il fait grand jour.

SCÈNE PREMIÈRE.

ANKASTROM, AMÉLIE.

(Ankastrom tenant toujours Amélie par la main entre dans l'appartement dont il referme la porte et pose son épée sur la table)

DUO.

ANKASTROM.

D'une épouse adultère
Les pleurs et la prière
Ne sauraient me fléchir;
Et, juge inexorable,
Je punis la coupable...
Allons, il faut mourir!

AMÉLIE.

Ah! si je vous fus chère,
Par mes pleurs, ma prière,
Laissez-vous attendrir!
Je ne suis point coupable;

ACTE IV, SCÈNE I.

Et ton cœur implacable
Me condamne à mourir !

ANKASTROM.

Eh bien ! perfide, en avouant ton crime
Tu peux encor désarmer ma fureur !

AMÉLIE.

D'un sort fatal je puis être victime,
Mais je n'ai point offensé votre honneur.

ANKASTROM.

Mais ton effroi, ton trouble et ta pâleur mortelle
Trahissent, malgré toi, ta flamme criminelle !

AMÉLIE.

Eh bien ! oui, malgré moi... peut-être je l'aimais...
Mais coupable... mais adultère...
Jamais ! jamais !... je ne le fus jamais !

ENSEMBLE.

ANKASTROM.

Je cède à ma colère,
Au ciel fais ta prière :
C'est lui qu'il faut fléchir.
Moi, juge inexorable,
Je punis la coupable...
Allons, il faut mourir !

AMÉLIE.

Oui, mon cœur est sincère ;
Écoutez ma prière,
Et laissez-vous fléchir !

(A part, et se mettant à genoux.)

Je ne suis point coupable ;
Et son cœur implacable
Me condamne à mourir !

(Il prend son épée qu'il avait posée sur la table, et la tire du fourreau.)

AMÉLIE, tremblante et joignant les mains, s'écrie :

Un seul moment encore !

CAVATINE.

Oui, de vous j'implore
Un dernier bonheur ;
Que je presse encore
Mon fils sur mon cœur !
Mon fils ! mon fils !...
Que je jouisse encore
De ses baisers chéris !

Prête à quitter la terre,
A mon heure dernière
N'ôtez pas cet espoir !
Qu'il ferme ma paupière ;
Qu'il sourie à sa mère
Qu'il ne doit plus revoir !
Oui, de vous j'implore.
Un dernier bonheur ;
Que je presse encore
Mon fils sur mon cœur !

ENSEMBLE.

AMÉLIE, ANKASTROM.

AMÉLIE.

Que je jouisse encore
De ses baisers chéris !
A genoux je t'implore ;
Laisse-moi voir mon fils !

ANKASTROM, troublé.

Oui, sa voix qui m'implore
(Malgré moi j'en rougis),

ACTE IV, SCÈNE I.

Sa voix émeut encore
Tous mes sens attendris.

ANKASTROM, *détournant la tête.*

Relève-toi, tu le verras.

AMÉLIE, *avec joie.*

Quoi! je pourrais le presser dans mes bras!

ENSEMBLE.

ANKASTROM, AMÉLIE.

ANKASTROM.

Pour elle ma pitié réclame;
Ce n'est point une faible femme
Sur qui doit tomber mon courroux.
Et pour me venger de son crime
C'est une plus noble victime
Qui doit expirer sous mes coups.

AMÉLIE.

Pour moi dans le fond de son ame
Je vois que la pitié réclame;
Enfin s'apaise son courroux!
Mon Dieu! pardonne-moi mon crime,
Et fais que nulle autre victime,
Hélas! ne tombe sous ses coups!

ANKASTROM.

On vient! séchez vos pleurs; je le veux, je l'ordonne!
A tous les yeux cachez votre pâleur!
Retirez-vous; qu'ici jamais nul ne soupçonne
Votre honte et mon déshonneur!

(Il fait signe à Amélie de s'éloigner par la porte à droite; en ce moment s'ouvrent les portes du fond : paraissent Deborn et Warting.)

SCÈNE II.

ANKASTROM, DEHORN, WARTING, ayant chacun une épée.

(Sur la ritournelle du morceau suivant ils entrent et saluent froidement Ankastrom, qui va fermer la porte du fond, revient, leur montre deux fauteuils, les invite à s'asseoir et en fait lui-même autant.)

TRIO.

ANKASTROM, après avoir regardé avec soin autour de lui.

Nous sommes seuls! écoutez-moi.

(Lentement et examinant attentivement Dehorn et Warting.)

Je connais vos desseins, vous conspirez.

(Tous deux font un geste de surprise, et Ankastrom retient par la main Warting, qui veut se lever.

Silence!
Vous conspirez tous deux contre les jours du roi!

DÉHORN.

Qui vous l'a dit?

ANKASTROM, montrant des papiers qui sont sur la table.

La preuve en est en ma puissance.

WARTING.

J'entends, et vous voulez, habile à vous venger,
Dénoncer nos projets?

ANKASTROM, à demi-voix, et avec une fureur concentrée.

Je veux les partager!

WARTING, souriant avec dédain.

Ankastrom pense-t-il qu'ainsi l'on nous abuse?

DÉHORN, de même.

Nous croit-il en son cœur dupes de cette ruse?

ACTE IV, SCÈNE II.

ANKASTROM, brusquement.

Oui, je vous suis suspect, et vous doutez de moi.
Aussi point de sermens, les effets feront foi !
A servir vos projets moi-même je m'engage,
Et jusqu'à ce moment je vous livre en otage
Mon fils, mon seul enfant ! prenez ! il est à vous !
Et si je vous trahis, qu'il tombe sous vos coups !

ENSEMBLE.

DEHORN, WARTING, ANKASTROM.

DEHORN ET WARTING, incertains, et se regardant entre eux.

Je crois encore à peine
Un pareil changement ;
Dans son ame la haine
Succède au dévouement !

Il veut de ma vengeance
Partager les fureurs ;
Que toute défiance
S'éloigne de nos cœurs.

(A Ankastrom.)

A toi je me confie,
Je reçois tes sermens ;
Vengeance à la patrie,
Et mort à ses tyrans !

ANKASTROM.

Eh bien donc ! à ma haine
Croyez-vous à présent ?
Lorsqu'à vous je m'enchaîne,
Vous faut-il un serment ?

Eh quoi ! la défiance
Règne encor dans vos cœurs,
Quand de votre vengeance
Je ressens les fureurs ?

De l'honneur qui nous lie
Je tiendrai les sermens.

Vengeance à la patrie,
Et mort à ses tyrans !

ANKASTROM, passant entre eux deux.

Il est une injure, une offense
Qu'on ne saura jamais! pas même vous; mais moi,
Moi je la sais! j'en veux vengeance!
Et je l'aurai, j'immolerai le roi,
Avec vous ou sans vous, si votre cœur hésite!

DEHORN ET WARTING.

Il n'hésitera pas.

ANKASTROM.

Et le sort à nos vœux promet la réussite,
Si nous savons unir et nos cœurs et nos bras!

TOUS TROIS, se donnant la main.

De l'honneur qui nous lie
Nous tiendrons les sermens ;
Vengeance à la patrie,
Et mort à ses tyrans !

ANKASTROM.

Amis, puisqu'à présent ma foi vous est prouvée,
Il est un seul honneur auquel mon bras prétend,
Celui de frapper le tyran!

DEHORN.

La victime m'est réservée!

WARTING.

C'est moi qui la réclame et demande son sang!

DEHORN.

Moi dont il a ravi les titres et le rang.

WARTING.

Eh bien! pour punir le perfide,

Que Dieu même prononce, et que le sort décide !

DEHORN.

J'y consens ; que nos noms par ta main soient écrits !

ANKASTROM.

Et, quel que soit l'arrêt du destin, j'y souscris !

ENSEMBLE, et chacun d'eux à part.

Destin qui favorises
Les nobles entreprises,
Ne m'abandonne pas !
Toi qui sais mon offense,
Permets que la vengeance
Soit remise à mon bras !

SCÈNE III.

WARTING S'ASSIED PRÈS DE LA TABLE A DROITE, ET ÉCRIT LES TROIS NOMS SUR DES PAPIERS DIFFÉRENS ; DEHORN PREND UN VASE DE BRONZE QUI EST SUR LA CHEMINÉE ET LE PLACE SUR LA TABLE ; EN CE MOMENT ENTRE AMÉLIE PAR LA PORTE INTÉRIEURE A DROITE.

ANKASTROM, se retournant et l'apercevant, va à elle et lui dit brusquement :

Que voulez-vous ? qui vous amène ici ?

AMÉLIE, timidement.

Sans votre ordre pardon d'oser entrer ainsi ;
Un page du roi vous demande.

ANKASTROM, brusquement.

Qui, moi ?... qu'il attende !

(A Amélie.) (A demi-voix.)

Reste ! La justice de Dieu

Ne t'a pas sans dessein envoyée en ce lieu!

(A part.)

Je veux que la coupable elle-même choisisse
Le bras vengeur qui doit immoler son complice!

(Bas aux deux conjurés et leur montrant Amélie.)

Ne craignez rien! son cœur ignore nos secrets;
 Mais, soit amour, soit faiblesse vulgaire,
  Je crois en elle!... et nos projets
Réussiront, bénis par une main si chère!

(Warting a achevé d'écrire les trois noms qu'il a ployés et jetés dans l'urne: Ankastrom amène sa femme près de la table et lui dit :)

Dans ce vase de bronze au hasard choisissez!

   AMÉLIE, à demi-voix.

Et pourquoi?... dans quel but?...

   ANKASTROM, à voix basse.

      Silence! obéissez!

ENSEMBLE.

ANKASTROM, DEHORN, WARTING, AMÉLIE.

ANKASTROM, WARTING, DEHORN.

 Destin qui favorises
 Les nobles entreprises,
 Ne m'abandonne pas!
 Toi qui sais mon offense,
 Permets que la vengeance
 Soit remise à mon bras!

  AMÉLIE, à part.

 De crainte et de surprise
 Mon ame est indécise :
 Que veut-il faire, hélas!
 J'hésite, je balance...

ACTE IV, SCÈNE III.

>Grand Dieu ! que ta clémence
>Ne m'abandonne pas !

(A la fin de cet ensemble, et sur un dernier signe d'Ankastrom, Amélie s'approche de l'urne, s'appuie dessus un instant comme si la force lui manquait, puis elle tire un des papiers ployés qu'elle présente d'une main tremblante.)

ANKASTROM, faisant signe à Warting de prendre le papier de la main d'Amélie.

Lisez !

(Warting prend le papier et le déploie pendant que les deux autres conjurés se rapprochent de lui et écoutent.)

AMÉLIE, les examinant avec inquiétude.

Dans leurs regards quelle sombre colère !

WARTING, lisant le nom écrit sur le papier.

Ankastrom !

ANKASTROM, avec joie.

>Le destin me devait cet honneur.

AMÉLIE, examinant avec crainte son mari.

>Quel soupçon !... et que veut-il faire ?
>Ah !... j'en frémis d'horreur.

ENSEMBLE.

ANKASTROM, DEHORN ET WARTING, AMÉLIE.

ANKASTROM, DEHORN ET WARTING.

>De l'honneur qui nous lie
>Je tiendrai les sermens :
>Vengeance à la patrie,
>Et mort à ses tyrans !

AMÉLIE, à part.

>La vengeance et la haine
>Respirent dans leurs traits ;
>Je devine sans peine
>Leurs sinistres projets !

AMÉLIE, à part, avec désespoir.

(Courant à Ankastrom.)

Ils veulent l'immoler! Monsieur!...

ANKASTROM, avec colère.

Que voulez-vous?

AMÉLIE, reculant avec effroi.

(A part.)

Rien!... Comment le sauver sans trahir mon époux?

(La porte du fond s'ouvre.)

SCÈNE IV.

Les précédens; OSCAR.

QUINTETTI.

OSCAR, à Amélie, qu'il salue.

Auprès de vous, madame, et pour un gai message,
Je viens au nom du roi!

ANKASTROM, à part.

Ce mot double ma rage!

OSCAR.

Au bal qu'il veut donner ce soir,
Ainsi que votre époux il espère vous voir.
Sur ce plaisir doit-il compter?

AMÉLIE, troublée.

Non... je refuse...
Je ne puis...

OSCAR, gaîment.

Oh! le roi ne voudra pas d'excuse.
Des beautés de la cour l'essaim est convoqué!

ACTE IV, SCÈNE IV.

Un bal délicieux, superbe, magnifique,
Qu'on donne à l'Opéra !... car c'est un bal masqué.

ANKASTROM, vivement et jetant un coup d'œil sur ses deux complices.

Vraiment ! en es-tu sûr ?...

OSCAR, riant.

Eh ! mais, c'est authentique :
Bal paré, masqué, c'est charmant.

(A Amélie.)

Vous verrez mon costume !

ANKASTROM, bas à Dehorn et à Warting.

Ainsi donc le tyran
Au-devant de nos coups vient se livrer lui-même !

(Haut à Oscar.)

Nous irons à ce bal et la comtesse et moi !

AMÉLIE, étonnée.

Quoi ! monsieur !...

ANKASTROM, à voix basse.

(Haut à Oscar.)

Je le veux ! Vous le direz au roi.

OSCAR.

Ah ! pour lui quel plaisir extrême !

ANKASTROM.

Il y sera ?

OSCAR, gaîment.

Sans doute.

ANKASTROM, regardant les deux conjurés.

Et nous aussi !

OSCAR, gaîment.

Ah ! de joie et d'espoir que mon cœur est ravi !

Fête séduisante,
Musique enivrante,
Parure brillante,
Vont nous éblouir.
Quelle foule immense!
Et quelle élégance!
Ah! mon cœur d'avance
Se livre au plaisir!

ENSEMBLE.

AMÉLIE, ANKASTROM, DEHORN, WARTING.

AMÉLIE.

D'horreur, d'épouvante,
Mon ame est tremblante;
Et tout me présente
Un sombre avenir.
Quand mon cœur d'avance
Prévoit la vengeance,
Il faut en silence
Souffrir et mourir.

ANKASTROM.

Victime imprudente
Que le sort présente
A ma main sanglante,
Je vais te punir.
Oui, sans défiance,
Au sein de la danse,
A notre vengeance
Il viendra s'offrir.

DEHORN, WARTING.

Comblant notre attente,
Le sort nous présente
Victime imprudente
Qu'il nous faut saisir.

ACTE IV, SCÈNE IV.

Oui, sans défiance,
Au sein de la danse,
A notre vengeance
Il viendra s'offrir.

OSCAR, à gauche du théâtre, à Amélie.

Que de déguisemens élégans et bizarres !

ANKASTROM, à droite aux deux conjurés.

Le tumulte du bal servira nos projets.

OSCAR, de même.

De Londre et de Paris les modes les plus rares !

AMÉLIE, à part et regardant sur la table la plume et le papier.

Le prévenir !... oh ! non, je n'oserai jamais !

ANKASTROM, de même.

N'oubliez pas que moi, je dois frapper le traître.

OSCAR, de l'autre côté, à la comtesse.

Que de vœux empressés quand vous allez paraître !
Et si j'osais déjà, devançant maint rival...

AMÉLIE s'incline et accepte son invitation, tandis que ses yeux inquiets ne quittent point le groupe des conjurés.

AMÉLIE, à part.

La sibylle Arvedson... oui, par elle, peut-être...
On pourrait...

DEHORN ET WARTING, bas à Ankastrom.

A ce soir !

ANKASTROM.

Dans la salle du bal
Tous en dominos noirs !

WARTING.

Et pour nous reconnaître ?...

ANKASTROM.

Qu'un ruban blanc par nous au bras droit soit porté!

DEHORN ET WARTING.

Le mot de ralliement?...

ANKASTROM.

Suède et *liberté!*

TOUS TROIS, se donnant la main.

A ce soir... nous y serons,
Nous le jurons.

ANKASTROM, se retournant gaîment vers Oscar, et reprenant le premier motif de l'air.

Fête séduisante,
Musique enivrante,
Parure brillante,
Vont nous éblouir.
Déjà de la danse
Le charme commence,
Et mon cœur d'avance
Se livre au plaisir!

ENSEMBLE.

AMÉLIE.

D'horreur, d'épouvante,
Mon ame est tremblante,
Et tout me présente
Un sombre avenir.
Quand mon cœur d'avance
Prévoit la vengeance,
Faut-il en silence
Souffrir et mourir?

ANKASTROM.

Victime imprudente
Que le sort présente

ACTE IV, SCÈNE IV.

A ma main sanglante,
Je vais te punir.
Oui, sans défiance,
Au sein de la danse,
A notre vengeance
Il viendra s'offrir.

DEHORN ET WARTING.

Comblant notre attente,
Le sort nous présente
Victime imprudente
Qu'il nous faut saisir.
Oui, sans défiance,
Au sein de la danse,
A notre vengeance
Il viendra s'offrir.

OSCAR.

Fête séduisante,
Musique enivrante,
Parure brillante,
Vont nous éblouir.
Déjà de la danse
J'entends la cadence,
Et mon cœur d'avance
Se livre au plaisir !

(Oscar sort par la porte du fond. Ankastrom fait signe à Amélie de rentrer par la porte à gauche, et revient donner la main à Dehorn et à Warting. Tous trois renouvellent leur serment.)

FIN DU QUATRIÈME ACTE.

ACTE CINQUIÈME.

Une galerie du palais, attenant à la salle de l'Opéra.

SCÈNE PREMIÈRE.

GUSTAVE, seul.

RÉCITATIF.

Dieu l'a donc protégée, et jusqu'en son palais
Elle aura pu rentrer sans trahir nos secrets!
Mais le devoir l'exige et l'honneur le commande;
Il faut fuir Amélie, il le faut, je le veux:
Ankastrom est nômmé gouverneur de Finlande,
Et dès demain ils partiront tous deux.

CAVATINE.

Sainte amitié que j'offense,
Sur mon cœur reprends tes droits!
Amélie... à toi je pense,
Mais pour la dernière fois.

Je ne sais quel sombre présage,
Quels sinistres pressentimens,
M'entourent d'un sombre nuage
Et viennent glacer tous mes sens.

ACTE V, SCÈNE I.

Sainte amitié que j'offense,
Sur mon cœur reprends tes droits !
Amélie... à toi je pense,
Mais pour la dernière fois.

(On entend dans le lointain une musique de danse.)

De ce bal qui commence
La joyeuse cadence
A troublé le silence
Qui régnait en ces lieux;
Du plaisir voici l'heure,
Et dans cette demeure
Seul je souffre et je pleure
Quand ils sont tous heureux !

Près de moi cependant elle est là dans ce bal !...
Qu'ai-je dit ? éloignons un souvenir fatal !

Séduisante image,
Je dois vous bannir;
Par vous mon courage
Est prêt à fléchir;
C'est trop de souffrance...
Doux rêves d'amours,
Dernière espérance,
Adieu pour toujours !

(Se rapprochant de la porte qui conduit à la salle du bal.)

Elle est là, celle que j'adore.
Elle est là... je pourrais la voir !
La voir !... et lui parler encore !...
Non, non, repoussons cet espoir.

A l'honneur fidèle,

Je veux loin d'elle
Porter mes pas.
A ce bal je n'irai pas.

Le dessein en est pris... non, non, je n'irai pas.

SCÈNE II.

GUSTAVE, OSCAR.

OSCAR.

Aux portes du palais une femme inconnue,
Couverte d'un manteau, s'est offerte à ma vue,
Et dans la main m'a glissé ce billet,
En disant : « Pour le roi, pour lui seul... en secret. »

GUSTAVE, prenant le billet et le lisant à part.)

*On me défend d'aller à ce bal...on m'annonce
Qu'on en veut à mes jours* !

(Souriant.)

Vraiment ! et si je croi
Cet avis ridicule, ils diront que le roi,
Que moi... j'ai peur... Allons, il n'est qu'une réponse.

OSCAR, l'observant d'un air inquiet.

Qu'avez-vous, sire ?

GUSTAVE.

Viens ! suis-moi.

(Il sort avec Oscar; le théâtre change.)

SCÈNE III.

(La salle du bal de l'Opéra magnifiquement éclairée. A gauche, un escalier en granit qui conduit aux appartemens du palais ; au haut de l'escalier, deux grenadiers suédois en faction : à droite et au fond, d'autres pièces où l'on danse : à l'entrée de chaque porte des grenadiers sont appuyés sur leurs armes. — Sur le théâtre, au lever du rideau, le tableau le plus varié et le plus animé ; une foule innombrable se promène, se cherche, s'évite ou se poursuit ; les uns en masques et en dominos, les autres à visage découvert et en riches habits de cour ou habits de caractère. Au milieu divers quadrilles ont été formés, et l'on achève une contre-danse aux sons d'une musique joyeuse.)

CHOEUR GÉNÉRAL.

Plaisir, amour, ivresse,
Soirée enchanteresse,
Prolonge encore ton cours !
Jusqu'au jour qui commence
Livrons-nous à la danse,
Livrons-nous aux amours !

(La contre-danse est finie, une vingtaine de groupes se forment et donnent lieu en même temps à diverses scènes.)

ENSEMBLE.

UN MASQUE, *poursuivant une dame habillée en Chinoise*

Où vas-tu donc ainsi, beau masque ?
Arrête-toi ! je te connais ;
Malgré ton costume fantasque,
J'ai deviné tous tes attraits.

UN AUTRE, *se défendant*

Ce n'est pas moi !... Non, non, vraiment,
Beau masque, tu n'es pas savant !

UN AUTRE, *assise.*

Quoi ! tu ne peux me reconnaître ?
Tu ne sais donc pas qui je suis ?

UN AUTRE.

Quel trouble dans mon cœur fait naître
Sa douce voix que je chéris !

UN AUTRE.

Beau masque, j'en perds la raison !
Qui donc es-tu ? dis-moi ton nom.

UN AUTRE.

Ah ! daigne m'écouter, ma belle !
Pour moi seul seras-tu cruelle ?

UN AUTRE.

Ainsi de tendresse et d'amours
Vous voulez changer tous les jours ?

UN AUTRE.

A ton âge, vieux sénateur,
Tu veux faire le séducteur ?

UN AUTRE.

Ta jeune femme... où donc est-elle ?
Quoi ! vraiment, tu la crois fidèle ?

UN AUTRE.

J'ai vu ta femme, elle est là-bas,
A son cousin donnant le bras !

UN MASQUE, se glissant entre deux amans.

Prenez bien garde tous les deux !
Votre jaloux est dans ces lieux.

CHOEUR GÉNÉRAL.

Amour, plaisir, ivresse,
O nuit enchanteresse !
Prolonge encor ton cours !
Jusqu'au jour qui commence,
Livrons-nous à la danse,
Livrons-nous aux amours !

(Pendant ce chœur général et les autres chœurs précédens, divers scènes de
bal masqué ont eu lieu en pantomime. Un masque fait une déclaration à
une femme assise près de lui; une jeune fille séparée du reste de sa
société est entraînée par des masques.—Un homme donne le bras à deux

femmes masquées qui se disputent et qu'il cherche en vain à réconcilier. Plus loin deux hommes masqués ont l'air de se défier et de se donner rendez-vous: d'un autre côté un mari poursuit une femme masquée qui est la sienne et qui donne le bras à un autre masque. Inquiète et craignant d'être surprise, elle passe près d'un groupe, quitte le bras qu'elle tenait en faisant signe à une de ses amies qui est de sa taille de prendre sa place. A peine l'échange est-il exécuté que le mari arrête celle qu'il croit sa femme et la force à se démasquer: sa surprise en reconnaissant son erreur. Il fait des excuses à l'amant de sa femme, pendant que d'autres groupes, parmi lesquels est sa vraie femme, le raillent et se moquent de lui. Tous ces différens épisodes s'exécutent vivement en même temps et pendant l'entr'acte d'une contre-danse. En ce moment et à la fin du chœur l'orchestre se fait entendre: chacun court inviter sa danseuse. — Ballet: différentes danses de caractère se succèdent. Des domestiques de la cour, en riches livrées, traversent le bal en tous sens, offrant des rafraîchissemens. — La contre-danse est finie; chacun reconduit sa danseuse: l'air de danse a cessé; une musique sombre et mystérieuse se fait entendre.)

SCÈNE IV.

Paraissent DEHORN, WARTING et les Conjurés masqués et portant au bras un ruban blanc. Un instant après paraît ANKASTROM, masqué en domino noir et portant aussi un ruban blanc; il s'avance avec précaution et en regardant autour de lui.

DEHORN, l'apercevant.

Un des nôtres, je crois, au rendez-vous fidèle,
 Se dirige de ce côté.

(Allant à lui et lui prenant la main.)

 Suède!

ANKASTROM, lui serrant la main.

 Et *liberté*!

TOUS.

C'est Ankastrom!

WARTING.

 Ami; quelle nouvelle?

ANKASTROM, ôtant son masque.

Le roi ne paraît pas, et l'on prétend qu'au bal
Il ne doit pas venir.

DEHORN.

O contre-temps fatal!

WARTING, à Ankastrom.

Qui vous l'a dit?

ANKASTROM.

Du roi le confident intime,
Le premier chambellan : c'est par lui que j'ai su
Qu'au moment de partir Gustave avait reçu,
Ce soir, un avis anonyme
Qui le prévient d'un piége, et, dit-on, l'avertit
Qu'on en veut à ses jours.

TOUS.

O ciel!

DEHORN.

On nous trahit!

WARTING, en colère.

Le roi ne viendra pas?

ANKASTROM.

Non. Au palais il reste.

DEHORN.

Je connaîtrai l'auteur de cet écrit funeste!

ANKASTROM, remettant son masque.

Prenez garde, parlez plus bas,
L'on nous observe, je pense.

DEHORN.

Qui donc?

ACTE V, SCÈNE IV.

ANKASTROM, *montrant un petit masque à gauche.*

Ce domino qui de loin suit nos pas.

(Les conjurés se dispersent dans le bal; Ankastrom veut aussi s'éloigner, mais il est toujours suivi par le petit masque, qui marche doucement derrière lui et ne le quitte pas.)

ANKASTROM, *se retournant avec humeur.*

Encore ce masque!

LE MASQUE, *le retenant par son domino.*

En vain tu voudrais disparaître;
Je ne te quitte pas... Je te connais.

ANKASTROM.

Peut-être.

LE MASQUE.

Comte Ankastrom, c'est toi.

(Avec malice et le retenant toujours.)

Réponds-moi! qu'as-tu fait
De ta belle compagne?

ANKASTROM, *montrant de loin un appartement à gauche.*

Elle est près de la reine.

(Avec ironie.)

Daignerais-tu, beau masque, y porter intérêt?

LE MASQUE.

Je m'en garderais bien.

ANKASTROM.

Et pourquoi donc?

LE MASQUE, *avec finesse.*

Sous peine...
D'avoir affaire, hélas! à plus puissant que moi.

ANKASTROM, *lui faisant sauter son masque.*

Mais c'est Oscar!

OSCAR, avec dépit.

Je suis reconnu, quel dommage!

ANKASTROM, le menaçant en riant.

Au bal c'est donc ainsi que vous venez, beau page,
Vous glisser en cachette en l'absence du roi?

OSCAR, gaîment.

En son absence!

(Avec mystère.)

Oh! non; il est au bal...

(Geste de joie d'Ankastrom, qui veut parler.)

Silence!

ANKASTROM.

En es-tu sûr?

OSCAR.

Sans doute.

ANKASTROM.

Et comment? réponds-moi.

CHANSONNETTE.

OSCAR.

Tra, la, la, la, la, la, la.
De moi vous ne le saurez pas,
Tra, la, la, la, la, la;
Pour danser on m'attend là-bas,
Tra, la, la, la,

Avec moi seul il est venu,
Et ne veut pas être connu.
Vous le voyez, c'est un mystère
Que je ne puis vous dévoiler,
Et c'est en vain que l'on espère
Ici m'engager à parler.

ACTE V, SCÈNE IV.

Tra, la, la, la, la, la,
De moi vous ne le saurez pas:
Pour danser on m'attend là-bas;

Quel costume a-t-il pris ce soir?
Vous voudriez bien le savoir!
Quoique page je sais me taire,
Et je ne vous dirai plus rien;
Pourtant s'il faut être sincère,
J'en meurs d'envie, eh bien...

(Gaiment et se reprenant.)

Tra la, la, la, la, la,
Non, non, vous ne le saurez pas;
Pour danser on m'attend là-bas,
Tra la, la, la,

ANKASTROM, le retenant par le bras.

Comment le reconnaître?... achève.

OSCAR.

Du silence!
Pour mieux se divertir il veut que sa présence
Soit un secret pour tous.

ANKASTROM, le flattant.

Mais tu sais distinguer
Ses vrais amis.

OSCAR, avec malice.

Vous voulez l'intriguer?

ANKASTROM.

C'est vrai.

OSCAR, sautant de joie.

C'est amusant!...

(*Se reprenant et d'un air sérieux.*)

Mais, suivant la coutume
N'allez pas me trahir.

ANKASTROM.

(*Avec impatience.*)

Non. Eh bien! son costume?

(*En ce moment paraît une femme en domino blanc qui s'approche d'Oscar et écoute.*)

OSCAR, à demi-voix.

Simple domino noir; puis sur son cœur, en croix,
Un ruban amarante...

(*Gaîment.*)

Adieu; voici la danse!

ANKASTROM, voulant le retenir.

Un mot.

OSCAR.

Je ne veux pas que sans moi l'on commence,
Et j'entends retentir le fifre et le hautbois.

(*Il s'échappe en courant; Ankastrom regarde autour de lui, aperçoit un ou deux des conjurés, va leur parler bas et disparaît avec eux dans une des salles du fond en examinant avec attention tous les masques qu'il rencontre.*)

CHŒUR.

Plaisir, amour, ivresse,
O nuit enchanteresse,
Prolonge encor ton cours!
Jusqu'au jour qui commence
Livrons-nous aux amours!
Livrons-nous à la danse!

(*Pendant la fin du chœur précédent, un homme en domino noir, et portant sur la poitrine un ruban amarante posé en croix, est sorti d'un des salons à droite et s'avance pensif jusqu'au bord du théâtre; une femme en domino blanc le regarde, s'approche vivement, et lui dit à demi-voix et d'un ton solennel.*)

ACTE V, SCÈNE IV.

LE DOMINO.

Pourquoi paraître ici, Gustave? et quel délire
Te rend sourd aux avis qui te sont adressés?

GUSTAVE, *le regardant.*

C'est donc toi qui viens de m'écrire
Que mes jours étaient ménacés?

LE DOMINO, *arrachant le ruban amarante qui est sur la poitrine de Gustave.*

Peut-être!... et tu devais me croire!

GUSTAVE.

De me faire trembler l'on n'aura pas la gloire;
J'hésitais à venir, et tu m'as décidé!

(*Il ôte son masque, et le domino fait un geste d'effroi.*)

Qui donc es-tu, beau masque, et quel soin t'a guidé?

LE DOMINO.

Si l'avis est prudent, qu'importe qui le donne?

(*A demi-voix et avec chaleur.*)

Partez, sire! partez! la mort vous environne.

GUSTAVE.

De plus près je l'ai vue au milieu des combats.

LE DOMINO.

Ils veulent vous frapper!

GUSTAVE.

Ils ne l'oseront pas!

LE DOMINO.

N'expose point des jours si chers à la patrie!

GUSTAVE.

Eh bien! dis-moi ton nom.

LE DOMINO.

Je ne le puis, hélas!

(Avec émotion et reprenant sa voix naturelle.)

Mais si pour te sauver il faut donner ma vie...

GUSTAVE.

Qu'entends-je? quelle voix!... Amélie!... Amélie!...

AMÉLIE.

Eh bien! oui... c'est moi !

DUETTO rapide et animé

GUSTAVE.

Je te perds pour la vie;
Tu vas m'être ravie,
De grâce, écoute-moi !

AMÉLIE, *regardant autour d'elle avec crainte.*

Je ne puis vous entendre;
On pourrait nous surprendre,
Et je tremble d'effroi.

ENSEMBLE.

GUSTAVE, AMÉLIE.

AMÉLIE.

O mortelles alarmes !
Laissez-moi, je le veux,
Ou le sang et les larmes
Paieront ce jour affreux !

GUSTAVE.

Ah! calme tes alarmes !
Accueille dans ces lieux
Mes remords et mes larmes,
Et mes derniers adieux !

AMÉLIE.

Non, partez! Ankastrom dans ces lieux va se rendre.

ACTE V, SCÈNE V.

GUSTAVE, *avec égarement.*

Oui, partir... il le faut; je l'ai dit, je le veux,
Et ton époux et toi.

AMÉLIE.

Dieu ! que viens-je d'entendre ?

GUSTAVE.

Comblés de mes bienfaits, vous partirez tous deux ;
Donne-lui cet écrit qui de toi me sépare ;
(Avec douleur.)
Et je l'ai signé? moi ! ton amant !

(Se reprenant et avec force.)

Non, ton roi !
Tous mes torts envers lui, ce moment les répare.
(Avec passion.)
Sais-tu qu'il faut aimer pour renoncer à toi ?

AMÉLIE.

Malheureuse!

GUSTAVE, *lui remettant le papier.*

Tiens, lis.

SCÈNE V.

LES PRÉCÉDENS ; ANKASTROM, ET DERRIÈRE LUI LES CONJURÉS. ILS SONT ENTRÉS AVANT LA FIN DE LA SCÈNE PRÉCÉDENTE, REGARDANT AUTOUR D'EUX AVEC ATTENTION. ANKASTROM, QUI S'EST LE PLUS AVANCÉ, APERÇOIT SA FEMME, PUIS GUSTAVE QUI EST DÉMASQUÉ.

ANKASTROM, *avec une joie convulsive.*

Enfin je l'aperçoi?

AMÉLIE, *lisant l'écrit que lui a remis Gustave.*

« Gouverneur de Finlande ! »

ENSEMBLE.

ANKASTROM, LES CONJURÉS, GUSTAVE, AMÉLIE.

ANKASTROM.

O moment plein de charmes
Qu'appelaient tous mes vœux !
Le sort livre à mes armes
Ce rival odieux !

LES CONJURÉS.

O moment plein de charmes
Que désiraient nos vœux !
Qu'il tombe sous nos armes,
Ce tyran odieux !

GUSTAVE, à Amélie.

Oui, calme tes alarmes,
Et reçois en ces lieux
Mes regrets et mes larmes,
Et mes derniers adieux.

AMÉLIE, montrant le papier.

Oui, pour moi plus d'alarmes
Je vais quitter ces lieux ;
Et malgré moi des larmes
S'échappent de mes yeux.

AMÉLIE, regardant Gustave et serrant le papier.

Grâce au ciel, il s'éloigne, et je ne crains plus rien !

GUSTAVE.

C'est mon dernier présent.

ANKASTROM, masqué, s'est approché de lui, ainsi que les autres conjurés.

Et moi, voilà le mien !

(Il lui tire à bout portant un coup de pistolet ; au bruit de l'explosion, Oscar et toutes les personnes du bal accourent et reçoivent dans leurs bras le roi, qui chancelle et tombe.)

GUSTAVE.

Ah ! je meurs !

ACTE V, SCÈNE V.

AMÉLIE.

Au secours !

TOUS.

Trahison ! perfidie !

OSCAR, montrant le groupe des conjurés.

L'on attaque le roi ! l'on en veut à sa vie !

(Tous les officiers et seigneurs de la cour ont tiré leurs épées ; les grenadiers et la garde du palais entourent les conjurés qui, réfugiés à l'extrémité à droite cherchent à disparaître dans la foule. Oscar, apercevant Ankastrom masqué, qui vient d'arracher de son bras le ruban blanc, et qui veut se frayer un passage, s'attache à lui, et le saisit par le bras.)

OSCAR.

Le voilà ! le voilà ! c'est lui, c'est l'assassin !

(Ankastrom, en se débattant pour lui échapper, laisse tomber à terre un pistolet.)

OSCAR, le montrant.

Et la preuve du crime est encor dans sa main !

(Les soldats ont saisi Ankastrom et lui ont arraché son masque.)

TOUS, avec horreur.

Ankastrom !

AMÉLIE, poussant un cri.

Ah ! grands dieux !

(Elle tombe évanouie aux pieds du roi.)

ENSEMBLE.

CHOEUR, ANKASTROM.

CHOEUR, avec force et menaçant Ankastrom, que les gardes cherchent à défendre.)

O crime ! ô parricide !
Dans le sang du perfide
Expions son forfait !

(Le roi fait un geste de douleur, et le chœur continue sur un mouvement plus doux et à demi-voix.)

Dieu ! que ma voix supplie,

Conserve à la patrie
Le roi qu'elle adorait!

ANKASTROM.

Oui, d'un bras intrépide
J'ai puni le perfide;
Mon cœur est satisfait!

Frappez!... avec la vie
Qui va m'être ravie
J'emporte mon secret.

(Pendant ce temps, les grenadiers ont formé avec leurs fusils une espèce de brancard sur lequel on dépose Gustave pour le transporter au palais.)

GUSTAVE, revenant à lui.

(Se soulevant avec peine.)

Où suis-je? quels tourmens!

(Il regarde autour de lui, et voit près de son lit funèbre toutes les personnes de la cour dans les larmes. Oscar sanglotte: Amélie est étendue à ses pieds; plus loin des femmes sont à genoux et prient.)

(A part.)

Oscar... Dieux! Amélie!

(Regardant Ankastrom et les conjurés.)

Grâce pour eux! je veux qu'on leur pardonne

OSCAR, sanglottant.

Hélas!

GUSTAVE.

Oui, quand je vois vos pleurs, je regrette la vie.
Adieu, Suède! adieu, gloire et patrie!
J'espérais mieux mourir! Mes amis, mes soldats,
Entourez-moi! qu'au moins j'expire dans vos bras!

ENSEMBLE.

CHOEUR, ANKASTROM.

CHOEUR.

O crime! ô parricide!

ACTE V. SCÈNE V.

Expions son forfait !
Dans le sang du perfide

(Tous se mettant à genoux.)

Dieu ! que ma voix supplie,
Conserve à la patrie
Le roi qu'elle adorait !

ANKASTROM.

Oui, d'un bras intrépide.
J'ai puni le perfide :
Mon cœur est satisfait !

Frappez !... avec la vie
Qui va m'être ravie
J'emporte mon secret.

OSCAR, à genoux.

O mon maître ! ô mon roi !...

AMÉLIE, de même.

Prenez pitié de lui ! prenez pitié de moi !

(Les grenadiers qui portent Gustave sur leurs fusils croisés se mettent lentement en marche et se dirigent vers l'escalier de granit, précédés de domestiques qui tiennent des torches, c'est là le groupe principal. A droite Ankastrom et les conjurés, sur lesquels des soldats ont dirigé le pointe de leurs baïonnettes. Gustave se soulève à peine, et de la main semble leur dire. Arrêtez ! — A gauche, Amélie, Oscar, les seigneurs de la cour qui ont ôté leurs masques et qui sont pâles, en habit de fête et la terreur sur le visage.— Au fond, les autres personnes du bal différemment groupés et cherchant à apercevoir les traits du roi. Partout le désordre, la confusion ; et dans les salles où la nouvelle n'est pas encore parvenue, le son lointain des instrumens joyeux, tandis que sur le devant l'orchestre fait entendre un roulement lugubre et funèbre.)

FIN DE GUSTAVE III.

LA JUIVE,

OPÉRA EN CINQ ACTES,

Représenté, pour la première fois, sur le théâtre de l'Académie royale de musique, le 23 février 1835.

MUSIQUE DE M. HALÉVY.

PERSONNAGES.

LE JUIF ÉLÉAZAR.

LE CARDINAL JEAN-FRANÇOIS DE BROGNY, président du concile (1).

LÉOPOLD, prince de l'empire.

RUGGIERO, grand prévot de la ville de Constance.

ALBERT, sergent d'armes des archers de l'Empereur.

HÉRAUT D'ARMES de l'Empereur.

OFFICIER de l'Empereur.

HOMMES DU PEUPLE.

FAMILIER DU SAINT-OFFICE.

MAITRE-D'HÔTEL de l'Empereur.

LA PRINCESSE EUDOXIE, nièce de l'Empereur.

RACHEL.

---

(1) Jean Alarmet, connu sous le nom de cardinal de Brogni, né en 1342, était fils d'un paysan du village de Brogni, à une lieue d'Annecі, sur la route de Genève. Il était occupé à garder un troupeau, lorsque des religieux qui allaient à Genève, et qui lui demandaient le chemin, furent frappés de sa physionomie spirituelle et de son intelligence prématurée. Ils lui proposèrent de les suivre en promettant de lui faciliter les moyens d'étudier ; le jeune berger ne demandait pas mieux ; son père y ayant donné son consentement, il suivit ses protecteurs à Genève, et travailla avec tant d'ardeur, que bientôt il se fit distinguer par ses talens. Quelque temps après un cardinal le détermina à le suivre à Avignon, pour continuer ses études sous de plus habiles professeurs : il s'y appliqua surtout à l'étude du droit canonique, fut reçu docteur et acquit bientôt une telle réputation, qu'on le consultait de toute part sur les difficultés les plus épineuses ; il parvint successivement à toutes les dignités de l'église : évêque de Viviers, archevêque d'Arles, puis cardinal en 1385, Alexandre V le nomma chancelier de l'église en 1409. L'extinction du schisme et le maintien de l'autorité de l'église menacée en Allemagne par les nouvelles opinions des Hussites, étaient ce qui affectait le plus le cardinal. Malgré son grand âge il se rendit à Constance au mois d'août de l'année 1414 pour s'y concerter avec les magistrats et les commissaires impériaux sur la tenue du concile qui devait rendre la paix à l'église. Il le présida pendant quarante sessions, et eut jour et nuit des conférences avec l'empereur Sigismond, avec les princes et les prélats, etc.

Biographie Universelle, tom. 6, pag. 17.

RACHEL.

OUI, JE L'AIME!.. JE L'AIME..

La Juive, Acte II, Sc.

LA JUIVE.

ACTE PREMIER.

Le théâtre représente un carrefour de la ville de Constance en 1414. A droite du spectateur, le portail d'une église. A gauche, à l'angle d'une rue, la boutique d'un orfèvre joaillier. Plusieurs fontaines.

SCÈNE PREMIÈRE.

(Au lever du rideau, les portes de l'église sont ouvertes. Le peuple qui n'a pu entrer dans l'intérieur est agenouillé sur les degrés du péristyle. Au milieu de la place, hommes et femmes se promènent ; à gauche et devant sa boutique, Eléazar près de sa fille Rachel.)

(On entend dans l'église chanter à grand chœur : *Te Deum, laudamus.*)

INTRODUCTION.

ENSEMBLE.

CHOEUR DU PEUPLE, à droite.

Hosanna ! plaisir ! ivresse !
Gloire, gloire à l'Éternel !
Et que nos chants d'allégresse
Retentissent jusqu'au ciel !

ELÉAZAR, à gauche, à ses ouvriers.

Amis, { travaillez / travaillons } sans cesse.

C'est bien mériter du ciel !
Fuir le vice et la paresse,
C'est honorer l'éternel !

PLUSIEURS GENS DU PEUPLE, *causant entre eux.*

En ce jour de fête publique,
Quel est donc ce logis où l'on travaille encor?

D'AUTRES, *leur répondant.*

C'est celui d'un hérétique,
Que l'on dit tout cousu d'or!
Le Juif Éléazar!

RACHEL, *à Éléazar.*

Mon père, prenez garde :
Rentrons! c'est nous que l'on regarde!

ÉLÉAZAR.

Par le Dieu d'Abraham, je ris de leur courroux!

(*A ses ouvriers.*)

Et vous, enfans, m'entendez-vous?

ENSEMBLE.

CHOEUR DU PEUPLE.

Hosanna! victoire! ivresse!
Gloire, gloire à l'Éternel!
Et que nos chants d'allégresse
Retentissent jusqu'au ciel!

ÉLÉAZAR.

Amis, travailler sans cesse,
C'est bien mériter du ciel!
Fuir le vice et la paresse,
C'est honorer l'Éternel!

D'AUTRES GENS DU PEUPLE, *regardant Éléazar.*

Il nous insulte sans cesse ;
Il se rit de l'Éternel !
Et la foudre vengeresse
Doit sur lui tomber du ciel.

ACTE I, SCÈNE I.

RACHEL, à son père.

Ah! pour vous, dans ma tendresse,
Je sens un effroi mortel!
De leur foule qui s'empresse
Je connais le cœur cruel!
Rentrons, rentrons au nom du ciel!

(Elle force son père à rentrer dans l'intérieur de la boutique. Pendant le chœur précédent, un homme enveloppé d'un manteau apparaît au fond de la place. Il regarde du côté de la boutique d'Eléazar; Albert, un officier des gardes de l'empereur, remarque cet étranger, le suit jusqu'au bord du théâtre, et jetant les yeux sur lui, fait un geste de surprise et de respect.)

ALBERT.

Sous ce déguisement, dans les murs de Constance,
C'est vous que je revois!

LÉOPOLD, lui mettant la main sur la bouche.

Silence!
De toi seul, cher Albert, qu'ici je sois connu!

ALBERT.

Par l'Empereur vous êtes attendu.

LÉOPOLD.

Que Sigismond ignore ma présence!
Jusqu'à ce soir du moins!...

(Regardant autour de lui.)

Mais quel concours immense!
Et d'où vient ce tumulte?...

ALBERT.

Eh! ne savez-vous pas
Que Sigismond arrive aux remparts de Constance
Pour ouvrir ce concile où princes et prélats
Vont de la chrétienté terminer les débats,
Décerner la tiare, éteindre l'hérésie,
Et du fougueux Jean Hus juger le dogme impie!

Déjà ses partisans, ces Hussites fameux,
Sont tombés sous les coups d'un bras victorieux...

LÉOPOLD.

Silence!...

ALBERT.

Et l'empereur au ciel, aujourd'hui même,
Rend grâce des exploits de ce héros qu'il aime!
Entendez-vous ces chants?...

(On entend dans l'église, *Te Deum laudamus*.)

LÉOPOLD.

Éloignons-nous, ami.

(A part, et regardant la maison de Rachel.)

Attendons le moment de reparaître ici!

(Il sort avec Albert, et le chœur reprend.)

CHOEUR

Hosanna! victoire! ivresse!
Gloire! gloire à l'Éternel!
Et que nos chants d'allégresse
Retentissent jusqu' u ciel!

SCÈNE II.

LES PRÉCÉDENS; RUGGIERO, ESCORTÉ DE GARDES ET DE PLUSIEURS CRIEURS PUBLICS.

RUGGIERO.

Dans ce jour solennel où s'ouvre le concile,
Voici l'édit que moi, grand prévôt de la ville,
Je dois faire aujourd'hui proclamer en tout lieu!

ACTE I, SCÈNE II.

(Il fait signe au crieur qui après quelques sons de trompe, lit la proclamation suivante.)

« Monseigneur Léopold, avec l'aide de Dieu!
« Des Hussites ayant châtié l'insolence,
« De par le saint concile assemblé dans Constance,
« De par notre empereur et monseigneur Brogni,
« Largesse sera faite au peuple cejourd'hui. »

CHOEUR.

Ah! pour notre ville
Quel jour de bonheur!
Vive le concile!
Vive l'Empereur!

LE CRIEUR.

« Dans nos temples, dès le matin,
« A Dieu l'on offrira des actions de grâces!
« Vers le milieu du jour et sur les grandes places,
« Jailliront à grands flots des fontaines de vin. »

CHOEUR.

Ah! pour notre ville
Quel jour de bonheur!
Vive le concile!
Vive l'Empereur!

RUGGIERO, l'interrompant.

Eh! mais... grand Dieu! qu'entends-je?
D'où provient donc ce bruit étrange?

(On entend un bruit de marteaux qui retombent en cadence.

Quelle main sacrilége, en ce jour de repos,
Ose ainsi s'occuper de profanes travaux?

CHOEUR DE GENS DU PEUPLE.

C'est chez cet hérétique,

C'est là, dans la boutique
Du Juif Éléazar, ce riche joaillier!

RUGGIERO, aux gardes qui l'entourent.

Allez, et qu'on l'amène,
Devant nous qu'on le traîne!
Pour un forfait si grand je dois le châtier!

SCÈNE III.

Les précédens ; ÉLÉAZAR et RACHEL, amenés par les soldats de Ruggiero.

RACHEL.

O mon père!... mon père!

(A Ruggiero.)

Ah! je vous en supplie!

RUGGIERO, à Eléazar.

Juif!... ton audace impie
A mérité le trépas!
Travailler dans un jour de fête!...

ÉLÉAZAR.

Et pourquoi pas?
Je ne suis point de votre culte;
Et le Dieu de Jacob peut me permettre à moi...

RUGGIERO.

Tais-toi!

(Au peuple.)

Vous l'entendez, au ciel même il insulte,
Et par lui notre sainte loi
Est détestée!...

ÉLÉAZAR.

Et pourquoi l'aimerais-je?
Par vous sur le bûcher, et me tendant les bras,
J'ai vu périr mes fils!...

RUGGIERO.

Eh bien, tu les suivras!

RACHEL.

Cruel!...

RUGGIERO.

Ta fille aussi! La mort au sacrilége!
Et leur juste supplice aux yeux de l'Empereur
De ce jour solennel doublera la splendeur.

ENSEMBLE.

CHOEUR.

Ah! pour notre ville
Quel jour de bonheur!
Vive le concile!
Vive l'empereur!

ELÉAZAR.

O race imbécille!
Je brave en mon cœur
Ta rage inutile,
Ta vaine fureur!

RACHEL.

Tout est inutile
Pour fléchir leur cœur.
Ma plainte stérile
Double leur fureur.

RUGGIERO, *regardant Rachel qui le supplie.*

Plaintes inutiles!
Je ris de ses pleurs;

(Aux soldats.)

A mes lois dociles
Servez mes fureurs.

(Les soldats entraînent Éléazar et Rachel, lorsque sort de l'église, suivi d'un flot de peuple, le cardinal Brogni qui s'arrête un instant sur les marches du temple.)

SCÈNE IV.

Les précédens ; LE CARDINAL BROGNI.

RUGGIERO, l'apercevant.

O ciel!... le président suprême du concile!
Le vénérable Brogni!

BROGNI, montrant Éléazar et Rachel.

Où les conduisez-vous ainsi?

RUGGIERO.

Ce sont des juifs qu'à la mort on condamne!

BROGNI.

Leur crime?

RUGGIERO.

D'un travail profane,
Ils ont osé s'occuper aujourd'hui!

BROGNI.

Approchez!... votre nom?

ÉLÉAZAR, froidement.

Éléazar!

BROGNI.

Je pense
Que ce nom-là ne m'est pas inconnu!

ACTE I, SCÈNE IV.

ÉLÉAZAR, de même.

Non sans doute!

BROGNI.

Autrefois, ailleurs, je vous ai vu.

ÉLÉAZAR.

Dans Rome!... mais alors, si j'en ai souvenance
Vous n'étiez pas encore un ministre des cieux;
Vous aviez une femme!... et vous l'aimiez!...

BROGNI.

Silence!

D'un père, d'un époux respecte la souffrance.
J'ai tout perdu!... Dieu seul appui des malheureux,
   Dieu me restait!.... il a reçu mes vœux!
Je suis son serviteur, son ministre et son prêtre!

ÉLÉAZAR.

Pour nous persécuter!...

BROGNI.

Pour vous sauver peut-être!

ÉLÉAZAR.

As-tu donc oublié que de Rome jadis,
Sévère magistrat, c'est toi qui me bannis?

BROGNI.

Est-ce à tort? Convaincu d'une usure coupable,
On demandait ta mort... j'ordonnai ton exil!
   Et d'une indulgence semblable
Je veux encore...

RUGGIERO, vivement.

O ciel! on ne peut sans péril
L'absoudre!

BROGNI.

Et cependant je lui fais grâce entière!
Sois libre, Éléazar!

(Allant à lui et lui tendant la main.

Soyons amis, mon frère;
Et si je t'offensai, pardonne-moi.

ÉLÉAZAR, à part.

Jamais!
Non, jamais de pardon aux chrétiens que je hais!

BROGNI.

AIR.

Si la rigueur et la vengeance
Leur font détester notre loi,
Que le pardon et la clémence
Mon Dieu les ramènent vers toi!

(Éléazar et Rachel rentrent dans leur maison qui se ferme. Brogni et Ruggiero sortent par le fond suivis de tout le peuple qui les entoure et les escorte.)

SCÈNE V.

LÉOPOLD, SORTANT DE LA RUE A GAUCHE, ET REGARDANT AUTOUR DE LUI.

RÉCITATIF.

Cette foule importune, en ces lieux assidue,
Loin d'ici, grâce au ciel, enfin porte ses pas!
Plus de dangers!..

(Regardant avec attention sur la place)

Rien ne s'offre à ma vue!

(S'avançant sous le balcon de la maison d'Éléazar et appelant à demi-voix.)

Rachel!... Rachel!... elle ne m'entend pas!

ACTE I, SCÈNE V.

ROMANCE.

PREMIER COUPLET.

Loin de son amie
Vivre sans plaisirs,
Ne compter la vie
Que par ses soupirs,
Voilà de l'absence
Quelle est la souffrance !
Mais voici le jour,
Maîtresse chérie,
Oui, voici le jour
Par qui tout s'oublie...
Le jour du retour !

DEUXIÈME COUPLET.

Les cités nouvelles
Où dieu me guida,
Ne semblaient pas belles...
Tu n'étais pas là !
Tout, durant l'absence,
Est indifférence...
Mais voici le jour
Heureux et prospère,
Mais voici le jour
Où tout va me plaire...
Le jour du retour !

RACHEL, paraissant au balcon.

TROISIÈME COUPLET.

Quelle voix chérie
Si douce à mon cœur

Me rend à la vie
Ainsi qu'au bonheur !
J'avais dans l'absence
Perdu l'espérance !...

ENSEMBLE.

RACHEL.

Béni soit le jour
Qui vers moi t'amène ;
Béni soit le jour
Où finit ma peine...
Le jour du retour !

LÉOPOLD.

Mais voici le jour
Qui me rend ma chaîne ;
Oui, voici le jour
Qui finit ma peine...
Le jour du retour !

RACHEL, sortant de la maison.

Samuel, c'est donc vous ?

LÉOPOLD.

Oui, Samuel qui t'aime !

RACHEL.

Le sort dans ce voyage a-t-il comblé vos vœux ?

LÉOPOLD.

Si tu l'aimes toujours, Samuel est heureux !

RACHEL.

Comment ne pas t'aimer ? notre culte est le même ;
Le même Dieu nous bénit tous les deux.
Et les pinceaux, ton art que je révère,
Valent bien, selon moi, les trésors de mon père.

LÉOPOLD.

Rachel ma bien-aimée, hélas ! comment te voir ?

ACTE I, SCÈNE V.

RACHEL.

Viens chez mon père, aujourd'hui, viens ce soir !

LÉOPOLD.

Eh ! que dira-t-il ?

RACHEL.

Viens sans crainte !
Nous célébrons la Pâque sainte
Ainsi que notre Dieu l'ordonne à ses élus.

LÉOPOLD, à part.

O Ciel !

RACHEL.

Et dans ce jour, sous son toit respectable,
Tous les fils d'Israel par lui sont bien reçus.

LÉOPOLD, avec embarras.

Un mot encore !

RACHEL.

Va-t'en ! Une foule innombrable
Se précipite vers ce lieu.

LÉOPOLD.

Rachel, écoute-moi !...

RACHEL.

Non, à ce soir !... Adieu !

(Elle aperçoit une servante qui sort de la maison d'Éléazar, elle s'éloigne avec elle, et Léopold, enveloppé de son manteau, se perd dans la foule qui de tous côtés inonde le théâtre. Les cloches se font entendre. Les fontaines que l'on voit au milieu de la place font jaillir du vin, et tout le peuple se précipite pour le recueillir.)

CHOEUR DU PEUPLE.

Du vin ! du vin ! du vin !
Bénissons le destin
Et notre souverain,
Qui font qu'ainsi soudain

Pour noyer le chagrin,
L'onde se change en vin!
Du vin! du vin! du vin!

(Les uns remplissent des brocs, les autres forment différens groupes, se distribuent du vin, remplissent des verres.)

PLUSIEURS BUVEURS.

Buvons, amis, fussent-ils mille,
A tous les membres du concile!

D'AUTRES.

Buvons à notre souverain,
De qui la généreuse main
Fait couler ce nectar divin!

CHOEUR GÉNÉRAL.

Du vin! du vin! du vin!
Bénissons le destin
Qui fait qu'ainsi soudain
L'onde se change en vin!
Du vin! du vin! du vin!

PREMIER BUVEUR, à son voisin, voulant lui arracher le broc qu'il tient.

C'est par moi que ce broc est plein!
Tu m'as pris ma part du butin!

DEUXIÈME BUVEUR.

Ce n'est pas moi!

PREMIER BUVEUR.

    J'en suis certain!

DEUXIÈME BUVEUR.

Crains mon courroux!

PREMIER BUVEUR.

     Crains que ma main
Ne termine ainsi ton destin!

ACTE I, SCÈNE VI.

DEUXIÈME BUVEUR.

Qui, toi?... tu n'es qu'un Philistin !

PREMIER BUVEUR, avec fureur.

Un Philistin !

(Ils vont se battre. Le peuple se précipite entre eux deux, et, pour les apaiser leur présente à chacun un broc de vin.)

CHOEUR.

Du vin ! du vin ! du vin !
Bénissons le destin
Qui fait qu'ainsi soudain
L'onde se change en vin !
Du vin ! du vin ! du vin !

(D'autres gens du peuple, déjà étourdis par le vin, se mettent à danser; tous les autres les imitent. Des femmes se mêlent à leurs danses et forment un ballet animé, pendant lequel Eléazar et Rachel paraissent. Rachel donne le bras à son père; ils veulent traverser la place, lorsque des cris se font entendre.)

PLUSIEURS GENS DU PEUPLE, venant de la gauche en criant, Noël!

Noël ! le cortége !... Le voici !
Il va passer par ici !

(Repoussés par la foule, Eléazar et Rachel se trouvent portés jusque sur les marches de pierre qui conduisent à l'église. Là, ils s'arrêtent adossés contre les murs du temple.

Dans le lointain, sur un air de marche majestueux et brillant, le cortége commence à défiler. Des soldats, conduits par Ruggiero, viennent faire ranger le peuple.)

SCÈNE VI.

LES PRÉCÉDENS ; RUGGIERO.

RUGGIERO aperçoit Eléazar et sa fille sur les degrés du péristyle.

Ah ! grand Dieu ! quelle audace impie !
Aux portes de l'église un juif se réfugie !

Vous le voyez, chrétiens, et vous souffrez
L'empreinte de ses pas sur les marbres sacrés!

TOUS.

Il a raison!

RUGGIERO.

Suivez l'exemple
Du Dieu saint qui chassait tous les vendeurs du temple!

CHOEUR DU PEUPLE, avec une joie furieuse.

Au lac! au lac!
Oui, plongeons dans le lac
Cette race rebelle
Et criminelle!
Au lac! au lac!
Oui, plongeons dans le lac
Les enfans d'Isaac!

RACHEL, les suppliant.

Quelle aveugle fureur, quelle rage inhumaine
Contre nous ainsi vous déchaîne?

ÉLÉAZAR.

Nous avons respecté vos dieux.

RACHEL, montrant son père.

Respectez ses jours malheureux!

CHOEUR, s'animant entre eux et crescendo.

Non, c'est trop d'audace!
Pour eux point de grâce!
Que de cette race
Le nom détesté
S'efface et périsse!
Oui, c'est leur supplice

Que veut la justice
Du ciel irrité !

(Avec explosion.)

Au lac ! au lac !
Oui, plongeons dans le lac
Cette race rebelle
Et criminelle !
Au lac ! au lac !
Oui, plongeons dans le lac !
Les enfans d'Isaac !

(Le père et la fille, qui se tenaient embrassés, sont séparés par le peuple furieux, qui entraîne Éléazar par la rue à gauche et disparaît, tandis qu'un autre groupe entoure Rachel et va l'entraîner d'un autre côté.)

SCÈNE VII.

Les précédens, LÉOPOLD, entrant par le fond et apercevant Rachel au milieu du peuple.

LÉOPOLD, poussant un cri.

Ah ! qu'ai-je vu !

(Jetant son manteau et courant près d'elle.)

Rachel ! ma bien-aimée !

RACHEL, à demi-voix.

Va-t'en ! Samuel, va-t'en ! Contre nous animée,
Cette foule inhumaine en veut à tous les juifs !
Ils te tueront... va-t'en !

LÉOPOLD.

Non, près de toi je reste.

(Au peuple.)

Et vous qui l'insultez... cœurs lâches et craintifs,

(Tirant son épée.)

Fuyez tous!... ou ce bras vous deviendra funeste!

ENSEMBLE.

CHOEUR DU PEUPLE, reculant avec effroi et à demi-voix.

Il est armé! n'approchons pas!
Redoutons l'effort de son bras!

LÉOPOLD, tenant Rachel par la main.

Suis-moi, Rachel, ne tremble pas!
Loin d'eux je vais guider tes pas!

RACHEL.

Ah! pour toi seul je tremble, hélas!
Pour moi tu braves le trépas!

(Léopold, tenant Rachel par la main, l'entraîne vers le fond de la place, et le peuple, en reculant devant son épée, murmure à demi-voix.)

CHOEUR.

Le Ciel ne punira-t-il pas
La race impure de Juda?

RACHEL, au moment de sortir, aperçoit un groupe de soldats qui arrive par le fond de la place et leur ferme la retraite.)

(A Léopold, avec effroi.)

Dieu! vois-tu ces soldats?

(Elle redescend vivement sur le devant du théâtre.)

LE PEUPLE, poussant des cris de joie.

Des soldats! des soldats!
C'est le ciel qui vers nous a dirigé leurs pas!

(Courant aux soldats et leur montrant Léopold et Rachel.)

Ah! c'est trop d'audace!
Pour eux point de grâce!
Que de cette race
Le nom détesté

ACTE I, SCÈNE VII.

S'efface et périsse !
Oui, c'est leur supplice
Que veut la justice
Du peuple irrité.

(Avec explosion et fureur.)

Au lac ! au lac !
Oui, plongeons dans le lac
Cette race rebelle
Et criminelle !
Au lac ! au lac !
Oui, plongeons dans le lac
Les enfans d'Isaac !

ALBERT, qui commande le détachement de soldats, s'avance, et montrant Rachel et Léopold, il dit :

Saisissez-les !

(Léopold, qui jusque-là avait évité ses regards, se retourne en ce moment.)

ALBERT, le reconnaissant.

O ciel !

(Léopold étend vers lui la main, et d'un geste impératif lui commande d'arrêter ses soldats.)

ALBERT, avec respect.

Soldats !
Éloignez-vous, n'avancez pas !

ENSEMBLE.

RACHEL, qui a vu le geste de Léopold.

O surprise nouvelle !
Cette horde cruelle,
Ces soldats menaçans
A son geste obéissent,
Et devant lui fléchissent
Désarmés et tremblans !

CHŒUR DU PEUPLE.

O surprise nouvelle !
Cette troupe fidèle,
Du vrai Dieu les enfans,
A ce juif obéissent,
Et devant lui fléchissent
Désarmés et tremblans !

LÉOPOLD ET ALBERT.

Que toujours elle ignore
Mon / Son } nom et { mon / son } pouvoir !

Mon Dieu, toi { que j' / qu'il } implore,

C'est là { mon / son } seul espoir !

RACHEL.

Mon Dieu ! toi que j'implore,
D'où vient donc ce pouvoir
Qu'hélas ! mon cœur ignore,
Et ne peut concevoir ?

SCÈNE VIII.

Les précédens ; ÉLÉAZAR, les habits en désordre, tout sanglant et meurtri, accourt, poursuivi toujours par le peuple, des mains duquel il vient d'échapper.

ÉLÉAZAR, s'arrêtant au milieu du théâtre.

Eh bien ! que voulez-vous, race d'Amalécites ?
Du sang ?... prenez le mien ! car vos lèvres maudites
En ont soif !... et ces jours, trop long-temps disputés,
Je vous les livre enfin...

ACTE I, SCÈNE VIII.

LE PEUPLE.
Qu'il périsse!

ALBERT, à qui Léopold vient de faire un second signe, s'écrie :

Arrêtez!...

(A ses soldats, montrant Éléazar et Rachel.)

Qu'on les dérobe à leurs poursuites!
Que ces infortunés, jusques à leur logis,
Soient par vous à l'instant protégés et conduits!

ENSEMBLE.

REPRISE DU FINAL.

RACHEL.

O surprise nouvelle!
Cette horde cruelle,
Ces soldats menaçans,
A son geste obéissent,
Et devant lui fléchissent
Désarmés et tremblans!

CHOEUR DU PEUPLE.

O surprise nouvelle!
Cette troupe fidèle,
Du vrai Dieu les enfans,
A ce juif obéissent
Et devant lui fléchissent
Désarmés et tremblans!

(En ce moment défile le cortége impérial qui se rend à l'ouverture du concile. La foule du peuple abandonne le milieu de la place et se range dans les rues, le long des maisons.)

CHOEUR DU PEUPLE, regardant le cortége qui défile.

De ces nobles guerriers,
De ces fiers chevaliers
Vois la marche imposante,
L'armure étincelante!

Non, jamais en ces lieux
Spectacle plus pompeux
N'avait frappé nos yeux :
Le courage étincelle
En leurs regards vaillans ;
Que leur glaive fidèle
Soit l'effroi des méchans.

(Le cortége défile dans l'ordre suivant : les *sonneurs* de trompe de l'empereur, les porte-bannières et les arbalétriers de la ville de Constance, les maîtres des différens métiers et confréries, les échevins, les archers de l'empereur, puis les hommes d'armes, les hérauts, les *sonneurs* du cardinal, ses hallebardiers, ses bannières et celles du Saint-Siége ;

Les membres du concile, leurs pages et leurs clers ;

Le cardinal à cheval, avec ses pages et ses gentilshommes :

Les hallebardiers, les hérauts d'armes de l'empereur, portant les bannières de l'empire ;

Puis enfin l'empereur Sigismond, à cheval, précédé de ses pages, entouré de ses gentilshommes, de ses écuyers, et suivi des princes de l'empire.

Au moment où paraît l'empereur, Léopold, qui est sur le devant du théâtre, à la gauche du spectateur, se cache avec son manteau, cherche à se soustraire à tous les regards et se perd dans la foule. Rachel, qui est de l'autre côté du théâtre, le suit d'un œil inquiet et témoigne sa surprise. Eléazar, debout près d'elle, regarde avec dédain le cortége qui défile, les trompettes sonnent, l'orgue se fait entendre, et le peuple pousse des cris de joie.)

CHOEUR.

Gloire ! honneur
A l'empereur !
Gloire à l'empereur !

FIN DU PREMIER ACTE.

ACTE DEUXIÈME.

Le théâtre représente l'intérieur de la maison d'Éléazar. Au lever du rideau, Éléazar, Rachel, Léopold et plusieurs juifs et juives, parens d'Éléazar, sont à table et célèbrent la Pâque. Léopold et Rachel sont aux deux extrémités de la table; Éléazar tient le milieu.

SCÈNE PREMIÈRE.

CHOEUR.

O Dieu de nos pères!
Toi qui nous éclaires,
Parmi nous descends!
O Dieu de nos pères!
Cache nos mystères
A l'œil des méchans!

ÉLÉAZAR.

Si trahison ou perfidie
Osait se glisser parmi nous,
Que sur le parjure et l'impie
S'appesantisse ton courroux!

CHOEUR.

O Dieu de nos pères!
Toi qui nous éclaires,
Parmi nous descends! etc.

ÉLÉAZAR, se levant.

Et vous tous, enfans de Moïse,
Gage de l'alliance à nos aïeux promise,
Partagez-vous ce pain, par mes mains consacré,
Et qu'un levain impur n'a jamais altéré.

(Il distribue du pain sans levain à tous les convives. Le dernier à qui il en présente est Léopold.)

LEOPOLD, à part.

O ciel !

(Il hésite à porter le pain à ses lèvres. Il regarde tous les convives, et, voyant qu'on n'a pas les yeux sur lui, il le jette.)

RACHEL, qui l'a aperçu.

Que vois-je?...

ÉLÉAZAR.

AIR.

Dieu que ma voix tremblante
S'élève jusqu'aux cieux !
Étends ta main puissante
Sur tes fils malheureux !
Tout ton peuple succombe ;
Et Sion dans la tombe,
Implorant ta bonté,
Vers toi s'élève et crie,
Et demande la vie
A son père irrité !

(A la fin de ce chœur on entend frapper à la porte à droite. Tout le monde se lève.)

CHOEUR.

On frappe !... ô terreur !

ACTE II, SCÈNE I.

ÉLÉAZAR, aux convives.

Éteignez ces flambeaux!...

(A Rachel.)

Et va voir...

RACHEL.

Ah! je n'ose!

ÉLÉAZAR, s'approchant de la porte.

Qui frappe ainsi chez moi, lorsque la nuit est close?

PLUSIEURS VOIX D'HOMMES, en dehors.

C'est de la part de l'empereur!

ÉLÉAZAR, aux convives:

Cachez tous ces apprêts.

RACHEL, bas à Léopold et prête à sortir.

Il faut qu'à l'instant même
Je vous parle, Samuel!

LÉOPOLD, se disposant à la suivre.

Ah! quel bonheur extrême!

ÉLÉAZAR, le retenant par la main.

Demeure!... une visite, à cette heure, en ces lieux
M'est suspecte... et ton bras est fort et courageux!
Il saura me défendre...

(A Rachel, et aux autres juifs.)

Et vous, qu'on se retire!

(Ils sortent tous par la porte à gauche, et Rachel, la dernière, en faisant à Léopold des signes d'intelligence.)

SCÈNE II.

(Eléazar va ouvrir la porte de la rue ; pendant ce temps, Léopold s'est retiré dans l'enfoncement à droite, que forme l'appartement ; il prend sa palette et ses pinceaux, et se dispose à peindre en tournant le dos à Eudoxie qui entre.)

ELEAZAR, ouvrant la porte.

Entrez!...

(Paraît Eudoxie, suivie de deux domestiques vêtus de la livrée de l'empereur, et portant des flambeaux.)

Une femme!

LEOPOLD, se retournant, et l'apercevant à la lueur des flambeaux.

Ah ! grands dieux !
J'ai senti sur mon front se dresser mes cheveux !
Où fuir?

ELEAZAR, à Eudoxie.

Que voulez-vous ?

EUDOXIE, faisant signe aux domestiques de sortir.

Je vais vous en instruire.

(Elle est au fond du théâtre et aperçoit Léopold, lui tournant le dos et cherchant à se cacher.)

Quel est cet homme?

ÉLÉAZAR.

Un peintre, un artiste fameux
Et dont l'habile main, utile à mon commerce,
Sur l'or et le vélin avec talent s'exerce,
Mais si vous l'exigez, qu'il sorte.

ACTE II, SCÈNE II.

EUDOXIE, *souriant.*

Non, vraiment !

Ma visite n'est pas un secret.

ELEAZAR, *souriant.*

Et pourtant

L'ordre de l'empereur qui vers moi vous amène,
Et ses riches valets, sa livrée...

EUDOXIE.

Est la mienne.

Je suis sa nièce.

ELEAZAR, *se prosternant.*

O ciel ! et quel honneur pour moi !

La princesse Eudoxie !

EUDOXIE, *souriant.*

Eh ! oui... Relève-toi !

DUO.

EUDOXIE.

Tu possèdes, dit-on, un joyau magnifique ?

ÉLÉAZAR.

Oui ; je le destinais à quelque souverain ;
Une chaîne incrustée, une sainte relique,
Que portait autrefois l'empereur Constantin.

EUDOXIE.

Je veux la voir !... celui que j'aime,
Léopold, mon époux, des Hussites vainqueur...

LEOPOLD, *à droite, et écoutant.*

O ciel !

EUDOXIE.

Auprès de moi revient aujourd'hui même !

LA JUIVE.

ÉLÉAZAR, souriant.

J'entends.

EUDOXIE, avec expression.

Non! tu ne peux concevoir mon bonheur!

ENSEMBLE.

EUDOXIE.

Au fond de mon ame
Que l'amour enflamme,
Du nom de sa femme
Je m'enorgueillis.
Attraits et jeunesse,
Grandeur et richesse,
Près de sa tendresse,
Ne sont d'aucun prix!

LÉOPOLD, à droite.

O coupable trame!
O forfait infame!
Au fond de mon ame
Je tremble et frémis!
Et de sa tendresse
L'innocente ivresse
M'accable et m'oppresse
D'un nouveau mépris!

ÉLÉAZAR, à part.

Au fond de mon ame
Que la haine enflamme,
Je vois cette femme
Et je la maudis!
Oui, sombre tristesse,
Malgré moi m'oppresse,
Quand je vois l'ivresse
De nos ennemis!

(Éléazar présente à Eudoxie un coffret où est renfermée la chaîne d'or incrustée de pierres précieuses.)

EUDOXIE, la regardant.

Ah! quel feu! quel éclat!... Ce travail que j'admire

Est digne du héros pour qui je le choisis,

ÉLÉAZAR, à demi-voix.

Trente mille florins!... je n'en puis rien déduire

EUDOXIE.

Qu'importe?...

(Avec tendresse.)

C'est pour lui!

ÉLÉAZAR, à part.

Vive un cœur bien épris,
Le commerce et les arts y trouvent bénéfice!

LÉOPOLD.

Non rien n'égale mon supplice!

EUDOXIE, donnant un cachet à Éléazar.

Tenez... vous graverez son blason et le mien,
Et puis dans mon palais, demain, songez-y bien,
Vous me l'apporterez.

ÉLÉAZAR.

Que mes mains soient maudites
Si j'y manquais!

EUDOXIE.

Oui, je veux que demain,
Aux yeux de l'empereur, dans un pompeux festin,
Ce joyau soit offert au vainqueur des Hussites;
Et je prétends moi-même, en gage de ma foi,
Le placer sur ce cœur qui ne bat que pour moi.

ENSEMBLE.

Ah! quel bonheur extrême
Et quel doux avenir!
Ce soir, celui que j'aime,
Enfin va revenir!

LEOPOLD, à droite.

O désespoir extrême,
O funeste avenir,
En horreur à moi-même,
A quel Dieu recourir?

ÉLÉAZAR.

Ah! quel bonheur extrême
Et pour moi quel plaisir,
Ces écus d'or que j'aime
Chez moi vont revenir!

(Eléazar reconduit Eudoxie jusqu'à la porte et jusque dans la rue.)

SCÈNE III.

LÉOPOLD, RACHEL, ENTR'OUVRANT DOUCEMENT LA PORTE A GAUCHE.

RACHEL, regardant autour d'elle.

Mon père n'est plus là! je veux enfin connaître
Quel mystère...

LÉOPOLD.

Silence! il va rentrer peut-être,
Et je ne puis maintenant... mais ce soir...
Cette nuit...seule, ici... dans ta demeure,
Consens à me recevoir!

RACHEL.

Qu'oses-tu demander?

LÉOPOLD.

Tu veux donc que je meure!

RACHEL.

Qui, moi?... grand Dieu!

ACTE II, SCÈNE IV.

LÉOPOLD.

N'ai-je donc pas ta foi,
Ton amour, tes sermens?... et je meurs loin de toi
Si tu me refuses...

RACHEL, avec anxiété.

Que faire!...

LEOPOLD, à demi-voix.

Tu m'attendras!...

RACHEL, avec effroi et voyant rentrer Éléazar.

Mon père!... le voici!

LEOPOLD, de même.

Tu m'attendras!

RACHEL, hors d'elle-même.

Eh bien, oui!

SCÈNE IV.

Les précédens, ÉLÉAZAR, rentrant et voyant Rachel qui s'éloigne vivement de Léopold. Il s'avance entre eux deux, s'aperçoit de leur trouble, et les examine quelque temps l'un après l'autre d'un regard soupçonneux.

ELEAZAR, à part.

Quel trouble à mon aspect!... d'où vient que vers la terre
Leurs yeux restent baissés?...

(Haut à Léopold.)

Il est tard!... adieu, frère,
Rentre chez toi qu'un doux repos

Te délasse de tes travaux!

(A Rachel.)

Toi, mon enfant! approche, et par moi sois bénie...
Ah! que ta main est froide!... Et ne puis-je savoir...

(Il se retourne vers Léopold, qui, en s'en allant, adresse à Rachel un signe d'intelligence dont Éléazar s'aperçoit.)

Ne t'en va pas encor, Samuel; ton cœur oublie
De redire avec nous la prière du soir!

TOUS TROIS, Éléazar d'une voix ferme, et les autres en tremblant.

O Dieu de nos pères,
Toi qui nous éclaires,
Parmi nous, descends!
O dieu de nos pères,
Cache nos mystères
A l'œil des méchans!

ÉLÉAZAR, regardant Léopold.

Si trahison ou perfidie
Osait se glisser parmi nous,
Que sur le parjure ou l'impie
S'appesantisse ton courroux!

TOUS TROIS.

O Dieu de nos pères,
Toi qui nous éclaires, etc.

(Sur la ritournelle, Éléazar reconduit Léopold jusqu'à la porte de la rue, revient à sa fille qu'il embrasse, et rentre dans son appartement en jetant sur elle des regards inquiets.)

SCÈNE V.

RACHEL, SEULE.

Les sons religieux de la prière sainte
Ont rempli tous mes sens de remords et de crainte!
Ah! qu'ai-je fait? devais-je y consentir?

ROMANCE.

PREMIER COUPLET.

Il va venir!... il va venir!
Et d'effroi je me sens frémir!
D'une sombre et triste pensée;
Mon ame, hélas! est oppressée;
Mon cœur ne bat pas de plaisir,
Et cependant... il va venir!!

(Elle va ouvrir la croisée du fond)

DEUXIÈME COUPLET.

Il va venir!... il va venir!...

(Marchant.)

Chaque pas me fait tressaillir.
J'ai pu tromper les yeux d'un père,
Mais non pas ceux d'un Dieu sévère!...
Oui, je le dois... oui, je veux fuir.

(S'arrêtant.)

Et cependant, il va venir!!

SCÈNE VI.

RACHEL, LÉOPOLD, paraissant a la croisée du fond.

RACHEL, l'apercevant.

C'est lui !

(Tombant sur un fauteuil.)

La force m'abandonne !

LEOPOLD, s'approchant d'elle doucement.

Rachel, ma bien-aimée, à mon aspect frissonne !

RACHEL, étendant la main vers lui.

N'approchez point, sais-je en cette maison
Si vous n'apportez pas parjure et trahison,
Vous que le mystère environne,
Vous qui, pâle et confus, tremblez?... je le vois bien.

LÉOPOLD.

Oui, mon regard tremblant est celui d'un coupable!
Je t'ai trompée... et le remords m'accable?

RACHEL.

Samuel !

LÉOPOLD.

Tu sauras tout, ton Dieu n'est pas le mien!

RACHEL.

Qu'ai-je entendu?

LÉOPOLD.

Je suis chrétien !

ACTE II, SCÈNE VI.

DUO.

RACHEL, se levant.

Lorsqu'à toi je me suis donnée,
J'outrageai mon père et l'honneur !
Mais j'ignorais... infortunée,
Que j'outrageais un Dieu vengeur !

LÉOPOLD.

Quand mon ame à toi s'est donnée,
Fortune, dignités, grandeur.
J'oubliais tout... ma destinée
Est en toi, comme mon bonheur !

RACHEL.

Mais ta loi nous condamne et défend que je vive !
La juive, amante d'un chrétien,
Le chrétien amant d'une juive,
Sont tous les deux frappés de mort... le sais-tu bien ?

LÉOPOLD.

Je le sais!... mais qu'importe? vien !

ENSEMBLE.

LÉOPOLD.

Que ton cœur m'appartienne,
Que l'amour nous enchaine
Et juive, ou bien chrétienne
Ton sort sera le mien !
Que le courroux céleste
Me garde un sort funeste !
Si ton amour me reste,
Le reste ne m'est rien.
Je ne regrette rien.

RACHEL.

Moi!... que je t'appartienne ?
Que l'amour nous enchaine !

Ta foi n'est pas la mienne ;
Ton dieu n'est pas le mien.
Mon père vous déteste :
Et dans mon sort funeste,
C'est la bonté céleste
Qui seule est mon soutien.
Voilà mon seul soutien.

RACHEL.

Crois-tu qu'Éléazar, dont le cœur vous abhorre
Consentira jamais à former de tels nœuds ?

LÉOPOLD.

Ah ! sa haine n'est pas le seul obstacle encore
Qui comme un mur d'airain s'élève entre nous deux !
Eh bien ! fuyons !... cherchons une retraite obscure
Où, de tous oubliés, nous les oublierons tous,
Où, gloire, amis, parens, tout sera mort pour nous.

RACHEL.

Abandonner mon père !

LÉOPOLD.

Oui, que dans la nature
Il ne me reste rien... que ton amour et toi !

RACHEL, douloureusement.

Abandonner mon père !

LÉOPOLD.

Eh ! crois-tu donc que moi
Je n'abandonne rien ?

RACHEL.

Dieu ! que dis-tu ?

LÉOPOLD, à demi-voix.

Tais-toi !

Tais-toi !

ACTE II, SCÈNE VI.

ENSEMBLE.

Que ton cœur m'appartienne ;
Que l'amour nous enchaîne ;
Et, juive ou bien chrétienne,
Ton sort sera le mien ! etc.

RACHEL.

Moi, que je t'appartienne ?
Que l'amour nous enchaîne ?
Ta foi n'est pas la mienne,
Ton Dieu n'est pas le mien ! etc.

LÉOPOLD, lui prenant la main.

Si tu m'aimes, partons ?

RACHEL.

Je n'aime que toi !... mais...
Mon père !..

LÉOPOLD.

Ce moment est le seul : désormais !
Pour toujours réunis, ou séparés... prononce !
Ma vie ou mon trépas dépend de ta réponse !

RACHEL.

Mais Dieu nous maudira !...

LÉOPOLD.

Qu'importe ? si son bras,
En nous frappant tous deux ne nous sépare pas !

ENSEMBLE.

Près de celle que j'aime,
Je veux vivre et mourir,
Et la mort elle-même
Ne peut nous désunir !

RACHEL.

Près de celui que j'aime,
Je veux vivre et mourir,

Et la mort elle-même
Ne peut nous désunir !

Partons... partons ! ici bas, dans les cieux,
Même sort désormais nous attend tous les deux.

LEOPOLD, l'entraînant.

Fuyons.

SCÈNE VII.

Les précédens ; ÉLÉAZAR, se présentant devant eux.

ÉLÉAZAR.
Où courez-vous ?

RACHEL, stupéfaite.

Mon père !

ÉLÉAZAR.
Pour m'éviter où portiez-vous vos pas ?
Connaissez-vous donc sur la terre ?
Quelqu'endroit où n'atteigne pas
La malédiction d'un père !

ENSEMBLE.

LÉOPOLD ET RACHEL.

Ah ! le remords m'accable !
Oui, c'est un Dieu vengeur
Dont l'aspect redoutable
Me glace de terreur !

ÉLÉAZAR, les regardant l'un après l'autre

Je vois son front coupable
Glacé par la terreur !
D'un juge inexorable
Craignez le bras vengeur !

ACTE II, SCÈNE VII.

ELEAZAR, à Léopold.

Et toi que j'accueillis, toi qui venais sans crainte,
Outrager dans ces lieux l'hospitalité sainte
Va-t'en!... si tu n'étais un enfant d'Israël,
Si je ne respectais en toi notre croyance,
Mon bras t'aurait déjà frappé d'un coup mortel!...

LÉOPOLD.

Frappe!...je ne veux pas te ravir ta vengeance,
Je suis chrétien!

ELEAZAR, avec fureur.

   Chrétien!... j'aurais dû m'en douter
Rien qu'à la trahison!...

(Tirant son poignard.)

   Et d'un crime semblable...

RACHEL, retenant son bras.

Arrêtez!... il n'est pas le seul qui soit coupable,
Et la mort qui l'attend, je dois la mériter;
Oui, je l'aime!... je l'aime.
Notre crime est le même;
A son juste trépas
Je ne survivrai pas!

ENSEMBLE.

 C'est moi qui suis coupable :
 Grâce!... et que ma douleur,
 D'un juge redoutable
 Désarme la rigueur!

LÉOPOLD.

 C'est moi qui suis coupable,
 Et parjure à l'honneur,
 Oui, le remords m'accable
 Et déchire mon cœur!

ÉLÉAZAR.

Quoi ces chrétiens que je déteste
Me raviraient encor mon enfant!

RACHEL.

Près de vous,
Nous resterons, je vous l'atteste,
Pardonnez-lui, mon père, et qu'il soit mon époux!

PREMIER COUPLET.

Pour lui, pour moi, mon père,
J'invoque votre amour;
Ses yeux à la lumière
Pourront s'ouvrir un jour,
Notre loi qu'il ignore
Qu'il l'apprenne de vous;
Hélas! je vous implore,
Bénissez mon époux.

DEUXIÈME COUPLET.

Hélas! si d'une mère
J'avais connu l'amour,
Sa voix à ma prière
S'unirait en ce jour!
C'est elle qui m'inspire
Et je crois près de vous
L'entendre ici me dire:
Il sera ton époux.

ÉLÉAZAR.

Un chrétien!!! mais l'hymen qu'ici ton cœur désire,
C'est la mort, le bûcher qui tous deux vous attend.
Si l'on savait jamais...

ACTE II, SCÈNE VII.

RACHEL.

Eh! qui pourra le dire?
Hormis vous, qui saura le secret d'où dépend
Le bonheur de ma vie?... ah! par pitié, mon père,
De votre fille en pleurs écoutez la prière!

ÉLEAZAR.

Il est chrétien!... son cœur qui déjà m'a trahi,
Bientôt je le prévois, doit te trahir aussi!...

RACHEL.

Jamais, jamais.

LÉOPOLD, à part.

Grand Dieu!

RACHEL.

Croyez en sa promesse.

ÉLÉAZAR.

Eh bien donc puisqu'ici ma fureur vengeresse
Doit céder à tes pleurs... que le ciel en courroux
Comme moi te pardonne!... et qu'il soit ton époux!

RACHEL, poussant un cri de joie, et se jetant dans les bras d'Éléazar.

Mon père!...

LÉOPOLD, poussant un cri de terreur.

O ciel!...

RACHEL, se retournant et le regardant.

Eh bien donc!... qu'avez-vous?

ENSEMBLE.

LÉOPOLD.

O mon Dieu! que ferai-je,
Parjure et sacrilége?

Ah ! c'est trop de forfaits !
Désespoir ! anathème !
Le ciel que je blasphème
Me maudit à jamais !

RACHEL.

Lorsque Dieu nous protége,
Quelle crainte l'assiége
Et trouble ainsi ses traits ?
C'est mon père lui-même
Qui vient à ce que j'aime
De m'unir pour jamais.

ÉLÉAZAR.

Quand mon bras le protége,
Quelle crainte l'assiége
Et trouble ainsi ses traits ?
Oui, ma bonté suprême,
A ce chrétien qu'elle aime
Va l'unir pour jamais.

ELEAZAR, entre eux deux.

A genoux ! à genoux !... prêtre de notre loi,

(A Rachel.)

Que je recoive ici tes sermens et sa foi !

LEOPOLD, retirant sa main.

Jamais ! jamais !

RACHEL.

Qu'oses-tu dire ?

LÉOPOLD.

Je ne puis.

RACHEL ET ÉLÉAZAR.

Et pourquoi ?

ACTE II, SCÈNE VII.

LÉOPOLD.

Je ne puis, laissez-moi.
Et la terre et le ciel sont prêts à me proscrire !

RACHEL.

Si tu m'aimes... qu'importe ?... ici tu le disais.

ÉLÉAZAR.

Et moi je l'ai prévu : trahison... anathème...
Maudits soient les chrétiens et celui qui les aime !

LÉOPOLD, à Rachel.

Ah !... je t'aime plus que jamais
Mais cet hymen, vois-tu ? c'est un crime... un blasphème.
Ne m'interroge pas, je dois fuir... je le dois.
Adieu, Rachel, adieu pour la dernière fois !

ENSEMBLE.

LÉOPOLD.

Parjure et sacrilége
Ah ! le remords m'assiége,
Et c'est trop de forfaits !
Désespoir ! anathème !
Le ciel que je blasphème
Me maudit à jamais !

ÉLÉAZAR.

D'un chrétien sacrilége
Et que l'enfer protége,
Je connais les projets,
Désespoir ! anathème !
Et que Dieu qu'il blasphème
Le maudisse à jamais !

RACHEL.

De ce cœur sacrilége
Et que l'enfer protége,

Quels sont donc les projets?
Désespoir! anathème!
J'en jure par Dieu même,
Je saurai ses secrets.

(Léopold se précipite par la porte de la rue. Éléazar anéanti tombe sur un fauteuil, et cache sa tête dans ses mains. Rachel se lève, saisit le manteau que Léopold a laissé sur un des meubles, s'en enveloppe, et s'élance dans la rue sur les pas de Léopold. La toile tombe.)

FIN DU DEUXIÈME ACTE.

ACTE TROISIÈME.

Le théâtre représente de magnifiques jardins. On aperçoit dans le lointain les beaux points de vue et les riches paysages du canton de Thurgovie. A gauche, sous un dais de velours, est placée la table de l'empereur, élevée au-dessus de toutes les autres, et à laquelle on monte par des gradins couverts également de belles étoffes de velours. L'empereur est assis, ayant à sa droite le cardinal de Brogni, représentant le Saint-Siége, alors vacant; un peu au-dessous Eudoxie et Léopold; à gauche, et à des tables inférieures, les princes, les ducs, les électeurs de l'empire. A droite du théâtre, de distance en distance, des dressoirs à vins, des dressoirs à vaisselle, chargés de riches vases de belle orfévrerie. Au lever du rideau paraissent quatre hommes à cheval portant les plats d'honneur. Des pages vont les prendre et les posent sur la table de l'empereur; d'autres pages vont et viennent, portent les différens mets, offrent des vins, et font le service de la table impériale. A droite du théâtre, au-dessus des buffets d'argenterie, des cavaliers et des dames, assis sur des gradins disposés en amphithéâtre. Au fond, des soldats qui empêchent le peuple d'approcher.

SCÈNE PREMIÈRE.

CHOEUR DU PEUPLE.

Jour mémorable!
Jour de splendeur!
Vois-tu la table
De l'empereur?

(On exécute en présence de l'empereur, de la cour et des cardinaux, des danses et des divertissemens du temps. A la fin du divertissement et du banquet impérial, l'empereur se lève et descend de son trône ; il remercie sa nièce, Eudoxie et Léopold, et sort suivi de tous ses grands officiers et des gens de sa maison. Après le départ de l'empereur, tous les seigneurs et prélats entourent Léopold, et le félicitent de la faveur qu'il vient de recevoir.)

EUDOXIE ET LE CHOEUR.

Sonnez, clairons ! que vos chants de victoire

(Montrant Léopold.)

Portent ses exploits jusqu'aux cieux.
Que dans ce jour les palmes de la gloire
 Ornent son front victorieux !

EUDOXIE.

Pour fêter un héros dont la gloire m'est chère,
Les princes de l'église et des rois de la terre,
 A ma voix se sont réunis !

LEOPOLD, à part.

Quoi ! tant d'honneurs sur le front d'un coupable !
Mon Dieu, délivrez-m'en ! leur estime m'accable,
 Et je préfère leur mépris.

CHOEUR.

Sonnez, clairons ! que vos chants de victoire
 Portent ses exploits jusqu'aux cieux !
Que dans ce jour les palmes de la gloire
 Ornent son front victorieux !

SCÈNE II.

Les précédens ; ÉLÉAZAR, RACHEL.

(Eléazar tenant un coffret d'or et conduit par le majordome, s'approche d'Eudoxie.)

ÉLÉAZAR, à Eudoxie.

A vos ordres soumis, j'apporte en ce palais
Ce joyau précieux !...

RACHEL, levant les yeux et apercevant Léopold.

O ciel ! voilà ses traits !

ENSEMBLE.

ÉLÉAZAR.

O surprise ! ô terreur nouvelle !
Je vois Samuel en ces lieux !
C'est lui ! c'est bien lui, l'infidèle !
Ah ! je n'ose en croire mes yeux !

LÉOPOLD.

O surprise ! ô terreur nouvelle !
Un sort fatal l'offre à mes yeux !
Et sur ma tête criminelle
Gronde la vengeance des cieux !

LE CHOEUR.

O ciel ! il frémit ! il chancelle !
Vers la terre il baisse les yeux !
D'où vient cette terreur mortelle
Dans un instant si glorieux ?

EUDOXIE, regardant la chaîne que lui a remise Eléazar.

Ah ! combien cette chaîne est belle !
Que ce travail est précieux !

Oui, cette surprise nouvelle
D'un époux charmera les yeux!

RACHEL, cachée dans le groupe, et regardant Léopold.

C'est lui!... c'est bien lui! l'infidèle!
Et dans ces lieux, amant heureux,
S'il me fuyait, c'était pour elle!
Ah! je saurai briser leurs nœuds!

EUDOXIE, se levant, et s'approchant de Léopold.

Au nom de l'empereur, de l'honneur et des dames
Qui des nobles guerriers électrisent les ames,
Preux chevalier, fléchissez les genoux
Et recevez ce don que j'offre à mon époux!

ÉLÉAZAR ET RACHEL.

Son époux!

RACHEL s'élance entre Eudoxie et Léopold.

Arrêtez!

EUDOXIE ET LÉOPOLD.

Ah! grands dieux!

RACHEL, arrachant à Léopold la chaîne qu'il tient dans sa main, et la rendant à Eudoxie.

Reprends ce noble signe!
Le signe de l'honneur; son cœur n'en est pas digne!

EUDOXIE, avec indignation.

Lui, mon époux!

RACHEL.

Ce n'est plus ton époux
Non, ce n'est plus ce guerrier redoutable
Des Hussites vainqueur! c'est un lâche! un coupable
Que je dénonce aux yeux de tous;

(Elle s'avance près de Brogni et des membres du conseil. Eléazar court près de Rachel.)

ÉLÉAZAR.

Tais-toi! tais-toi! Rachel!

RACHEL, sans l'écouter, et à voix haute.

Il est coupable!

BROGNI.

Quel crime a-t-il commis?

RACHEL.

Le plus épouvantable!
Celui que votre loi punit par le trépas!
Chrétien, il eut commerce avec une maudite!
Une juive!... une israélite!

EUDOXIE.

Non, non! cela ne se peut pas!

RACHEL.

Et cette juive, sa complice...
Qui comme lui mérite le supplice...

EUDOXIE.

Quelle est-elle?

RACHEL, à voix haute

C'est moi!

(Se retournant vers Léopold qui veut l'interrompre.)

Ne me connais-tu pas?

ENSEMBLE.

EUDOXIE ET LÉOPOLD.

Je frissonne et succombe
Et d'horreur et d'effroi!
Et j'appelle la tombe
Qui va s'ouvrir pour moi!

RACHEL.

Il frissonne et succombe
Et d'horreur et d'effroi !
Que votre glaive tombe
Sur lui comme sur moi !

ÉLÉAZAR.

Notre cause succombe !
Je sais quelle est leur loi ;
Je vois s'ouvrir la tombe
Et pour elle et pour moi !

BROGNI ET LE CHOEUR.

Je frissonne et succombe
Et d'horreur et d'effroi,
Sur lui faut-il que tombe
Le glaive de la loi !

ÉLÉAZAR, tenant Rachel dans ses bras, et montrant Léopold.

Eh bien ! nobles seigneurs, prêtres et cardinaux,
Qu'attendez-vous ? qui retient votre glaive ?
Gardez-vous pour nous seuls les fers et les bourreaux ?

RACHEL.

Et le coupable heureux qui par le rang s'élève
A-t-il le droit d'impunité ?

BROGNI, regardant Léopold.

Il se tait... ô mon Dieu ! c'est donc la vérité !

(Brogni, auquel les cardinaux et les évêques ont parlé à voix basse, s'avance au milieu du théâtre et étend les mains vers Eléazar, Rachel et Léopold.)

Vous qui du Dieu vivant outragez la puissance,
Soyez maudits !
Vous, que tous trois unit une horrible alliance,
Soyez maudits !
Anathème ! anathème !

C'est l'Éternel lui-même
Qui vous a, par ma voix, rejetés et proscrits !

(Tout le monde s'éloigne de Léopold, de Rachel et d'Eléazar, qui se trouvent seuls à gauche du théâtre.)

De nos temples pour eux que se ferme l'enceinte !
Que de l'eau salutaire et de la table sainte
    Ils ne puissent plus approcher !
  Que redoutant leur souffle et leur toucher
Le chrétien se détourne et s'éloigne avec crainte !
Et maudits sur la terre et maudits dans les cieux,
Que leurs corps soient enfin à leur heure dernière
Laissés sans sépulture ainsi que sans prière
Aux injures du ciel qui s'est fermé pour eux !

CHŒUR.

Sur eux anathème !
C'est le ciel lui-même
Qui les a proscrits !
Que l'eau salutaire,
Le feu, la lumière,
Leur soient interdits,
Dieu les a maudits !

ENSEMBLE.

LÉOPOLD.

Justice suprême
Retiens l'anathème
Qui les a proscrits !
Entends ma prière,
Et dans ta colère
Que mes jours flétris
Soient les seuls maudits !

RACHEL.

Justice suprême !
Que leur anathème
Qui nous a proscrits,
Épargne mon père !
Et dans ta colère
Que mes jours flétris
Soient les seuls maudits !

ÉLÉAZAR, à Brogni et aux cardinaux.

Sur vous anathème !
Jamais Dieu lui-même
Ne nous a proscrits !
Il est notre père
Et par lui j'espère !
Non, jamais ses fils
Ne seront maudits

(Sur un signe de Brogni, Ruggiero et des gardes s'approchent pour saisir Eléazar, Rachel et Léopold. Celui-ci tire son épée et la jette à leurs pieds, la foule s'écarte d'eux au moment où on les entraine, tandis qu'à gauche du théâtre, Eudoxie, les princes et les cardinaux lèvent au ciel leurs mains et leurs yeux épouvantés. La toile tombe.)

FIN DU TROISIÈME ACTE.

ACTE QUATRIÈME.

Un appartement gothique qui précède la chambre du concile.

SCÈNE PREMIÈRE.

EUDOXIE ET PLUSIEURS GARDES A QUI ELLE PRÉSENTE UN PAPIER.

Du prince de Brogni voici l'ordre suprême.
Il me permet de voir Rachel quelques instans.
(Les gardes sortent par la porte à droite.)
Mon Dieu! pour délivrer l'infidèle que j'aime,
Viens soutenir ma voix et dicter mes accens,
Que je sauve ses jours! et puis qu'après je meure!

SCÈNE II.

EUDOXIE, RACHEL RAMENÉE PAR DES GARDES QUI SE RETIRENT.

Pourquoi m'arrachez-vous à ma sombre demeure?
M'apportez-vous la mort qu'appellent mes souhaits?
(Apercevant Eudoxie.)
Que vois-je? O ciel! mon ennemie!

EUDOXIE.

Une ennemie, hélas! qui te supplie!

RACHEL.

Que peut-il entre nous exister désormais?

EUDOXIE.

Pour moi je ne veux rien! mais pour lui seul je tremble,
Ce concile terrible en ce moment s'assemble!
Personne... excepté vous ne pourrait désarmer
      Ses juges impitoyables!
Ils le condamneront!

RACHEL, avec ironie.

      Ils sont donc équitables!
J'estime les chrétiens! et je vais les aimer!

DUO.

EUDOXIE.

Ah! pour celui qui m'a trahie,
Si quelque amour vous reste encor,
Écoutez ma voix qui supplie,
Daignez l'arracher à la mort!

RACHEL.

Non, c'est pour vous qu'il m'a trahie,
Pour vous il a flétri mon sort!
Vous avez partagé sa vie,
Moi je partagerai sa mort!

EUDOXIE.

Rachel?

RACHEL.

      Ne viens pas davantage
Quand nos droits sont égaux, m'envier mon partage!

ACTE IV, SCÈNE II.

EUDOXIE.

Ah! je ne veux plus rien, tous nos nœuds sont rompus!
Tout est fini pour moi puisqu'il ne m'aime plus!

ENSEMBLE.

EUDOXIE.

Mais qu'il vive! qu'il vive!
Ah! que ma voix plaintive
Fléchisse votre cœur!
O vous, mon ennemie,
Accordez-moi sa vie,
Et prenez mon bonheur!

RACHEL.

Moi! permettre qu'il vive
Quand de la pauvre juive
Il a brisé le cœur!
Non!... que ma triste vie
Près de lui soit finie;
C'est là mon seul bonheur!

EUDOXIE.

Vous pouvez le soustraire à l'arrêt implacable
En déclarant ici qu'il n'était pas coupable.

RACHEL.

Pas coupable!... sais-tu qu'il avilit mes jours?
Sais-tu que je l'aimais?... que je l'aime toujours?

EUDOXIE.

Vous prétendez l'aimer!... lorsque dans votre rage,
Vous n'écoutez que haine et vengeance et courroux!
Et moi! que l'infidèle abusait comme vous,
J'oublie en ce moment mon amour, mon outrage,
Et jusqu'à ma fierté... je suis à vos genoux!

(*Tombant à ses pieds.*)

ENSEMBLE.

EUDOXIE.

Ah! qu'il vive! qu'il vive!
Et que ma voix plaintive
Désarme votre cœur!
O vous! mon ennemie,
Accordez-moi sa vie
Et prenez mon bonheur!

RACHEL.

Quoi! vous voulez qu'il vive
Quand de la pauvre juive
Il a brisé le cœur!
Et moi qu'il a trahie,
Il faut donc que j'oublie
Ma haine et ma fureur!

EUDOXIE, avec effroi.

Entendez-vous ces pas tumultueux?
C'est lui! c'est lui que l'on traîne au concile!
Si vous tardez encor tout devient inutile!
Il meurt!...

RACHEL, avec émotion.

O ciel!

EUDOXIE.

Rendez-vous à mes vœux!

ENSEMBLE.

RACHEL.

O mon Dieu! que faire?
Dois-je à sa prière,
Vaincre ma colère
Et sauver ses jours?
O faiblesse extrême!
Oui, malgré moi-même,
Je sens que je l'aime!
Je l'aime toujours!

ACTE IV, SCÈNE III.

EUDOXIE.

O Dieu tutélaire !
Entends ma prière,
Calme sa colère,
Et sauve ses jours !
O douleur extrême !
Oui, plus que moi-même
Je sens que je l'aime !...
Je l'aime toujours !

RACHEL.

Relève-toi !

EUDOXIE.

Mais qu'avant tout j'obtienne
Grâce et pardon de ton cœur irrité !

RACHEL, à part et rêvant.

Il ne sera pas dit qu'une femme chrétienne
Sur une juive en rien l'ait emporté !

EUDOXIE.

Ainsi que toi, Rachel, le trépas, je l'espère,
Aura bientôt terminé ma misère...
Mais Léopold vivra du moins !... c'est mon seul vœu.

(Eudoxie s'incline devant Brogni qui entre en ce moment, et sort en regardant encore Rachel.)

SCÈNE III.

RACHEL, BROGNI ; PLUSIEURS GARDES.

BROGNI, à Rachel.

Devant le tribunal vous allez comparaître.

RACHEL.

Eh bien ! ce tribunal entendra mon aveu.

BROGNI.

Que sera-t-il?

RACHEL.

Lui seul doit le connaître;
Je ferai mon devoir, et m'abandonne à Dieu.

BROGNI.

Cet aveu pourra-t-il conjurer la tempête?

RACHEL.

Oui, d'un front qui m'est cher il la détournera?

BROGNI.

Et ne peut-il sauver ta tête?

RACHEL.

Oh, non!... la mienne tombera?

BROGNI.

Ainsi donc, à la mort vous courez sans défense?

RACHEL.

Je l'attends du moins sans pâlir.

BROGNI.

N'avez-vous donc plus d'espérance?

RACHEL.

Il m'en reste une encor... le sauver, et mourir!

ENSEMBLE.

BROGNI, la regardant avec émotion et pitié.

Quelle est donc cette voix secrète,
Qui du fond de mon cœur s'élève et la défend?
Ah! je pleure sur elle, et mon ame inquiète
Frémit du destin qui l'attend.

RACHEL, regardant Brogni avec surprise.

Qu'il est ému!... Sur moi d'où vient qu'il jette
Un long regard si triste et si touchant?
On dirait qu'une voix secrète
Pour moi lui parle et me défend.

BROGNI, à Rachel que les gardes emmènent dans la chambre du concile.

Allez, Rachel, allez, je veillerai sur vous.

BROGNI, qui a toujours suivi Rachel des yeux.

Mourir si jeune!... Un seul espoir me reste!...
Éléazar encor peut détourner les coups
De l'humaine justice et du courroux céleste.
Il vient.

(Aux soldats qui escortent Éléazar.)

Allez, et laissez-nous.

SCÈNE IV.

BROGNI, ÉLÉAZAR.

BROGNI.

Ta fille en ce moment est devant le concile,
  Qui va prononcer son arrêt.
  Toi, son complice, en vain mon cœur voudrait
Tenter pour te sauver un effort inutile :
Ton sort est dans tes mains... aux flammes du bûcher,
En abjurant ta foi, toi seul peux t'arracher !

DUO.

ÉLÉAZAR.

L'ai-je bien entendu ?...
Que me proposes-tu ?
Renier la foi de mes pères !
Vers des idoles étrangères
Courber mon front et l'avilir !
Non, non, jamais!... plutôt mourir !

ENSEMBLE.

ÉLÉAZAR.

Qu'en vos mains le fer brille,
Que la flamme pétille,
C'est combler tous mes vœux !
Que mon destin s'achève,
Le bûcher qui s'élève
Nous rapproche des cieux !

BROGNI.

Que son œil se dessille,
Que la vérité brille
A ses regards heureux ?
Dieu ! dissipez son rêve !
Qu'il triomphe et s'élève
Près de vous jusqu'aux cieux !

BROGNI.

Mais le dieu qui t'appelle est un dieu redoutable !

ÉLÉAZAR.

Non, le dieu de Jacob est le seul véritable !

BROGNI.

Et pourtant dans l'opprobre il laisse ses enfans !

ÉLÉAZAR.

Si de leurs fronts vainqueurs les palmes sont tombées,
Dieu qui dans les combats guidait les Machabées,
Rendra bientôt ses fils libres et triomphans !

ENSEMBLE.

ÉLÉAZAR.

Qu'en vos mains le fer brille,
Que la flamme pétille,
C'est combler tous mes vœux !
Que mon destin s'achève,
Le bûcher qui s'élève
Nous rapproche des cieux !

ACTE IV, SCÈNE IV.

BROGNI.

Que son œil se dessille,
Que la vérité brille
A ses regards heureux !
Dieu ! dissipez son rêve,
Qu'il triomphe et s'élève
Près de vous jusqu'aux cieux !

BROGNI.

Ainsi tu veux mourir?

ÉLÉAZAR.

Oui, c'est mon espérance;
Mais je veux avant tout, et sur quelque chrétien
Me venger! ce sera sur toi!

BROGNI.

Je ne crains rien !
Et je puis braver ta vengeance !

ÉLÉAZAR.

Peut-être !...

BROGNI.

Que dis-tu?...

ÉLÉAZAR.

Je ne suis pas, je pense,
Le seul à qui la flamme, hélas! aura ravi
Ce que j'avais de plus cher !... Vous aussi,
Quand du roi Ladislas, secondant la furie,
Les fiers Napolitains dans Rome sont entrés (1),
Vous avez vu vos toits au pillage livrés,

---

(1) Le roi de Naples, Ladislas, s'empara de Rome la nuit, par surprise ; il y exerça mille cruautés, et incendia plusieurs quartiers de la ville. Brogni, malgré le pillage et la ruine de son palais, prêta jusqu'à vingt-sept mille écus d'or au pape Jean XXIII, qui, avec ce secours, leva quelques troupes, reprit sa capitale, et rétablit son pouvoir dans la ville de Bologne.

Et ton palais en proie à l'incendie!
Et ta femme expirante!... et ta fille chérie,
En recevant le jour, mourante à ses côtés...

BROGNI.

Tais-toi, tais-toi, cruel! que ces jours détestés,
Par qui j'ai tout perdu, s'effacent et s'oublient!

ÉLÉAZAR, à demi-voix et avec force.

Non, tu n'avais pas tout perdu!
Les juifs par toi bannis de Rome...

BROGNI, avec émotion.

Que dis-tu?

ÉLÉAZAR.

Oui, ces juifs que vos lois châtient,
Étaient là... déguisés... errans... mais les premiers
Courant braver la flamme et sauver vos foyers!
L'un d'eux avait saisi ta fille.
L'un d'eux l'avait vivante emportée en ses bras!

BROGNI, hors de lui.

Et quel est-il? réponds.

ÉLÉAZAR.

Tu ne le sauras pas!

BROGNI, hors de lui.

Ma fille!... mon enfant! quoi! ce n'est point un rêve?
Ah! par pitié, cruel, achève.

(S'agenouillant devant lui.)

Tu me vois à tes pieds : daigne combler mes vœux,
Dis un mot, un seul mot, ou j'expire à tes yeux!

ÉLÉAZAR, d'un air triomphant.

Eh! de quel droit viens-tu, toi que la haine anime,

ACTE IV, SCÈNE V.

Implorer ton pardon aux pieds de ta victime?
Non, non, je reste sourd à tes vaines douleurs;
J'ai bravé le bûcher, je braverai tes pleurs!
  Oui, ta fille respire,
Oui, je connais son sort, et seul je peux le dire;
Mais j'emporte au tombeau mon secret avec moi.
Calme, j'attends la mort, et tu trembles d'effroi.
  Qu'en vos mains le fer brille,
  Que la flamme pétille,
  C'est combler tous mes vœux!
  Que mon destin s'achève!
  Le bûcher qui s'élève
  Nous rapproche des cieux!

BROGNI.

Tu le veux, tu le veux,
N'accuse que toi seul d'un arrêt odieux.

(Il entre dans la salle du concile.)

SCÈNE V.

ÉLÉAZAR, seul.

Va prononcer ma mort : ma vengeance est certaine;
C'est moi qui pour jamais te condamne à gémir!
J'ai fait peser sur toi mon éternelle haine,
  Et maintenant je puis mourir!
Mais ma fille!... ô Rachel!... quelle horrible pensée
  Vient soudain déchirer mon cœur!
  Délire affreux! rage insensée!
Pour me venger, c'est toi qu'immole ma fureur!

AIR.

Rachel ! quand du Seigneur la grâce tutélaire
A mes tremblantes mains confia ton berceau,
J'avais à ton bonheur voué ma vie entière,
O Rachel !... et c'est moi qui te livre au bourreau !
  J'entends une voix qui me crie :
 « Préservez-moi de la mort qui m'attend ;
 « Je suis si jeune, et je tiens à la vie,
  « Mon père, épargnez votre enfant !
Et d'un seul mot arrêtant la sentence,
  Je puis te soustraire au trépas !
  J'abjure à jamais ma vengeance,
  Non, Rachel, tu ne mourras pas.

CHOEUR, en dehors.

 Au bûcher, les juifs ! qu'ils périssent !
 La mort est due à leurs forfaits !

ÉLÉAZAR.

 Quels cris de fureur retentissent ?
Vous demandez ma mort, chrétiens !... et moi j'allais
Vous rendre mon seul bien, mon trésor !... non, jamais !
Israël en est fier ; Israël la réclame ;
C'est au Dieu de Jacob que j'ai promis son ame !
  Elle est à nous ; c'est notre enfant.
  Et j'irais en tremblant pour elle
  Prolonger ses jours d'un instant,
Pour la déshériter de la vie éternelle,
   Et du ciel qui l'attend !
   Non, non, Dieu m'éclaire !
    Fille chère,
    Près d'un père,

ACTE IV, SCÈNE V.

Viens mourir ;
Et pardonne,
Quand il donne
La couronne
Du martyr !
Plus de plainte,
Vaine crainte
Est éteinte
En mon cœur.
Saint délire !
Dieu m'inspire,
Et j'expire
  Vainqueur.
Dieu m'éclaire,
Fille chère,
Près d'un père
Viens mourir ;
Et pardonne,
S'il te donne
La couronne
Du martyr !

(En ce moment, Ruggiero et plusieurs gardes paraissent à la porte de la chambre du concile, et font signe à Éléazar de les suivre. Il se précipite sur leurs pas, et, pendant ce temps, on entend en dehors le chœur du peuple.)

LE CHŒUR DU PEUPLE.

Au bûcher, les juifs !... qu'ils périssent ! etc.

FIN DU QUATRIÈME ACTE.

ACTE CINQUIÈME.

Le théâtre représente une vaste tente soutenue par des colonnes gothiques, dont les chapiteaux sont dorés. Cette tente domine toute la ville de Constance, et l'on aperçoit la grande place et les principaux édifices. A l'extrémité de la grande place, une énorme cuve d'airain chauffée par un brasier ardent; autour de la place, des gradins en amphithéâtre garnis de peuple.

SCÈNE PREMIÈRE.

CHOEUR DE GENS DU PEUPLE, se précipitant au milieu de la tente préparée pour recevoir les membres du concile, et contemplant les apprêts du supplice.

Plaisir, ivresse et joie!
Contre eux que l'on déploie
Et le fer et le feu!
Gloire! gloire! gloire à Dieu!

PLUSIEURS GENS DU PEUPLE.

Plus de travaux et plus d'ouvrage,
Jour de liesse et de plaisir!
Pour nous trouver sur leur passage,
Amis, hâtons-nous d'accourir!

D'AUTRES GENS DU PEUPLE.

O spectacle qui nous enchante!

D'AUTRES.

Des juifs nous serons donc vengés.

D'AUTRES.

On dit que dans l'onde bouillante
Vivans ils seront tous plongés!

CHOEUR.

Plaisir, ivresse et joie!
Contre eux que l'on déploie
Et le fer et le feu?
Gloire! gloire! gloire à Dieu!

SCÈNE II.

Les précédens; ÉLÉAZAR, paraît a gauche, entouré de soldats, et précédé de plusieurs compagnies de penitens bleus, gris et blancs; RACHEL, vêtue de blanc et les pieds nus, s'avance du côté opposé, amenée par des gardes.

RACHEL court dans les bras de son père, puis jetant un regard d'effroi sur le peuple qui les entoure et sur les apprêts du supplice:

Vois-tu de ce bûcher la flamme qui pétille?
O mon père!... j'ai peur!

ÉLÉAZAR.

Du courage, ma fille!
Adieu donc, ô Rachel; adieu mes seuls amours!
Séparés!... mais bientôt réunis pour toujours!

SCÈNE III.

LES PRÉCÉDENS; RUGGIERO, SUIVI DES SECRÉTAIRES DU CONCILE, ET TENANT A LA MAIN L'ARRÊT DE CONDAMNATION.

RUGGIERO, faisant signe à Éléazar et à Rachel de s'avancer.

Le concile prononce un arrêt rigoureux :
Il vous a condamnés!

ÉLÉAZAR.

Tous les trois!

RUGGIERO.

Tous les deux!

ÉLÉAZAR ET RACHEL.

Et Léopold?

RUGGIERO.

Dans sa toute-puissance
L'empereur le bannit!... De fidèles soldats
Loin des murs de Constance
Ont entraîné ses pas!

ÉLÉAZAR, avec indignation.

On épargne ses jours! lui qui fut son complice!
Voilà donc des chrétiens l'éternelle justice!

RUGGIERO.

Un témoin digne de foi
Le déclare innocent.

ÉLÉAZAR.

Qui l'ose attester?

RACHEL.

Moi!

ACTE V, SCÈNE III.

ÉLÉAZAR, d'un ton de reproche.

Quoi ! Rachel ! quoi ! c'est toi
Qui le dérobe au supplice ?

RUGGIERO, à Rachel.

Que votre voix déclare et publie en ces lieux
Que nul ne vous dicta ces importans aveux ?

RACHEL, s'adressant au peuple.

Devant Dieu qui connaît quel sentiment me guide,
Devant ce Dieu qui seul peut lire dans mon cœur.
De nouveau je l'atteste : oui, ma bouche perfide
Hier a proclamé le mensonge et l'erreur !

CHOEUR.

O forfait exécrable !

RACHEL.

Oui, ma jalousie implacable
Voulut perdre ce que j'aimais,
Et Léopold n'est pas coupable
Du crime dont je l'accusais.

ENSEMBLE.

ÉLÉAZAR.

Funeste amour qui seul la guide !
Funeste générosité !
Pour sauver les jours d'un perfide
Elle trahit la vérité !

RUGGIERO ET LE PEUPLE.

O Dieu ! notre souverain guide,
C'est par ton pouvoir redouté
Que l'infidèle, la perfide,
Rend hommage à la vérité !

LA JUIVE.

RACHEL, à part.

O toi ! mon soutien et mon guide,
Mon Dieu, ne sois pas irrité !
Oui, c'est pour sauver un perfide
Que j'ai trahi la vérité !

RUGGIERO.

Vous avez tous les deux, dans un fatal délire,
Accusé faussement un prince de l'empire,
Le bûcher vous attend,
Des enfans d'Israël trop juste châtiment !

SCÈNE IV.

LES PRÉCÉDENS, BROGNI, ET LES PRINCIPAUX MEMBRES DU CONCILE.

CHOEUR.

Gloire au juge équitable
Dont la voix redoutable
Sait punir le coupable
Et venge l'innocent !

(Montrant Éléazar et Rachel.)

Que s'accomplisse
Leur châtiment !
De leur supplice
Voici l'instant.

RACHEL, à Éléazar.

Prête à quitter la terre,
Asile de douleurs
Bénissez-moi, mon père,
Et cachez-moi vos pleurs.

ACTE V, SCÈNE IV.

BROGNI, à Éléazar.

A ton heure dernière,
Oubliant ta rigueur,
Révèle ce mystère
D'où dépend mon bonheur!

ÉLÉAZAR, regardant tour à tour Rachel et Brogni.

Mon Dieu! mon Dieu! que dois-je faire?
Combats affreux! tourment cruel!

(Regardant Rachel.)

Faut-il la laisser sur la terre?
Ou bien la rendre à l'Éternel?
Inspire-moi, dieu d'Israël!

RUGGIERO, donnant le signal du supplice.

Il est temps!

CHOEUR DU PEUPLE.

Plaisir, ivresse et joie!
Contre eux que l'on déploie
Et le fer et le feu!
Gloire! gloire! gloire à Dieu!

(La marche du cortége funèbre commence; on sépare Éléazar de Rachel, et on va l'entraîner.)

LÉAZAR s'écrie:

Arrêtez!

(Brogni donne l'ordre de suspendre la marche.)

ÉLÉAZAR, montrant Rachel.

Un seul mot!

(Brogni donne l'ordre de laisser Éléazar parler seul à Rachel.)

ÉLÉAZAR, prenant Rachel par la main, l'amène au bord du théâtre et lui dit à voix basse.

Rachel! je vais mourir!

Veux-tu vivre?

RACHEL, froidement.

Pourquoi? pour aimer et souffrir?

ÉLÉAZAR.

Non! pour briller au rang suprême!

RACHEL.

Sans vous?

ÉLÉAZAR, froidement.

Sans moi!

RACHEL, étonnée.

Comment?

ÉLÉAZAR.

Ils veulent sur ton front verser l'eau du baptême;
Le veux-tu, mon enfant?

RACHEL, avec indignation.

Qui? moi chrétienne!... moi!... non!

(Montrant l'échafaud.)

La flamme étincelle!
Venez!

ÉLÉAZAR, montrant Brogni et les cardinaux.

Leur Dieu t'appelle!

RACHEL, montrant le bûcher.

Et le nôtre m'attend!

ÉLÉAZAR, avec enthousiasme.

C'est le ciel qui t'inspire,
Je te rends au trépas!
Viens! courons au martyre!
Dieu nous ouvre ses bras!

(La marche du cortége reprend. Brogni et les membres du concile sont à la droite du théâtre; Rachel passe devant eux, et marche au supplice. Pendant qu'on lui voit monter l'escalier qui conduit à la cuve d'airain, Eléazar passe à son tour près de Brogni qui l'arrête par le bras et lui dit à demi-voix)

ACTE V, SCÈNE IV.

BROGNI.

Prêt à mourir, réponds à ma voix qui t'implore :
Cette enfant que ce juif aux flammes arracha ?...

ÉLÉAZAR, froidement.

Eh bien !

BROGNI.

Réponds ; ma fille existe-t-elle encore ?

ÉLÉAZAR, regardant Rachel qui vient de monter sur la plate-forme au-dessus de la cuve.

Oui !

BROGNI, avec joie.

Dieux !... achève ! où donc est-elle ?

ÉLÉAZAR, lui montrant Rachel que l'on précipite en ce moment dans la cuve bouillante.

La voilà !!!

(Brogni pousse un cri et tombe à genoux en cachant sa tête dans ses mains. Éléazar jette sur lui un regard de triomphe, puis marche d'un pas ferme au supplice.)

CHOEUR.

Plaisir ! ivresse et joie !
Contre eux que l'on déploie
Et le fer et le feu !
Gloire ! gloire ! gloire à Dieu !

(En ce moment Éléazar monte l'escalier qui conduit à la cuve d'airain, et la toile tombe.)

FIN DE LA JUIVE ET DU QUATORZIÈME VOLUME.

TABLE

DES PIÈCES CONTENUES DANS CE VOLUME.

	PAGES.
La Muette de Portici.	5
Le Comte Ory.	65
Le Dieu et la Bayadère.	117
Le Philtre.	157
Robert-le-Diable.	217
Gustave III.	287
La Juive.	385

FIN DE LA TABLE.

www.ingramcontent.com/pod-product-compliance
Lightning Source LLC
Chambersburg PA
CBHW050236230426
43664CB00012B/1721